PETITE ENCYCLOPÉDIE JURIDIQUE

XX

CODE ÉLECTORAL

DE LA FORMATION

ET DE LA

RÉVISION ANNUELLE

DES

LISTES ÉLECTORALES

Étude des règles de cette matière, d'après la jurisprudence
de la Cour de Cassation.

Par E. GREFFIER

Conseiller à la Cour de Cassation.

DEUXIÈME ÉDITION

PARIS

A. DURAND ET PEDONE-LAURIEL, ÉDITEURS

Libraires de la Cour d'Appel et de l'ordre des Avocats

G. PEDONE-LAURIEL, Successeur

13, RUE SOUFFLOT, 13

1882

CODE ÉLECTORAL

DE LA FORMATION

ET DE LA

RÉVISION ANNUELLE

DES

LISTES ÉLECTORALES

CODE ÉLECTORAL

DE LA FORMATION

ET DE LA

RÉVISION ANNUELLE

DES

LISTES ÉLECTORALES

Étude des règles de cette matière, d'après la jurisprudence
de la Cour de Cassation.

Par E. GREFFIER

Conseiller à la Cour de Cassation.

DEUXIÈME ÉDITION

PARIS

A. DURAND ET PEDONE-LAURIEL, ÉDITEURS

Libraires de la Cour d'Appel et de l'ordre des Avocats

G. PEDONE-LAURIEL. Successeur

13, RUE SOUFFLOT, 13

1882

INTRODUCTION

OBSERVATIONS GÉNÉRALES

DIVISION DU SUJET

AVERTISSEMENT

CONCERNANT LA SECONDE ÉDITION.

La première édition de cet ouvrage a été épuisée en quelques semaines. Publié au moment où commençait la révision des listes électorales pour l'année 1881, notre livre a reçu des Juges de paix et des Maires auxquels il s'adresse particulièrement un accueil dont nous avons été fort touché.

La seconde édition ne contient au fond aucune modification sérieuse. Nous y avons seulement signalé les décisions rendues par la Cour de Cassation dans les premiers mois de 1881, soit sur des questions déjà résolues soit sur des questions nouvelles.

Nous avons en quelques points très-rares, essayé de mettre en une plus vive lumière, certains principes qui dominent la matière, et déterminent surtout les règles applicables à l'exercice des actions auxquelles les contestations des électeurs intéressés et des tiers peuvent donner naissance.

On nous a demandé de donner le texte d'un plus grand nombre d'arrêts; nous avons déféré à ce désir en rapportant textuellement les décisions qui présentent un intérêt général et de principes, et dont nous nous étions contenté de citer les dates en indiquant les recueils auxquels nous avions empruntés leurs sommaires.

Le format grand in-octavo de la première édition a paru incommode à des lecteurs bienveillants qui nous ont adressé des observations à ce sujet; il était bien facile de faire droit à ces observations. Le format de la seconde édition paraîtra, nous l'espérons du moins, plus commode et plus en rapport avec l'usuel emploi du livre.

Enfin nous avons donné à la table analytique un peu plus d'étendue, en distribuant sous des mots plus caractéristiques et plus nombreux les matières et les questions que nous avions placées, dans la première édition, sous une rubrique unique, susceptible de divisions plus claires et plus faciles aux recherches.

INTRODUCTION

**Observations générales et division
du sujet.**

1. — Le suffrage universel est aujourd'hui,
quoi qu'on en puisse penser, le maître des destinées du pays. Il ne reconnaît d'autre supériorité
que celle de la loi, et comme elle est faite par ses
élus, on peut dire que liberté individuelle, sécu-
rité personnelle, propriété, justice, armée, religion même, tout est en réalité placé sous sa puissance, et dépend de son action, de ses tendances,
hélas ! et de ses passions.

2. — Or, le droit électoral appartient à tout
citoyen qui n'a dans sa personne aucune cause légale d'incapacité ou d'indignité, et l'attestation de
ce fait capital résulte de l'inscription de son nom

sur les listes électorales d'une commune. Ces listes sont en quelque sorte le recensement officiel et annuel de la partie de la population appelée par ses votes à former les assemblées politiques, départementales et municipales dont le contrôle s'exerce, à tous les degrés, sur les représentants du pouvoir exécutif et sur ceux des administrations supérieures ou locales.

Il est donc facile de comprendre toute l'importance d'une attentive et loyale rédaction des listes électorales, et personne ne s'étonnera, sans doute, que la loi ait permis de porter jusqu'à la Cour de cassation, les contestations auxquelles cette rédaction peut donner naissance.

Nous n'exgérerons rien en disant que chaque année la Chambre civile de cette grande Cour de justice, suspendant, en quelque sorte, l'examen des procès ordinaires, consacre des semaines entières au jugement des difficultés électorales, tant est grand l'intérêt que les citoyens attachent à la révision annuelle des listes, tant sont vives et ardentes les passions politiques que suscite l'exercice des droits de citoyen !

3. — Nous n'avons pas l'ambition d'écrire un livre, si vaste que pourrait être le sujet considéré sous toutes ses faces ; nous voulons seulement, par une étude sommaire et pratique, expliquer

par leur texte et par leur esprit, les dispositions des lois régulatrices des droits des citoyens en cette partie capitale de la vie politique, et faire connaître les décisions de la Cour de cassation qui en sont le commentaire le plus impartial et le plus approfondi.

4. — Nous diviserons ce travail en deux parties :

Dans la première, nous traiterons des listes électorales en général, nous rechercherons les éléments qui distinguent la liste politique de la liste municipale. Nous dirons quelles sont les conditions de l'exercice du droit électoral, les qualités exigées du citoyen par la loi pour être inscrit sur les listes électorales, les causes d'indignité et d'incapacité qui peuvent lui enlever le droit d'y figurer.

Nous nous occuperons également, dans cette première partie, des formes établies pour la composition et la révision des listes dans le cas où ces opérations ne donnent lieu à aucune contestation.

Dans la seconde partie, nous réunirons tout ce qui touche aux réclamations élevées soit par les électeurs, soit par les tiers contre les listes dressées par l'autorité compétente. Nous y étudierons,

avec soin, les attributions de chacune des juridictions établies par la loi pour statuer sur les contestations, les délais et les formes de la procédure
et des instances suivies, depuis les réclamations
portées devant les commissions municipales jusqu'à la décision de la Cour de cassation.

5. — Ce n'est pas la première fois que ce travail
a été entrepris. Dans un livre publié en 1868 sous
ce titre : *Le droit électoral devant la Cour de Cassation*, M. Hérold, alors avocat au Conseil d'Etat et
à la Cour de cassation, aujourd'hui Préfet de la
Seine, a déjà traité ce sujet avec beaucoup de
clarté et d'ampleur. Mais depuis 1868, la législation électorale a subi de graves modifications ; la
loi du 7 juillet 1874 a créé un nouvel électorat,
l'électorat municipal, et si la loi du 29 novembre
1875 a, de nouveau, confondu, dans la plupart des
cas, les droits des électeurs politiques et ceux
des électeurs municipaux, comme ce sont les dispositions de la loi de 1874 qui prévalent en définitive, l'étude de ces dispositions, leur application
et les contestations qu'elles ont engendrées ont
motivé un travail dont nous allons faire connaître
les résultats.

M. Hérold ne s'était point borné au commentaire des prescriptions légales concernant les listes
électorales, c'est-à-dire des règles propres à

l'Électorat. Il a consacré une partie très-importante de son livre aux conditions spéciales de *l'Éligibilité*, aux opérations électorales et même à l'étude des textes destinés à assurer, par les peines qu'ils édictent, la sincérité et la moralité du suffrage universel. Nous n'avons pas voulu sortir du cadre restreint des questions et des matières dont nos fonctions nous ont conduit à apprécier l'importance et les difficultés, et nous avons laissé de côté toute la partie des lois électorales touchant à l'éligibilité et à la constitution des grands corps de l'État.

6. — Nous avons aussi consulté avec fruit le *Dictionnaire de droit électoral*, publié en 1877 par M. Bavelier ; il embrasse la double législation de 1852 et de 1874, mais cet honorable auteur ayant, nous le croyons du moins, porté de préférence ses travaux et son attention sur l'éligibilité et l'organisation du Sénat et de la Chambre des députés, il nous a paru que nous pourrions encore, même après lui, faire une étude utile sur la seule matière de la confection des listes électorales et de leur révision.

7. — Nous en dirons autant du *Code électoral* dont M. E. Bidault, Président de section au Conseil de Préfecture de la Seine, vient de publier la neu-

vième édition, et du *Manuel électoral* de M. Guerlin
de Guer. Les auteurs y ont réuni, dans un ordre
excellent, tous les textes des lois relatives aussi
bien à la confection et à la révision des listes électorales qu'à l'éligibilité et aux opérations électorales de toute nature ; quoique MM. Bidault et
Guerlin de Guer aient placé sous quelques-uns de
ces textes des annotations intéressantes et fort judicieuses et de nombreuses citations d'arrêts et de
circulaires ministérielles d'une véritable importance, nous croyons que la présente étude peut
encore, dans sa spécialité, avoir une utilité réelle
pour les maires et surtout les juges de paix dont
la juridiction, en cette matière, est si complexe et
si étendue. L'exposé raisonné de la jurisprudence
de la Cour Suprême doit, il nous semble, être,
pour ces magistrats, le guide le plus sûr pour la
solution des questions de l'ordre exclusivement
judiciaire.

PREMIÈRE PARTIE

FORMATION ET RÉVISION

DES

LISTES ÉLECTORALES

PREMIÈRE PARTIE

Des Listes électorales, de leur formation et de leur révision.

DIVISION

CHAPITRE Iᵉʳ.

Élections diverses auxquelles les listes s'appliquent.

CHAPITRE II.

Qualités et conditions requises pour l'inscription sur les listes électorales,

1ʳᵉ Section. — Qualités exigées pour toutes les listes. — Conditions spéciales.

2ᵉ Section. — Conditions spéciales à chacune des listes politique ou municipale. — Incapacités relatives.

CHAPITRE III.

Confection des Listes électorales, comment et par qui les inscriptions et radiations peuvent être demandées.

1ʳᵉ Section. — Inscriptions et radiations *d'office*.

2ᵉ Section. — Demandes formées par les Electeurs eux-mêmes.

3ᵉ Section. — Demandes formées par les tiers.

4ᵉ Section. — Clôture des listes. — Fusion des deux listes, en quel cas elle a lieu.

CHAPITRE Ier.

Elections diverses auxquelles les listes électorales s'appliquent.

8. — Le droit électoral direct s'exerce :

1° Pour la nomination des membres de la Chambre des Députés ;

2° Pour celle des membres des conseils généraux et des conseils d'arrondissement ;

3° Pour l'élection des membres des conseils municipaux.

Nous ne nous occuperons point de la nomination des Sénateurs, ni, par conséquent, du système au moins singulier que la loi a adopté pour la composition de ce grand corps de l'Etat.

Tout ce qui touche à la nomination des sénateurs est d'ordre purement administratif et politique. La justice civile n'est point appelée à en connaître.

Nous bornerons donc ce travail à la confection et à la révision des listes électorales propres aux autres élections.

Les règles qui s'y appliquent présentent sans doute dans leur accomplissement des difficultés que chaque révision annuelle révèle ; mais on ne peut dire du moins que dans leur ordonnance générale elles sont dénuées de toute logique et de toute clarté.

9. — Trois lois principales contiennent, aujourd'hui, les prescriptions touchant à l'exercice du droit électoral et à la composition des listes qui en sont le premier instrument.

Ce sont : 1° le décret organique pour l'élection des députés au Corps législatif du 2 février 1852 et le décret réglementaire rendu le même jour pour son exécution ; 2° la loi du 7 juillet 1874, spéciale à l'électorat municipal ; et 3° la loi du 30 novembre 1875 qui porte le titre de loi organique sur les élections des députés. Faite en vue de l'élection de la Chambre des Députés qui a suivi le vote des lois constitutionnelles sur l'organisation des pouvoirs publics de la République, cette dernière loi a surtout tracé les conditions de l'éligibilité. Quant à l'électorat politique et à la formation des listes électorales, elle a maintenu les deux premières lois dans la plupart de leurs dispositions, et spécifié en quels points les listes dressées en exécution de l'une et de l'autre se combinent ou plutôt se confondent quand il s'agit d'élections politiques (1).

10. — Ces trois lois paraissent ne s'appliquer qu'aux élections des membres de la Chambre des Députés et des conseils municipaux et ne s'occupent que des listes propres à chacune de ces deux élections.

Quels sont donc les électeurs qu'il faut déclarer aptes à prendre part aux élections des conseillers généraux et des conseillers d'arrondissement ?

11. — La loi du 10 août 1871 contient pour les élections au conseil général un article spécial (art. 5) ainsi conçu :

---

(1) Nous donnerons dans un appendice le texte de ces documents législatifs si importants.

L'élection se fait au suffrage universel dans chaque commune sur les listes dressées pour les élections municipales.

C'était alors la loi du 14 avril 1871 qui régissait ces listes et qui, dans son article 4, déclarait électeurs tous les citoyens français âgés de 21 ans accomplis, jouissant de leurs droits civils et politiques, et n'étant dans aucun cas d'incapacité prévu par la loi; jusque-là ce sont les conditions mêmes de l'élection politique, mais alors que, d'après le décret du 2 février 1852, la résidence de six mois suffit pour compléter le droit électoral politique, la loi du 14 avril 1871 exigeait *une* année de résidence pour l'électorat municipal. C'était donc cette condition *d'une* année de résidence que la loi du 10 août 1871 prescrivait pour les électeurs appelés à nommer les membres des conseils généraux.

Aujourd'hui, les conditions de l'électorat municipal ont été, comme on le verra, complètement modifiées par la loi du 7 juillet 1874. La résidence ordinaire exigée de tous ceux qui ne se trouvent pas dans un des cas spécifiés aux différents paragraphes de l'article 5, est de *deux* années. Une résidence de six mois est suffisante pour ceux qui sont nés dans la commune ou y ont satisfait à la loi sur le recrutement. Il faut une année de résidence à ceux qui se sont mariés dans la commune, et enfin aucun temps de résidence n'est exigé de ceux qui sont inscrits aux rôles des contributions directes et des prestations depuis un an, ni des fonctionnaires et ministres du culte assujettis à l'obligation de résider dans la commune.

12. — On aurait pu se demander, au moment où a été promulguée la loi du 7 juillet 1874, si, en présence des graves modifications apportées au régime de l'électorat municipal, c'était encore sur la liste électorale municipale que devaient être pris les électeurs pour les conseils

généraux. Une loi du 30 juillet 1874 a, suivant nous, tranché la question.

Cette loi avait pour objet de proroger l'ouverture de la session du mois d'août 1874 au 19 octobre de la même année. Or voici comment est conçu son art. 1ᵉʳ : — La prochaine session ordinaire des conseils généraux de départements, qui devait s'ouvrir le 17 août, est ajournée jusqu'à ce qu'il ait pu être procédé au renouvellement triennal de ces assemblées *sur les listes électorales dressées en exécution de la loi du 7 juillet 1874*. Il nous semble impossible de dire d'une façon plus claire que l'art. 5 de la loi du 10 août 1871 est toujours en vigueur, et que c'est sur la liste dressée pour les élections municipales que les électeurs des conseils généraux doivent être pris. Peu importe que, depuis 1871, les conditions de l'électorat municipal aient été modifiées ; ce sont les électeurs inscrits sur ces listes qui procèdent à l'élection des conseillers généraux. On pensait encore à ce moment, sans doute, que les élections de ces conseils de départements seraient faites en dehors des opinions politiques ; on n'avait pas encore prévu les perturbations que les lois sur l'élection des sénateurs apporteraient à l'élection des conseils départementaux et municipaux, et à leur caractère purement local et administratif.

Quoi qu'il en soit, l'article 5 de la loi du 10 août 1871 est si bien resté la loi électorale en cette matière que la loi du 30 juillet 1874, songeant enfin aux conseils d'arrondissement si négligés jusque-là, a déclaré, dans son article 3, que l'article 5 et l'article 12 de la loi du 10 août 1871 seraient applicables à l'élection du conseil d'arrondissement, c'est-à-dire que ces élections étaient placées sous le régime auquel les élections du conseil général étaient soumises, et que, par conséquent, ce sont les listes électorales municipales qui doivent y être appliquées.

CHAPITRE II.

Qualités et conditions requises
pour l'inscription sur les listes électorales.

Iʳᵉ SECTION.

**Conditions communes à toutes les listes. — Incapacités
générales et temporaires.**

13. — Il existe d'abord des prescriptions qui s'appliquent aussi bien à la liste électorale politique qu'à la liste municipale. Elles n'ont guère varié depuis le jour où le système électoral a été mis en vigueur, pour l'application du suffrage universel aux électiens des mandataires des citoyens dans les conseils établis près du gouvernement et des autorités administratives des départements et des communes.

Nul ne peut être électeur, s'il ne remplit les conditions suivantes :

1° Être Français.
2° Être âgé de 21 ans accomplis.
3° Jouir des droits civils et politiques.

4º Ne se trouver dans aucun des cas d'incapacité prescrits par la loi.

Ce sont les termes mêmes de toutes les lois électorales et particulièrement des articles 12 du décret du 2 février 1852 et 5 de la loi du 7 juillet 1874.

14. — Il n'entre point dans le cadre de cette étude d'indiquer comment s'établit et se perd la qualité de Français; il nous faudrait donner le commentaire non-seulement des articles du Code civil, spéciaux à cette matière (Chapitre Ier et II du Livre Ier), mais aussi celui des lois des 22 mars et 3 décembre 1849, 7 février 1851, 29 juin 1867 et de toutes les lois qui ont suivi soit la réunion de la Savoie et du comté de Nice à la France, soit la séparation de notre territoire des belles provinces de la Lorraine et de l'Alsace. On pourra, si la formation et la révision des listes électorales nécessitait des études approfondies sur le sujet, consulter les nombreux ouvrages qui l'ont examiné sous toutes ses faces : le tome Ier du *Cours de droit français* de Demolombe, le *Droit civil* de Zacharie, par MM. Aubry et Rau, tome Ier, page 229, de la 4me édition, et par MM. Massé et Vergé, tome Ier, page 70; l'ouvrage de M. Alauzet sur la naturalisation, 2e édition; la jurisprudence générale de Dalloz, verbo, *Droits civils*, et généralement tous les ouvrages de doctrines et répertoires qui ont commenté ou expliqué le premier livre du Code civil. Nous citerons seulement un arrêt de la Chambre civile du 27 juin 1877 (Dalloz, 77, 1, 300, et Sirey, 1, 398), qui a jugé qu'un fils d'étranger, né en France, doit être inscrit sur les listes électorales, s'il a satisfait aux prescriptions de la loi du 22 mars 1849, et un autre arrêt du 12 avril 1875 (Sirey, 75, 1, 375), qui a décidé que la déclaration prescrite par cette même loi de 1849 est nécessaire, et, qu'à son défaut, l'inscription doit être refusée.

15. — D'ailleurs, le décret organique du 2 février 1852

a, dans ses articles 15 et 16, relevé les cas d'incapacité qui enlèvent aux citoyens l'exercice des droits électoraux.

Nous allons les passer en revue, en rappelant les contestations auxquelles plusieurs d'entre eux ont donné lieu, et les décisions judiciaires qui ont statué sur les difficultés soulevées lors de la révision des listes électorales.

16. — Les incapacités se divisent en deux grandes catégories, celles qui affectent perpétuellement le droit électoral, et celles qui le suspendent temporairement. Les premières sont inscrites en l'article 15 du décret du 2 février 1852 ; c'est dans l'article 16 que sont indiquées les incapacités temporaires.

Nous nous occuperons d'abord des premières. L'exercice des droits politiques est interdit absolument aux individus ci-après :

17. — *Premièrement.* — Ceux qui ont été privés de leurs droits civils et politiques par suite de condamnations, soit à des peines afflictives et infamantes, soit à des peines infamantes seulement.

La condamnation pour crime d'intelligence avec l'ennemi, prononcée par un Conseil de guerre, et en vertu d'une disposition du Code de justice militaire, emporte la perte du droit électoral. (Chambre des requêtes, 24 mars 1874 ; Dalloz, 74, 1, 310.)

M. Hérold, dans son ouvrage : *Le Droit électoral devant la Cour de Cassation*, n° 25, examine, à l'occasion de ce premier alinéa de l'article 15, plusieurs questions qui ne nous paraissent pas soulever de sérieuses difficultés, bien qu'elles aient été portées jusqu'à la Cour de cassation. Ainsi, les condamnations prononcées par un tribunal étranger contre un Français, le privent-elles du droit électoral ? Un arrêt du 14 avril 1868 a décidé la négative (Sirey, 1868, 1, 183). Cette solution, si regrettable qu'en certains cas puissent en être les conséquences, nous paraît commandée par les vrais principes de la matière. De même, aussi, nous croyons, comme M. Hérold, que, si un étranger, condamné par les lois de son pays, devenait Français par l'annexion de ce pays à la France, par naturalisation ou autrement, la condamnation prononcée contre lui ferait obstacle à son inscription sur les listes électorales. (Arrêt du 14 avril 1868, affaire Montmayeur ; Dalloz, 1868, 1, 291.)

18. — Les condamnations et toutes leurs conséquences disparaissent par le fait d'une amnistie, et le condamné est rétabli dans le plein exercice de ses droits politiques ; il en est autrement de la grâce et de la commutation de peine (Requêtes, 12 avril 1870 ; Dalloz, 70, 1, 171 ; 6 novembre 1872 ; Dalloz, 73, 1, 480 ; 24 mars 1874 ; Dalloz, 74, 1, 310), à moins que la loi ne déclare par une disposition spéciale, comme celle du 3 mars 1879, que les grâces accordées par le gouvernement dans un délai déterminé vaudront comme une amnistie. Dans ce cas, les condamnés graciés ont pu, lorsqu'ils ont eu six mois de résidence, après leur retour du bagne de Nouméa, et que leurs noms ont, lors de la révision annuelle de la liste électorale, été portés sur cette liste, être remis en pleine jouissance, non-seulement des droits électoraux, mais aussi de ceux de siéger comme députés ou sénateurs dans les grandes assemblées législatives de la France.

19. — La prescription de la peine ne fait pas disparaître la condamnation, et, par suite, l'incapacité politique subsiste perpétuelle et irrévocable (Requêtes, 30 mars 1863 ; D., 63, 1, 135).

20. — *Deuxièmement.* — Ne peuvent également être inscrits sur les listes électorales, ceux auxquels les tribunaux, jugeant correctionnellement, ont interdit le

droit de vote et d'éligibilité par application des lois qui autorisent cette interdiction.

21. — *Troisièmement*. — Les condamnés pour crime à l'emprisonnement seulement, par suite de l'admission de circonstances atténuantes (Art. 463 du Code pénal). Mais, si la déclaration du Jury faisait dégénérer le crime reproché à l'accusé en simple délit, ce paragraphe ne serait plus applicable, le condamné ne serait pas de plein droit privé de ses droits électoraux si le délit n'entraînait pas cette déchéance. (Req., 16 mai 1849; Sirey, 49, 1, 771.)

22. — *Quatrièmement*. — Les condamnés à trois mois de prison par application des articles 318 du Code pénal (antérieurement à la loi du 27 mars 1851), et 423 du même Code. Tromperie sur la nature de la marchandise, etc.

23. — *Cinquièmement*. — Les condamnés, quelle que soit la durée de la peine d'emprisonnement, pour vol, escroquerie, abus de confiance, soustraction commise par les dépositaires des deniers publics, ou attentats aux mœurs, prévus par les articles 330 et 334 du Code pénal. (Voir arrêt du 16 mars 1875, Sirey, 75, 1, 471.)
La condamnation pour coupe et enlèvement d'arbres dans une forêt de l'Etat, ne peut pas être considérée comme une condamnation pour vol. (Conseil d'Etat, 29 novembre 1878; Dalloz, 79, 3, 81.)

24. — *Sixièmement*. — Les individus condamnés pour outrage à la morale publique et religieuse, ou aux bonnes mœurs, et pour attaque contre le principe de la propriété et les droits de la famille. (Art. 8 de la loi du 17 mai 1819, et 5 du décret du 11 août 1818.)

24 *bis*. — Le mineur de 16 ans, condamné, comme ayant agi *avec* discernement, pour crime d'attentat aux mœurs, et pour délit d'outrage public à la pudeur, à être enfermé, pendant un nombre d'années déterminé, dans une maison de correction est frappé de l'incapacité prévue par les 5e et 6e paragraphes. (Arrêt du 10 mai 1881, M. de La Grevol, rapporteur, ainsi conçu :

« La Cour :

« Attendu que par jugement définitif du tribunal correctionnel de Saint-Gaudens, en date du 8 février 1866, X..., a été condamné par application des articles 331, 330 et 67 du Code pénal, pour crimes d'attentat à la pudeur sans violence et pour délits d'outrage public à la pudeur par lui commis, étant mineur de 16 ans, mais ayant agi avec discernement, à être enfermé pendant quatre ans et deux mois dans une maison de correction. — Attendu que la peine prononcée par ce jugement a été infligée à X..., tant pour les délits que pour les crimes dont il l'a déclaré coupable. — ·Attendu que la peine de la détention dans une maison de correction, à laquelle, aux termes du paragraphe 2 de l'article 67 du Code pénal, doit être condamné le mineur de 16 ans qui a commis un crime en agissant avec discernement, n'est autre que la peine de l'emprisonnement dans un lieu de correction, peine classée par l'article 9 du même Code parmi celles en matière correctionnelle. — Attendu qu'aux termes du § 5 de l'article 15 du décret organique du 2 février 1852, ne doivent pas être inscrits sur les listes électorales les condamnés à l'emprisonnement, quelle que soit la durée de cette peine, pour attentats aux mœurs prévus par l'article 330 du Code pénal, d'où il suit qu'en ordonnant la radiation du nom du demandeur sur les listes électorales de la commune de Blajau, la sentence attaquée, loin de violer les termes invoqués par le pourvoi, en a fait à la cause une juste application. — Rejette. »

25. — *Septièmement*. — Les individus condamnés à

plus de trois mois d'emprisonnement, en vertu des articles 31, 33, 34, 35, 36, 39, 40, 41, 42, 45, 46 du décret du 2 février 1852, fraudes en matière électorale, violences et voies de fait aux scrutins électoraux.

L'amnistie du 11 juillet 1880, en faveur des *délits politiques*, comprend les fraudes électorales. (Arrêt du 11 avril 1881, au rapport de M. Baudouin; Affaire Ferrand et Cervetti; Dall., 81, 1, 272.)

Si en ce cas l'emprisonnement prononcé a été de moins de trois mois, l'inscription ne peut être refusée, sous le prétexte non vérifié par le juge de paix, que *probablement*, le Tribunal avait prononcé l'interdiction des droits électoraux. (Cass., arrêt du 11 avril 1881, affaire Astier, même rapporteur; Dall., 81, 1, 272.)

Nous donnons ici le premier de ces arrêts :

« La Cour :

« Statuant sur le pourvoi des sieurs Ferrand et Cervetti en cassation d'un jugement rendu le 19 février 1881, par le juge de paix de Ghisoni; — Vu l'article unique de la loi d'amnistie du 11 juillet 1880 : — Attendu que les délits relatifs à l'exercice des droits civiques sont compris dans les délits politiques auxquels la loi du 11 juillet 1880 est applicable; — Que les délits de fraude en matière électorale portant atteinte à l'exercice d'un droit civique ont donc le caractère de délits politiques; — Attendu qu'il est constaté en fait, par le jugement attaqué, que Cervetti a été condamné correctionnellement en 1877 à une année d'emprisonnement comme coupable du délit de fraude en matière électorale prévu et réprimé par les dispositions pénales du décret organique du 2 février 1852; — Attendu que ce délit, rentrant dans les termes de la loi du 11 juillet 1880 susvisée, l'amnistie a eu pour conséquence d'abolir complètement l'effet de la condamnation prononcée, et spécialement l'incapacité électorale qui en résultait; — Que si l'article 15 du décret organique du 2 février 1852 attache l'incapacité électorale à certaines condamnations, c'est seulement à celles qui subsistent encore, et non à celles qui, ayant été légalement effacées, ne subsistent plus ; — D'où suit qu'en décidant le contraire et en refusant d'ordonner l'inscription de Cervetti sur les listes électorales de la commune de Ghisoni, par le motif unique qu'il avait été condamné correctionnellement en 1877 à un an d'empri sonnement pour fraude commise en matière électorale, le jugement attaqué a violé la disposition de loi susvisée ; — Par ces motifs, casse. »

26. — *Huitièmement.* — Les notaires, greffiers et officiers ministériels destitués en vertu de jugements ou décisions judiciaires. (Voir arrêts du 12 août 1850 ; Sirey, 50, 1, 841 ; 7 août et 19 novembre 1850 ; S., 50, 1, 842.)

On doit considérer, comme résultant d'un jugement ou d'une décision judiciaire, la destitution et la révocation prononcée par le Garde des sceaux sur le vu d'une décision disciplinaire prise en assemblée générale par un Tribunal ou une Cour, en vertu de l'article 103 du décret du 30 mars 1808. (V. Requêtes, 14 août et 19 août 1850 ; Dall., 50, 5, 183 ; 2 avril 1872 ; Dall., 72, 1, 365 ; 25 novembre 1874 ; Dall., 75, 1, 73 et 19 avril 1880 ; Dall., 80, 1, 155.) — La loi du 19 mars 1864, en autorisant la réhabilitation au profit de ces officiers publics ou ministériels, a atténué la rigueur un peu excessive de cette jurisprudence.

27. — *Neuvièmement.* — Les condamnés pour vagabondage et mendicité.

28. — *Dixièmement.* — Les condamnés à trois mois d'emprisonnement pour destruction de registres, minutes, etc. (Art. 439, Code pénal.)

Pour avoir gâté les marchandises servant à la fabrication (Art. 443, C. P.)

Pour dévastation de récoltes. (Art. 444, C. P.)

Pour abatage d'arbres. (Art. 445.)

Pour destruction de greffes. (Art. 447.)

Pour empoisonnement de chevaux, bestiaux, poissons, etc. (Art. 452.)

29. — *Onzièmement.* — Les condamnés pour les délits prévus aux articles 410 et 411 du Code pénal. Le décret du 2 février 1852 faisait aussi résulter l'incapacité électorale de la condamnation prononcée par application de la loi du 21 mai 1836 sur les loteries, mais cette disposition a été spécialement abrogée par l'article 22 de la loi du 30 novembre 1875, qui laisse seulement aux tribunaux le droit d'appliquer pour un temps fixe l'article 42 du Code pénal.

30. — *Douzièmement.* — Les militaires condamnés au boulet ou aux travaux publics.

31. — *Treizièmement.* — Les individus condamnés à l'emprisonnement par application des articles 38, 41, 43 et 45 de la loi du 21 mars 1833, sur le recrutement de l'armée.

La loi du 27 juillet 1872 a reproduit, dans son article 63, l'article 41 de celle du 21 mars 1832 qui punit ceux qui sont prévenus de s'être rendus impropres au service militaire dans le but de se soustraire aux obligations du recrutement. Elle a, de plus, déclaré dans son article 67 que les peines prononcées par l'article 63 étaient applicables à la *tentative* du délit prévu par cet article.

La Cour de cassation a jugé que l'article 63 punissait un fait non prévu par l'article 15 § 13 du décret de 1852 et que dès lors, on ne pouvait déclarer privé de ses droits politiques, l'individu condamné pour tentative du délit prévu par l'article 41 de la loi de 1832. Cet arrêt du 17 mai 1881, au rapport de M. Merville est ainsi conçu :

« La cour : Attendu que les incapacités, étant de droit étroit, ne peuvent être étendues par analogie d'un cas à un autre ; — Attendu que l'article 15, § 3 du décret organique du 2 février 1852 exclut des listes électorales, les individus condamnés à l'emprisonnement par application de certains articles de la loi du 21 mars 1832, notamment par l'article 41 ; — Attendu que de Guiraud n'a point été condamné, en vertu de ce article 41 ni même en vertu de l'article 63 de la loi du 27 juillet 1872, qui n'en est que la reproduction ; — que la condamnation invoquée contre lui a été rendue en vertu de l'article 67 de ladite loi. — Attendu que cet article 67, est introductif de délits nouveaux qui n'existaient point légalement en 1852 ; — Qu'en effet, d'après l'article 3 du Code pénal, les tentatives de délit ne sont considérées comme délit, que dans les cas déterminés par une disposition spéciale de la loi, — d'où il suit que quand la loi pénale déclare punissable une tentative de délit qui, ne l'était pas jusqu'alors, elle crée un nouveau délit. Qu'il en résulte que l'article précité du décret de 1852, n'est point applicable aux personnes condamnées en vertu de l'article 67 de la loi du 27 juillet 1872, et qu'en le décidant ainsi, le jugement attaqué a sainement appliqué la loi. — Rejette. »

32. — *Quatorzièmement.* — Les condamnés à l'emprisonnement pour délit de tromperie sur la nature de la marchandise. (Loi du 27 mars 1851.)

33. — *Quinzièmement.* — Les condamnés pour délit d'usure.

34. — *Seizièmement.* — Les interdits.
Mais les individus atteints d'aliénation mentale ne peuvent être privés du droit électoral et exclus de la liste, s'ils n'ont pas été interdits conformément aux prescriptions du Code civil. (Arrêts, Chambre civile, 17 avril

1878, affaire Pascal ; Dalloz, 78, 1, 244 ; Sirey, 78, 1, 284 ; 19 avril 1880, affaire Cucciani ; 17 et 29 avril 1878 ; S., 78, 1, 98 ; Dall , 78, 1, 245.) L'interdiction seule peut, en effet, enlever à un citoyen la jouissance de ses droits civils et politiques. (29 mars 1881 ; D., 81, 1, 303.)

35. — *Dix-septièmement.* — Les faillis non réhabilités dont la faillite a été déclarée, soit par les tribunaux français, soit par jugements rendus à l'étranger, mais déclarés exécutoires en France.

La loi du 15 mars 1849, qui admettait à l'exercice des droits électoraux les faillis concordataires, a été abrogée par le § 17 du décret de 1852. (Conseil d'Etat., 28 novembre 1873 ; Dalloz, 74, 3, 60 ; Chambre civile, 28 avril 1880 ; Dalloz, 80, 1, 276.)

Mais l'héritier immédiat, ou le détenteur à titre gratuit de tout ou partie des biens d'un failli non réhabilité, ne sont frappés d'aucune incapacité en matière électorale. (Chambre civile, 22 février 1879 ; Dalloz, 79, 1, 407.)

Si une société en nom collectif a été mise en faillite, tous les associés sont privés de leurs droits politiques. (Requêtes 23 août 1853 ; Dalloz, 55, 1, 29, 19 avril 1861 ; Dalloz, 61, 1, 254.)

On ne doit pas considérer comme faillis les commerçants mis en état de liquidation judiciaire, en vertu du décret du 22 août 1848. (Requêtes, 6 mars 1858 ; Sirey, 50, 1, 271.)

36. — Les incapacités temporaires résultent des prescriptions de l'article 16 du décret du 2 février 1852, qui porte : que les condamnés à plus d'un mois d'emprisonnement pour rébellion, outrages et violence envers les dépositaires de l'autorité ou de la force publique, pour outrages publics envers un juré ou un témoin ; pour délits prévus par la loi sur les attroupements et la loi sur les clubs, et pour colportage illicite,

2.

ne peuvent être inscrits sur la liste électorale que cinq ans après l'expiration de leur peine. — Les agents de police doivent être considérés comme dépositaires de l'autorité publique ; les condamnations pour rébellion, outrages et violences envers eux, emportent privation temporaire des droits électoraux. (Chambre civile, 21 avril 1879 ; Dalloz, 79, 1, 406 ; Sirey, 80, 1, 38.)

Il en est autrement de la condamnation pour injure publique envers les dépositaires de l'autorité publique pour des faits relatifs à leurs fonctions, elle n'entraîne aucune incapacité. (Chambre civile, 6 mai 1878 ; Bulletin civil, n° 79 ; Dalloz, 78, 1, 246 ; Sirey, 78, 1, 427.)

37. — Les condamnés pour violation de domicile ne sont pas non plus frappés d'incapacité électorale. (Chambre des Requêtes, 16 mars 1875 ; Sirey, 75, 1, 376 ; Dalloz, 75, 1, 301.)

Ni les condamnés pour détournements d'objets saisis. (14 mai et 29 janvier 1879 ; Dalloz, 79, 1, 168 ; Sirey, 80, 1, 35 ; 19 avril 1880 ; 4 août 1880.)

Ni le fonctionnaire privé de l'exercice des fonctions publiques pour délit d'ingérence, 1er octobre 1874 ; Dalloz, 74, 1, 492.)

Ni le condamné à 6 jours de prison pour délits de pêche.

Ni le condamné à deux mois d'emprisonnement pour outrages envers un ministre du culte. (Chambre civile, 27 mars 1877.)

Ni le condamné pour simple délit de coups et blessures, et pour menaces verbales de mort avec ordre ou sous conditions. (Chambre civile, 29 mai 1878 ; Dalloz, 1878, 1, 246.)

Ni le condamné pour entraves à la liberté du travail. (Chambre civile, 15 mai 1877 ; Bulletin civil, n° 79 ; Dalloz, 1, 204 ; Sirey, 1, 320.)

Ni les condamnés à une simple amende pour les délits qui peuvent être frappés de la peine d'emprisonnement et qui seraient privés, en ce cas, de leurs droits politiques. (Chambre civile, 30 avril 1877 ; Sirey, 77, 1, 320 ; Dalloz, 1, 205 ; 8 mai 1876 ; Dalloz, 76, 1, 231.)

L'individu étranger condamné pour crime ou délit emportant, pour le Français, la perte des droits civiques, ne recouvre pas ces droits par la naturalisation. (Affaire Viviani ; Requêtes, 1er décembre 1874 ; Sirey, 75, 1, 472.)

38. — Le principe de la non rétroactivité des lois est inapplicable à celles qui déterminent la capacité électorale. Ainsi l'incapacité perpétuelle prononcée pour délit de mendicité par le décret de 1852 frappe les individus condamnés antérieurement à ce décret. (Chambre civile, 22 mars 1876 ; Dalloz, 76, 1, 204 ; Affaire Feraudier.)

Telles sont les incapacités légales qui doivent faire refuser l'inscription sur les listes électorales sans distinction entre la liste politique et la liste municipale. Nous donnons *aux annexes*, 3e partie, un tableau dressé par les soins du Ministre de l'Intérieur, suivant des circulaires en date des 7 février 1852, 30 décembre 1851, 12 juillet et 23 novembre 1874, ce tableau indique par ordre alphabétique toutes les condamnations qui, d'après l'article 15 du décret de 1852, emportent la perte des droits électoraux.

Il a paru si important aux Gouvernements d'assurer dans toute sa sincérité, et on peut dire dans toute sa dignité, l'exercice du suffrage universel, que les Ministres de la Justice, de l'Intérieur, de la Guerre et de la Marine ont ordonné l'établissement d'une sorte de casier judiciaire spécial aux condamnations et aux jugements qui entraînent pour ces citoyens la perte absolue ou temporaire des droits électoraux. (Circulaire du Garde des Sceaux des 18 décembre 1874 et 27 août 1875 ; circulaires du Ministre de l'Intérieur des 30 décembre 1874, 12 juillet 1875 et 23 septembre 1875 ; circulaire du Ministre de la Guerre du 6 décembre 1875 ; circulaire du Ministre de la Marine du 2 mars 1876.)

Chaque greffier d'un tribunal correctionnel ou d'une Cour d'assises dresse le bulletin de toute condamnation entraînant la privation du droit électoral ; ce bulletin est ensuite adressé au Sous-Préfet de l'arrondissement dans lequel est située la commune où le condamné est né.

Les greffiers des tribunaux de commerce procèdent de même pour les jugements déclaratifs de faillite.

Mêmes obligations pour les Commissaires du Gouvernement près les Conseils de guerre.

Pour les condamnations prononcées par les juridictions maritimes, le bulletin est dressé par les parquets des juridictions permanentes ; et relativement aux Conseils de guerre à bord et aux Conseils de justice, le relevé des condamnations est fait par les greffiers des Tribunaux maritimes de Brest et de Toulon, chargés, aux termes du décret du 21 juin 1858, du dépôt central des archives judiciaires.

Le Sous-Préfet qui a reçu le bulletin de condamantion ou de faillite, en avise le Maire des communes où les individus que ces bulletins intéressent sont nés.

39. — C'est le Sous-Préfet qui réunit dans le casier spécial tous les bulletins qui lui sont adressés ; par conséquent, quand un maire a raison de croire qu'un individu ne doit point être inscrit ou doit être rayé de la liste, il doit s'adresser au Sous-Préfet du lieu de naissance de cet individu pour avoir une copie du bulletin collectif, si ce lieu est situé dans le même département, sinon il doit s'adresser au Préfet du département dont l'électeur est originaire.

(Voir, sur l'établissement de ces casiers, le Dictionnaire électoral de M. Bavelier, page 278 et suivantes, auquel nous empruntons ces notions.)

SECTION II.

Conditions spéciales pour l'inscription sur les listes électorales. — Incapacités relatives.

§ 1ᵉʳ. — LISTE POLITIQUE.

40. — En outre des conditions de nationalité, d'âge et de capacité que nous venons d'indiquer, la loi n'exige, pour l'inscription sur la liste politique, qu'une seule condition : celle de la résidence depuis six mois dans la commune. Nous avons expliqué plus haut quelle est la raison de cette obligation de la résidence en cette matière. Nous avons dit qu'elle était une preuve, non de capacité, mais d'identité, preuve nécessaire à la régularité et à la sincérité de l'exercice du suffrage universel.

Les six mois de résidence sont suffisamment accomplis quand ils le sont avant le 31 mars à minuit, jour de la clôture des listes électorales, article 13 du décret du 2 février 1852. (Chambre civile, 26 mars 1877 ; Sirey 1877, 1, 222, 4 mai 1880 ; Dalloz, 80, 1, 276). Mais s'il en est autrement, l'inscription doit être annulée. (Cassation, 13 avril 1881 ; Dalloz, 81, 1, 272.)

41. — Nous verrons au paragraphe suivant que la loi du 7 juillet 1874 a apporté à ce système si simple du décret de 1852 de graves modifications, non pas seulement quant à la durée de la résidence exigée des citoyens pour leur inscription sur la liste électorale municipale, mais quant à l'obligation même de la résidence.

Le décret de 1852 ne reconnaissait point de domicile politique séparé de la résidence ; la pensée que le système de la capacité électorale résultant du paiement d'un cens quelconque était inconciliable avec le régime du suffrage universel, avait fait écarter, comme élément du droit électoral, le paiement de contributions dans une commune. Nous allons voir que le législateur de 1874, prenant pour base de l'électorat municipal, non plus le fait exclusif de la résidence, mais l'intérêt des citoyens à la bonne gestion des affaires communales, a rétabli le droit de vote dans une commune, au profit du contribuable inscrit depuis un an au moins sur les rôles des quatre contributions directes ou des prestations en nature ; et comme à moins de dispositions contraires, la liste électorale municipale est, en réalité, la liste par excellence servant à toutes les élections, il en résute que le domicile politique par le paiement du cens se trouve rétabli, même en matière politique, sous l'empire du suffrage universel.

41 *bis.* — Mais à l'exception de ce cas, c'est le fait de la résidence qui constitue le droit électoral ; à cet égard, une observation importante est ici nécessaire, et elle s'applique aussi bien à la liste municipale qu'à la liste politique ; c'est que la condition prescrite par la loi n'est pas celle d'un *domicile* établi dans la commune conformément aux lois civiles, c'est celle d'une *résidence* effective. En vain un citoyen se serait conformé pour opérer son changement de domicile, aux dispositions de l'article 104 du Code civil, en vain par suite de sa nomination à des fonctions à vie, il aurait, aux termes de l'article 107, un domicile de droit dans la commune où il doit les exercer, si en fait, il n'a pas réellement transféré sa personne dans cette commune, n'y a pas résidé d'une façon continue et certaine, il n'a point acquis le droit de s'y faire inscrire sur les listes électorales, la jurisprudence est constante sur ce point.

Mais une fois l'inscription opérée après le temps de résidence légale, et notamment après une résidence de six mois, pour les listes politiques, l'électeur qui, ayant quitté la commune où il est inscrit, n'a point acquis dans une année, par une nouvelle résidence effective de six mois le droit de réclamer son inscription sur la liste politique de cette commune, reste régulièrement inscrit sur la liste où il a été précédemment porté. Ce n'est qu'après une résidence de six mois dans une autre commune, qu'il peut être rayé de la première, la jurisprudence a consacré cette règle par de nombreux arrêts. Voir ci-après n°ˢ 103 et 104.

Au surplus tout ce que nous dirons ultérieurement des caractères de la résidence, de la preuve par laquelle elle peut être établie, des pouvoirs souverains du juge de paix pour apprécier son existence et sa valeur légale, en matière d'élections municipales, s'applique sans difficultés et sans réserves à tout ce qui concerne les listes politiques et l'inscription des citoyens sur ces listes.

§ 2. — DE LA LISTE MUNICIPALE.

42. — L'institution d'une liste électorale spéciale aux élections des conseils municipaux a donné naissance à un grand nombre de difficultés. La multiplicité des dispositions de l'article 5 de la loi du 7 juillet 1874 et les singularités de sa rédaction devaient nécessairement produire ce résultat. On y remarque facilement des additions insérées, dans quelques-uns des paragraphes qui le composent, par voie d'amendement et sans trop de souci de la logique et de la clarté, dans les termes d'une rédaction trop souvent improvisée.

43. — Voici, quoi qu'il en soit, le texte sur lequel s'exercent, depuis six ans, les efforts plus ou moins loyaux des parties, l'habileté plus ou moins grande des juges de paix, et, pourquoi ne le dirions-nous pas, la patience et l'impartiale attention de la Cour de cassation.

« Art. 5. — Sont inscrits sur la liste des électeurs mu-
« nicipaux tous les citoyens âgés de 21 ans, jouissant de

« leurs droits civils et politiques et n'étant dans aucun
« cas d'incapacité prévu par la loi :

« 1° Qui sont nés dans la commune ou qui y ont satis-
« fait à la loi du recrutement et, s'ils n'y ont pas con-
« servé leur résidence, sont venus s'y établir de nouveau
« depuis six mois au moins ;
« 2° Qui même n'étant pas nés dans la commune y
« auront été inscrits, depuis un an, au rôle d'une des
« quatre contributions directes ou au rôle des presta-
« tions en nature, et s'ils ne résident pas dans la com-
« mune, auront déclaré vouloir y exercer leurs droits
« électoraux ; seront également inscrits aux termes du
« présent paragraphe, les membres de la famille des
« mêmes électeurs, compris dans la cote de la prestation
« en nature, alors même qu'ils n'y sont pas personnelle-
« ment portés, et les habitants qui, en raison de leur
« âge ou de leur santé, auront cessé d'être soumis à cet
« impôt ;
« 3° Qui se sont mariés dans la commune et justifie-
« ront qu'ils y résident depuis un an au moins ;
« 4° Qui, ne se trouvant pas dans un des cas ci-dessus
« demanderont à être inscrits sur la liste électorale et
« justifieront d'une résidence de deux années consécu-
« tives dans la commune ; ils devront déclarer le lieu et
« la date de leur naissance. Tout électeur inscrit sur la
« liste électorale pourra réclamer la radiation ou l'ins-
« cription d'un individu omis ou indûment inscrit ;
« 5° Qui, en vertu de l'article 2 du traité de paix du
« 10 mai 1871, ont opté pour la nationalité française et
« déclaré fixer leur résidence dans la commune, con-
« formément à la loi du 19 juin 1871 ;
« 6° Qui sont assujettis à une résidence obligatoire
« dans la commune en qualité soit de ministres des cul-
« tes reconnus par l'Etat, soit de fonctionnaires publics ;
« 7° Seront également inscrits les citoyens qui, ne
« remplissant pas les conditions d'âge et de résidence

« ci-dessus indiquées lors de la formation des listes, les
« rempliront avant la clôture définitive ;
« 8º L'absence de la commune résultant du service
« militaire, ne portera aucune atteinte aux règles ci-
« dessus édictées sur l'inscription des listes électo-
« rales.

Nous allons reprendre par le détail l'étude de cet article si long et si touffu, et tâcher d'y jeter un peu de
lumière.

§ 1ᵉʳ DE L'ARTICLE 5 DE LA LOI DU 7 JUILLET 1874.

44. — Ce paragraphe donne le droit d'être inscrit sur
la liste électorale à deux classes d'électeurs :

1º A ceux qui sont nés dans la commune ;
2º A ceux qui y ont satisfait à la loi du recrutement.
Mais il impose à l'une et à l'autre la condition d'une
·résidence de 6 mois.

45. — Occupons-nous d'abord de ceux qui sont nés
dans la commune. Le fait de la naissance est assurément
le premier titre à l'exercice du droit électoral. Mais la
loi exige, en outre, que le citoyen originaire de la commune y ait conservé sa résidence, ou que, s'il l'a quittée, il y soit revenu et y habite depuis 6 mois au moment
de la clôture de la liste électorale.
Il est nécessaire de rechercher quels sont les cas dans
lesquels l'individu né dans une commune, est réputé
l'avoir quittée, et avoir interrompu la résidence qui lui
donnait le droit à l'inscription sur la liste électorale.

46. — Disons d'abord que ce n'est point par une appréciation de l'intention de cet individu que la question peut être résolue. Un citoyen qui, ayant quitté
sa commune d'origine, est allé s'établir dans une autre,

I.   3 y a pris une profession, exercé une fonction, ne pourrait prétendre qu'il a conservé l'esprit de retour, et demander à être inscrit sur la liste municipale, s'il n'y a pas de nouveau et effectivement résidé pendant 6 mois. (Chambre civile, 26 mars 1877 ; Dalloz, 1877, 1, 268 ; 23 mars 1875 ; Sirey, 1875, 1, 471 ; 15 mars 1876 ; Sirey, 1876, 1, 225, 19 avril 1880 ; Dalloz, 1880, 1, 154, 6 mai 1878 ; Sirey, 1878, 1, 38 ; Dalloz, 78, 1, 326 ; 12 avril 1880 ; Dalloz, 80, 1, 208.)

Le fonctionnaire public qui a cessé de résider dans sa commune d'origine pour aller remplir ses fonctions dans une autre, ne peut prétendre qu'il y a conservé son domicile d'origine ; c'est la résidence réelle qui donne le droit électoral. (7 mai 1879, affaire Pinelli ; Dalloz, 1879, 5, 153 ; bulletin civil, n° 87.)

47. — Mais si l'éloignement de la commune n'a été que momentané, s'il a été commandé par des motifs qu'on pourrait appeler naturels et nécessaires ; par exemple, par l'obligation d'un fils de famille d'aller terminer ses études, préparer et passer des examens dans une grande ville où se trouve les facultés, la résidence pourrait être considérée comme effective encore, si, en réalité, l'étudiant n'avait point cessé de revenir souvent au siège de sa famille, et si son éloignement du domicile paternel ne constituait qu'une absence momentanée. Le Juge de Paix serait, d'ailleurs, souverainement appréciateur de ces circonstances, et nous devons dire qu'à une époque où la jeunesse se mêle avec tant d'ardeur, et dès l'âge de 21 ans, aux luttes et aux manifestations politiques, il sera fort difficile d'admettre que l'étudiant majeur, qui a passé des années entières à Paris ou ailleurs et y a résidé, puisse être inscrit sur les listes de la commune d'origine. Plusieurs des arrêts précités ont précisément jugé que le juge de paix avait usé d'un pouvoir souverain d'appréciation au regard de jeunes gens qui prétendaient à l'électorat municipal dans

le lieu de leur naissance, alors qu'ils avaient cessé toutes relations avec leurs familles ou leurs compatriotes.
Nous citerons un dernier arrêt du 10 août 1880 au rapport de M. Dareste, affaire Piétri, ainsi conçu : « Attendu
que la résidence exigée par la loi est une résidence réelle
et effective, qu'il n'y a d'exception que pour l'absence
résultant du service militaire aux termes du § 6 de l'article 5, que s'il est vrai que Piétri (Jean-Charles), soit
actuellement élève de 3ᵉ année à l'école de pharmacie
de Marseille, cette circonstance ne suffit pas pour le
dispenser de la condition de résidence imposée par la
loi ; qu'en déclarant en fait, que Piétri n'avait pas cette
résidence le jugement désigné n'a violé aucune loi, re-
-jette. »

La jurisprudence s'est, au contraire, montrée moins
rigoureuse pour les habitants du pays que les nécessités
de leur existence ou de la conservation de leurs trou-
peaux, obligent, chaque année, de se rendre, à des épo-
ques périodiques, dans d'autres pays voisins. Elle a
particulièrement admis que ceux-là n'avaient pas cessé
légalement de résider dans leurs communes, qui étaient
allés travailler aux moissons, aux vendanges, et avaient
déserté, même pendant quelques mois, leur domicile
habituel. Ce sont là, nous le répétons, des appréciations
que l'on doit, le plus souvent, laisser au Juge de Paix
le pouvoir de faire d'une façon souveraine. (Chambre
civile, 27 juin 1877 ; Dalloz, 1877, 1, 301 ; 31 mars 1879 ;
Sirey, 79, 1, 428 ; 21 avril 1879 ; Sirey, 1880, 1, 36 ; 24
mai 1881 ; Affaire Defaud, M. Bernard, rapporteur.

48. — Quant aux habitants qui ont satisfait à la loi du
recrutement dans une commune, quelques explications
sont également nécessaires.

Le plus souvent, le jeune soldat *satisfait à la loi du
recrutement* dans la commune où il est né, parce que ses
parents ont continué à y demeurer ; dans ce cas, les
deux circonstances se confondent, et, à la condition d'y

avoir conservé une résidence de six mois au moment du tirage au sort et de la révision de la liste électorale, c'est dans cette commune que doit avoir lieu l'inscription sur la liste électorale. Mais, en principe, c'est dans la commune du domicile de leurs parents que les jeunes gens satisfont à la loi du recrutement; c'est donc en cette commune, qu'en principe aussi, ils doivent exercer le droit électoral municipal.

Mais la loi exige qu'ils y aient conservé leur résidence, ou qu'ils soient revenus s'y établir depuis six mois. Mais comment un soldat peut-il conserver sa résidence pendant qu'il est sous les drapeaux? L'article 14 du décret du 2 février 1852, et l'article 5, dernier paragraphe, la loi du 7 juillet 1874, répondent ainsi à cette question : Le soldat sous les drapeaux conserve sa résidence dans la commune où il était domicilié avant son départ (décret de 1852) et l'absence de la commune, résultant du service militaire, ne portera aucune atteinte aux règles qui concernent l'inscription sur les listes électorales (loi de 1874). — C'est donc, en règle générale, sur la liste de la commune où il résidait avant son départ qu'il doit être inscrit. (Chambre des requêtes, 30 mai 1870 ; Dalloz, 1870, 1, 113 ; chambre civile, 24 avril 1877 ; Dalloz, 77, 1, 301 ; 11 mai 1875, bulletin civil n° 70, affaire Aynard ; Sirey, 75, 1, 276.)

« La disposition de l'article 5, dernier paragraphe, de la loi du 7 juillet 1874, se réfère, dit ce dernier arrêt, à l'article 14 du décret du 2 février 1852, suivant lequel les militaires en activité de service doivent être portés sur les listes électorales des communes où ils étaient domiciliés avant leur départ. Elle doit donc être interprétée en ce sens que le temps passé sous les drapeaux n'ôte point à la résidence, dûment constatée, son caractère consécutif et compte pour l'accomplissement de la durée nécessaire à l'exercice du droit d'élection. »

49. — Mais si le militaire avait quitté, avant son dé-

part pour l'armée, le lieu où il a satisfait à la loi sur le recrutement, et qu'il eût résidé plus de six mois dans une autre commune, il ne pourrait réclamer son inscription dans la première, en vertu du § 1er de l'article 5 de la loi du 7 juillet 1874 ; il ne pourrait recouvrer le droit électoral qu'après une résidence de six mois. (Chambre civile, 30 avril 1877, affaire Bouteille ; 24 avril 1877, Sirey, 1877, 1, 430, affaire Labrouve.)

Il importerait peu que le militaire, après avoir accompli son temps de service militaire, eût résidé dans une autre commune, si, étant revenu dans celle où il a tiré au sort, il y a résidé plus de six mois ; il n'est pas obligé, pour obtenir son inscription sur la liste municipale, de rapporter la preuve qu'il ne figure sur aucune autre liste, ou que, depuis son retour, il n'a fait aucune déclaration de changement de domicile. (Chambre civile, 22 avril 1879, Dalloz, 79, 1, 402 ; Sirey, 1880, 1, 39, M. Massé, rapporteur.)

50. — Mais il faut que le service militaire, dont exciperait un étranger pour réclamer son inscription en vertu du § 1er de notre article 5, ait eu pour effet de faire reconnaître à cet étranger la qualité de Français, en conformité de la loi du 20 mars 1849. Aux termes de cette loi, l'étranger, né en France, qui a servi dans l'armée française, et qui a fait la déclaration prescrite par par l'article 9 du code civil, même après l'expiration de l'année de sa majorité, acquiert la qualité de Français ; mais s'il n'a pas fait cette déclaration, il est demeuré étranger, et ne peut jouir des droits politiques. (Requête, 12 avril 1875, bulletin civil, n° 53.)

Il en serait de même de l'étranger qui, ayant excipé de sa qualité d'étranger pour se soustraire à la loi du recrutement, aurait obtenu, après l'année de sa majorité, d'être inscrit comme omis, sur la liste du contingent de l'armée ; la jurisprudence a décidé qu'il n'avait point acquis la qualité de Français par ce dernier fait, attendu qu'il aurait été tardivement accompli. (Requêtes, 27 janvier 1862; Dalloz, 1862, 1, 55.)

§ 2 DE L'ARTICLE 5 DE LA LOI DE 1874.

51. — La loi électorale du 14 mars 1849 et le décret du 2 février 1852 ne reconnaissaient point de domicile électoral autre que la commune de la résidence effective. Ils n'admettaient point, comme nous l'avons dit plus haut, l'exercice du droit électoral, quel qu'il fût, politique, départemental ou municipal, dans un autre lieu. Le domicile de six mois dans une commune assignait pour toutes les élections, le lieu où l'électeur devait porter son suffrage.

Le § 2 de l'article 5 de la loi de 1874 sur l'électorat municipal a permis l'exercice du droit électoral dans une commune où l'électeur n'a point de résidence, mais où il est inscrit, depuis un an, au rôle des quatre contributions ou au rôle des prestations en nature, sous l'obligation seulement de faire dans cette commune, la déclaration de sa volonté d'y exercer ses droits électoraux. Le même paragraphe ajoute que seront également inscrits *les membres de la famille* des mêmes électeurs compris dans la cote de la prestation en nature, alors même qu'ils n'y sont pas personnellement portés, et les habitants qui, en raison de *leur âge* ou de *leur santé*, auront cessé d'être soumis à cet impôt.

C'est de toutes les dispositions de la loi de 1874, celle qui a donné lieu au plus grand nombre de questions. Nous allons successivement étudier celles que la jurisprudence a résolues.

52. — En premier lieu, la loi est restrictive et ne saurait être étendue en faveur du citoyen astreint au paiement d'autres impôts que les impôts directs et les prestations. Le contribuable inscrit au rôle des impositions

établies sur les chiens, les chevaux et les voitures, ne pourrait invoquer le § 2. (Chambre civile, ·8 mai 1877 ; Dalloz, 1877, 1, 389, Bulletin civil, n° 73.)

53. — *Deuxièmement.* — L'inscription ne peut être demandée que par le contribuable figurant *personnellement* sur les rôles des quatre contributions directes ou des prestations en nature, et cela depuis un an. (Chambre civile, 17 avril 1878 ; Dalloz, 78, 5, 215 ; Sirey, 1878, 1, 427 ; 26 mars 1877 ; Sirey, 1877, 1, 223.)

Il ne suffirait pas qu'il payât l'impôt d'une propriété acquise d'un tiers qui aurait continué à être inscrit sur les rôles. (Requêtes, 4 avril 1854 ; 23 mars 1850 ; 8 octobre 1874 ; Dalloz, 1875, 1, 79 ; 19 mars 1880 ; Dalloz, 1880, 1, 157.)

En vain également une propriété lui serait advenue par succession depuis plus d'un an, il ne pourrait réclamer son inscription sur la liste électorale, si son nom n'a pas été substitué à celui de son auteur. (Mêmes arrêts que ci-dessus, et 7 mai 1877 ; Dalloz, 77, 1, 303 ; Sirey, 77, 1, 430 ; 3 avril 1878 ; Dalloz, 78, 5, 215, 3 mars 1880 et 11 avril 1881 ; affaire Joullié, M. Dareste, rapporteur ; Dalloz, 81, 1, 271.) Nous donnons le texte de ce dernier avis.

« La Cour : Statuant sur le pourvoi des frères Joullié en cassation d'une sentence du Juge de paix de Castries (Hérault), du 19 février 1881 : — Attendu que la loi du 7 juillet 1874 attache l'électorat municipal, non au payement de l'impôt, ni à la propriété foncière, mais à l'inscription personnelle du contribuable sur les rôles de la commune ; — Attendu que César et Hippolyte Joullié ne figurent pas sur les rôles de la commune de Montaud ; — Que si, depuis 1876, les rôles ont porté la mention suivante : « Joullié, Gustave, les héritiers », cette mention est insuffisante pour remplir le vœu de la loi ; —

Attendu, d'ailleurs, qu'il résulte de la sentence attaquée que les frères Joullié ne justifient pas d'un domicile dans la commune de Montaud ; — Attendu, en conséquence, que la sentence attaquée a refusé à bon droit aux frères Joullié l'inscription sur les listes électorales de ladite commune ; — Par ces motifs, rejette. »

Le mari ne pourrait pas non plus profiter de l'inscription de sa femme sur les rôles des contributions où le nom de celle-ci a continué à être porté depuis le mariage. (Chambre civile, 26 mars 1877, affaire Duchesne, Dalloz, 77, 1, 303 ; Sirey, 1, 223 ; 14 avril 1880 ; Dalloz, 80, 1, 156.)

54. — L'inscription *depuis un an* sur les rôles des contributions doit s'entendre de l'inscription sur le rôle de l'année précédant la révision. Notamment, si un rôle supplémentaire a été dressé pour les prestations en nature, l'inscription sur ce rôle donne le droit d'être inscrit sur la liste électorale lors de la révision de l'année suivante. Les contributions étant dues pour toute l'année, et les rôles étant dressés également pour toute l'année, le contribuable est, en réalité, inscrit depuis le 1er janvier, à quelque date qu'ait été publié le rôle. (Chambre civile, 23 mars 1880 ; Dalloz, 1880, 1, 156.)

L'électeur inscrit en vertu du § 2 de l'article 5, conserve son inscription sur la liste électorale municipale, bien qu'il ait cessé d'être propriétaire des immeubles, si la mutation n'a pas été opérée sur la matrice des rôles. (Chambre civile, 14 mai 1877 ; Dalloz, 1, 303 ; Sirey, 1, 430 ; 28 avril 1879 ; Dalloz, 1879, 1, 403.)

Comme contre-partie de cette décision, on peut citer un arrêt qui décide que le contribuable substitué par voie de dégrèvement et de mutation de cote à un autre contribuable, par décision du Conseil de Préfecture, doit être considéré comme ayant été inscrit personnellement pour l'exercice entier, et est fondé à requérir, pour l'année suivante, son inscription sur la liste électorale municipale. (Requête du 5 mai 1875 ; Dalloz, 1875, 1, 302 ; Sirey, 1875, 1, 375 ; et Bulletin civil n° 66.) Nous n'admettrions cette solution qu'autant qu'il serait établi que la contestation ou opposition sur laquelle a statué le Conseil de Préfecture, avait été soumise à cette juridiction avant l'expiration des 20 jours accordés à l'électeur omis pour demander son inscription.

55. — On a vu plus haut que l'inscription, depuis un an, au rôle des *prestations en nature*, donne le droit d'être inscrit, non-seulement à l'électeur qui ne réside pas dans la commune, mais encore aux *membres* de la famille compris dans la cote de la prestation en nature, alors même qu'ils n'y sont pas personnellement portés.

Disons d'abord que les *serviteurs* ne sont pas indiqués par la loi comme appelés à jouir de la disposition du 2ᵉ §, et qu'il résulte de la discussion de la loi qu'on n'a pas voulu les y comprendre.

La Cour de cassation l'a, d'ailleurs, décidé ainsi dans plusieurs arrêts. (Chambre civile, arrêt du 28 avril 1880.)

Un fils ne peut lui-même exciper de l'inscription de son père au rôle des prestations en nature, si le nombre des journées pour lesquelles le père est imposé est, eu égard au personnel de sa maison, tel qu'il ne soit pas possible d'affirmer que le fils y soit compris, c'est au juge de paix qu'il appartient d'apprécier si, en fait, l'imputation en faveur du fils est réelle et possible. (Arrêt du 6 avril 1881 ; affaire Verdier au rapport de M. Onofrio ; Dalloz, 81, 1.)

« La Cour : Statuant sur le pourvoi formé par le sieur Edmond Verdier contre le jugement du juge de paix d'Uzès du 25 février dernier : — Attendu que le jugement attaqué déclare qu'il n'est pas justifié en fait que le sieur Edmond Verdier soit compris dans la cote des prestations en nature que paye son père dans la commune de Sanilhac ; — Attendu qu'à l'encontre de cette constatation de fait,

3.

le demandeur produit seulement des certificats du percepteur de Sanilhac attestant que le sieur Verdier père est porté à la taxe des prestations en nature pour six journées d'hommes, soit la taxe de deux personnes ; — Attendu que les indications de ces pièces qui peuvent s'appliquer à d'autres personnes que le sieur Edmond Verdier ne suffisent pas à faire la justification que le juge de paix a déclaré manquer en fait à la réclamation du demandeur ; — Rejette le pourvoi. »

56. — Mais le § se termine ainsi : « Seront également inscrits... les habitants, qui, en raison de leur *âge* ou de leur *santé*, auront *cessé d'être soumis* à cet impôt. »

Quel est le sens de cette partie finale du § 2? Veut-il dire que tout habitant qui, à raison de son âge ou de sa santé, n'est pas soumis à l'impôt des prestations en nature, sera électeur inscrit sur la liste municipale sans justifier de deux années de résidence ? Veut-il dire que, pour jouir du bénéfice du § 2 final, il faut avoir été inscrit au rôle de la prestation et avoir cessé d'y être porté à raison de son âge ou de sa santé ?

Remarquons d'abord que notre paragraphe parle de l'*âge* de l'individu appelé au bénéfice de cette disposition, mais n'indique pas quel est cet *âge* légal qui la peut faire appliquer ; il ne dit pas, non plus, quelles raisons de santé peuvent également justifier cette application ; il faut donc, pour rendre quelque clarté à cette prescription, se référer à la loi organique de l'impôt des prestations en nature ; c'est l'article 3 de la loi du 21 mai 1836 ainsi conçu :

« Tout habitant, chef de famille et d'établissement à
« titre de propriétaire, de régisseur, de fermier ou de
« colon partiaire,*porté au rôle des contributions directes,*
« pourra être appelé à fournir chaque année une presta-
« tion de trois jours : 1° pour sa personne ou pour cha-
« que individu mâle *valide*, âgé de *dix-huit* ans au
« moins et de *soixante* ans au plus, *membres* ou *servi-*

« *teurs* de la famille et résidant dans la commune ;
« 2° pour chacune des voitures, etc. »

C'est évidemment aux individus qui ont cessé d'être *valides* et qui sont âgés de *plus de 60 ans* que se réfère le § 2 ; mais une difficulté grave se présente : la loi de 1836 n'impose à la prestation en nature que le propriétaire, fermier ou colon partiaire *porté au rôle des contributions directes*, sans égard, d'ailleurs, à leur âge et à leur état de santé ; quant aux membres ou serviteurs de leur famille, ils servent bien à établir numériquement le nombre des journées auxquelles ces propriétaires, fermiers ou colons partiaires sont tenus, mais ils ne figurent pas nominativement aux rôles des prestations ; comment donc *cesseront-ils* d'y être portés, eux, dont le nom n'a jamais dû y figurer et comment s'appliquera le § 2 de la loi de 1874?

Pour nous, il nous semble qu'il faut combiner les deux lois dans la mesure du possible, et dire que le législateur de 1874, qui ne s'est pas rendu compte suffisamment de la façon pratique dont les rôles des prestations étaient dressés, a cru vraisemblablement que les membres ou serviteurs de la famille figuraient, en noms propres, sur ces rôles, à la suite ou près de celui du propriétaire pour expliquer le nombre des journées de travail qui leur étaient imposées, et a voulu que ces membres ou domestiques pour lesquels, s'ils arrivent à 60 ans ou deviennent infirmes, le propriétaire ne paie pas les journées de prestation, mais qui continuent à résider dans la commune, soient inscrits sur la liste électorale municipale ; c'est à peu près le seul moyen de comprendre le texte de la loi de 1874, qui n'est peut-être, après tout, que l'erreur d'un accès de fraternité et de philanthropie. Dans ce système, on ne demande pas à l'habitant âgé de plus de 60 ans ou infirme, s'il a été nominativement inscrit sur les rôles des prestations, mais s'il a fait nombre sur le bordereau du propriétaire ou du chef de sa famille, pour fixer la part imposable de ceux-ci dans cet impôt particulier.

Cependant, on peut opposer que l'erreur du législateur sur la forme de la rédaction des rôles n'est pas certaine, et serait étrange, quelle que soit l'époque où la loi a été faite, et que, d'un autre côté, les termes mêmes de cette loi « les habitants qui ont *cessé* d'être soumis à l'impôt » paraissent bien exiger une personnelle et précédente inscription, et qu'en présence d'une inconciabilité manifeste des deux textes, il faut s'en tenir à celui de la loi électorale, et, par conséquent, décider que les habitants de la commune ne pourront exciper de leur âge et de leurs infirmités pour réclamer leur inscription sur la liste électorale municipale, lorsqu'ils n'auront pas deux années de résidence, qu'en justifiant qu'ils ont figuré sur les rôles de la prestation, et ont cessé d'être imposés à cette prestation à raison de leur âge et de leurs infirmités.

Il restera sans doute que l'âge n'est pas déterminé, que ni la nature, ni l'époque de l'infirmité ne sont définies, non plus que l'autorité compétente pour prononcer l'exonération de l'impôt; mais on peut répondre que ce sont là des questions touchant aux contributions et à l'impôt dont la loi électorale n'a pas dû s'occuper; elle prend le fait d'une inscription antérieure aux rôles des prestations; elle veut que celui qui cesse, pour raison d'âge ou d'infirmité, d'y être porté, jouisse des droits électoraux; cela suffit. C'est au juge qu'il appartiendra de rechercher s'il y a eu, ou non, inscription de l'habitant sur ces rôles.

La Cour de cassation a adopté cette dernière interprétation du § 2, par un arrêt au rapport de M. Massé du 28 avril 1880. (Dalloz, 80, I, 279.) Un arrêt du 8 novembre 1880 au rapport de M. Bernard, a jugé dans le même sens, en déclarant expressément que la prestation doit avoir été formée dans la commune même où l'inscription est demandée.

Nous avouons que, s'il est facile de poser la règle en droit, il nous paraît bien plus difficile de l'appliquer en fait. L'inconciliabilité des deux lois est pour nous manifeste, et la solution de la cour de cassation tranche la difficulté sans la résoudre.

§ 3. — MARIAGE DANS LA COMMUNE AVEC RÉSIDENCE DEPUIS UN AN.

57. — Le citoyen qui se marie dans une commune et qui justifie qu'il y habite depuis un an au moins, peut demander son inscription sur la liste municipale.

Ce paragraphe ne peut soulever de difficulté. La réunion de ces deux faits : la résidence pendant un an, et le mariage dans une commune, justifient l'inscription sur la liste électorale municipale. La qualité de chef de famille établi dans la commune fait présumer que la bonne gestion des intérêts communaux trouverait en lui un partisan et un surveillant sérieux.

58. — Il n'y a point à rechercher si la résidence d'une année a précédé le mariage ou l'a suivi, ou bien si le mariage s'est accompli pendant l'année de résidence qui n'a été accomplie qu'après. Dans tous les cas, du moment où les deux circonstances se trouvent réunies, le droit à l'inscription est acquis. Mais il faut, sans aucun doute, que la résidence dure encore, et depuis un an, au moment où est close la liste sur laquelle l'inscription a été demandée. (Arrêts du 10 août 1880, M. Dareste, rapporteur, affaire Marchetti, du 11 avril 1881, affaire Tonnelier et aussi du 18 novembre 1874. Dalloz 75, I, 76.) Celui qui, après une année de résidence se marierait, puis quitterait la commune, ne remplirait les conditions prescrites par notre paragraphe, qu'autant qu'il serait revenu résider dans la commune et y aurait habité réellement pendant une année.

Il faut aussi que le mariage ait eu lieu dans la commune où l'époux a fixé ou va fixer sa résidence ; il importerait peu que la fille épousée dans une commune autre que celle de la résidence, fût née dans celle-ci. (Chambre civile, 9 mai 1876; M. Sallé, rapporteur; Sirey, 1877, I, 348; Dalloz, I, 302.)

§ 4. — RÉSIDENCE DE DEUX ANS DANS LA COMMUNE.

59. — Aux termes de ce paragraphe, celui qui n'est pas né dans une commune, qui n'y a pas satisfait à la loi du recrutement, qui n'y est pas inscrit aux rôles des contributions ou des prestations, et enfin qui ne s'y est pas marié, peut cependant devenir électeur par son inscription sur la liste électorale municipale; une seule condition lui est imposée : justifier qu'il réside depuis *deux ans* dans la commune. La loi a cru devoir, en l'absence de toute autre garantie, exiger une résidence très prolongée.

60. — De plus, les tiers n'ont pas le droit de demander cette inscription pour celui qui ne réclame pas la jouissance de son droit. (Chambre civile, 12 avril 1880, M. Sallé, rapporteur ; Dalloz, 1880, 1, 207.) Il faut : 1° que celui-ci demande son inscription, 24 mai 1881, affaire Roussillon, M. Dareste, rapporteur, et 2° qu'il fasse connaître, soit dans sa demande, soit par acte séparé, le lieu et la date de sa naissance. Cette dernière prescription a pour objet de mettre l'autorité municipale en mesure de connaître si cet habitant satisfait aux conditions d'âge et de nationalité, et de se procurer le bulletin du casier judiciaire pour s'assurer qu'il n'a pas été privé de l'exercice de ses droits politiques par des condamnations ignorées.

61. — L'électeur qui demande son inscription en invo-

quant une résidence de deux ans peut, comme nous l'avons dit, en parlant des listes politiques, comprendre dans les deux ans le temps qui s'écoulera entre le jour de la révision et celui de la clôture, c'est-à-dire le 31 mars ; le délai légal est accompli quand même le dernier jour des deux années serait le 31 mars. Ainsi une résidence commencée le 1er avril 1878, a été complète aux yeux de la loi, le 31 mars, à minuit. Dès lors l'électeur a dû être inscrit sur la liste électorale (Sic. Chambre civile, 4 mai 1880, au rapport de M. Baudoin ; Dalloz, 80, 1, 276.)

61 *bis*. — Nous nous expliquerons dans la deuxième section du chapitre III, sur les formes de la demande d'inscription, dans le cas du § 4 de l'article 5.

Nous avons dit, au commencement de ce chapitre, quelles étaient, en général, les conditions de la résidence propre à assurer le droit électoral ; nous citerons ici à l'appui de nos observations, deux arrêtés rendus le 29 mars 1881, rapportés par Dalloz, 1881, 1, parce qu'ils sont de nature à mettre les juges de paix en garde contre toute tendance à l'arbitraire, et contre des interprétations par trop relâchées de la loi.

Voici le texte de ces arrêts :

(Nicolaï C. Électeurs de Polveroso.) — ARRÊT.

La Cour ; — Statuant sur le pourvoi du sieur Nicolaï en cassation d'une sentence rendue le 25 février 1881 par le juge de paix de Laporta ; En ce qui concerne Giudici et autres : — Vu l'article 5, § 4 de la loi du 7 juillet 1874 et l'article 13 du décret du 2 février 1852 ; — Attendu qu'il était prétendu par le demandeur qui rapportait des certificats et documents émanés d'autorités compétentes, et qu'il avait été reconnu par la commission municipale elle-même que Giudici et Lanfranchi remplissaient des fonctions publiques depuis plusieurs années dans d'autres communes ; qu'Orsini était domicilié depuis trois ans à Verdresse et que le dernier résidait depuis quinze ans à Velonce-Orroto ; — Attendu que sans contredire les faits avancés par Nicolaï, le jugement attaqué s'est borné à dire qu'il n'était point établi aux débats que ces électeurs eussent *renoncé* à exercer leurs droits d'électeurs politiques et municipaux dans la commune de Polveroso où ils avaient toujours été inscrits comme électeurs ; — Attendu qu'il importait peu que ces électeurs n'eussent pas renoncé à l'exercice de leur droit, si ce droit était justement contesté par le tiers électeur qui, en vertu des pouvoirs qu'il tenait de la loi elle-même, demandait leur radiation en l'appuyant sur des faits propres à justifier sa demande ; — Qu'il ne suffisait pas au juge de paix de déclarer qu'il était reconnu que Giudici et autres avaient le droit d'être inscrits ; — Qu'il devait, en présence de faits contraires à ce prétendu droit, repousser ces faits comme non pertinents ou faux, et déclarer sur quel élément juridique les électeurs dont on demandait la radiation pouvaient faire reposer leur droit au maintien de l'inscription ; — Que le jugement attaqué ne s'est point conformé à ces principes, que, par conséquent, il manque de base, et a violé en jugeant comme il l'a fait les articles de loi susvisés ; — Par ces motifs, casse. »

(2ᵉ ARRÊT. — Liberati et Mattei, C. Électeurs de Croce).

La Cour ; — En ce qui touche la disposition qui ordonne l'inscription d'Agostini et autres : — Vu l'article 5, § 4 de la loi du 7 juillet 1874, et l'article 23 du décret organique du 2 février 1852 ; — Attendu que les demandeurs en radiation de ces électeurs, se fondaient sur ce que depuis plusieurs années, ils avaient tous cessé de résider dans la commune de Croce et n'avaient jamais eu le droit d'être inscrits sur les listes électorales à d'autre titre que celui de résidant dans la commune ; —

Attendu que le jugement attaqué, sans affirmer contrairement aux prétentions des demandeurs, que ces électeurs résident encore de fait dans la commune, décide qu'ils doivent être maintenus sur les listes parce qu'il n'est pas établi qu'ils l'aient quittée depuis plus de deux ans ; — Attendu que l'électeur qui, après avoir été inscrit sur la liste électorale municipale, à raison du fait unique d'une résidence légale dans la commune, a quitté cette commune et a cessé d'y résider réellement au moment où a lieu la révision annuelle des listes, ne remplit plus la condition prescrite par l'article 5, § 4 de la loi du 7 juillet 1874, pour être inscrit sur la liste électorale municipale ; — Qu'il en est de même pour l'inscription sur la liste politique, si ayant quitté la commune où il était inscrit, il a pu acquérir par une résidence de plus de six mois, dans une autre commune, le droit de s'y faire porter sur la liste politique ; — Que, par conséquent, en se fondant sur ce que les électeurs dont Liberali et Mattei demandaient la radiation n'avaient pas quitté la commune depuis plus de deux ans, et sans s'expliquer sur les faits avancés par les demandeurs, le jugement attaqué a rendu une décision qui manque de base légale, et a faussement interprété et, par suite, violé les articles de loi susvisés ;

En ce qui concerne l'inscription d'Agostini Pompilius : — Attendu qu'il était prétendu par les demandeurs qu'il était âgé de moins de vingt et un ans ; — Que le jugement attaqué a cependant ordonné son inscription sans déclarer qu'il avait atteint l'âge requis par la loi, et qu'il a ainsi violé les articles de loi susvisés ;

« Par ces motifs, casse. »

§ 5. — ALSACIENS-LORRAINS.

62. — Le § 5 est ainsi conçu : « Seront inscrits ceux qui, en vertu de l'article 2 du traité de paix du 18 mai 1871, ont opté pour la nationalité française, et déclaré fixer

leur résidence dans la commune, conformément à la loi du 19 juin 1871. »

Cette loi, qui ne contient qu'un article, porte : « Sont électeurs et éligibles, *sans condition de temps de résidence* dans le nouveau domicile qu'ils ont choisi ou choisiront en France, les citoyens français qui, conformément à l'article 2 du Traité du 10 mai 1871, ont opté ou opteront pour la nationalité française, à la charge par eux de faire, à la mairie de leur nouvelle résidence, leur déclaration constatant la volonté d'y fixer leur domicile et d'y réclamer leur inscription sur les listes électorales. »

On devait assurément se montrer facile pour l'application de ce § 5. Bien des circonstances ont pu empêcher les optants de se fixer en France, en une commune déterminée, et, pendant longtemps, un grand nombre d'entre eux n'ont eu, après leur option, que des résidences d'essai ou de passage, de nécessité même ; on a donc admis que tant qu'ils n'avaient pas fait, en France, de déclaration de résidence, et n'avaient pas réclamé dans une commune, leur inscription sur les listes électorales, ils devaient être admis, après déclaration de résidence faite dans une commune, à demander leur inscription sur les listes municipales, tant qu'il n'était pas constaté qu'ils avaient déjà usé du bénéfice de ce paragraphe, et quel que fût le laps de temps écoulé entre la date de leur option et celle de leur déclaration de domicile. (Affaire Bertard, arrêt du 27 avril 1880, à notre rapport.)

63. — Ce n'est pas aux optants qu'incombe la preuve qu'ils n'ont pas usé du bénéfice de notre paragraphe ; mais s'il est constaté par le juge de paix qu'ils ont reconnu en avoir déjà demandé l'application, ils ne sont plus recevables à l'invoquer dans une autre commune où ils auraient fait une déclaration de domicile. Admis une fois à jouir d'une inscription exceptionnelle, ils

sont, après l'avoir obtenue, demeurés soumis aux conditions d'électorat et d'éligibilité exigées des autres citoyens.

Un arrêt du 27 avril 1880, affaire Steicher, à notre rapport, l'a ainsi jugé : « Attendu que le § 5 de l'article « 5 de la loi de 1874 ne peut s'étendre à celui qui, ayant « opté pour la nationalité française, en vertu de l'article « 2 du traité de paix du 10 mai 1871, a transporté son « domicile en France et y a joui du bénéfice de ce pa- « ragraphe ; qu'il est constaté, par le jugement attaqué, « que Victor Steicher a reconnu avoir déjà usé de ce « bénéfice ; qu'en conséquence, il était, pour l'avenir, « soumis, quant à l'exercice de ses droits électoraux, « aux mêmes conditions que les autres citoyens fran- « çais, et ne pouvait, à moins qu'il ne se trouvât dans « un autre des cas prévus par la loi, être inscrit sur les « listes électorales municipales de Montier-en-Der, sans « satisfaire à la condition de deux années de résidence « dans la commune, rejette le pourvoi. »

64. — Dans l'affaire Bertard, arrêt du 27 avril 1880 ci-dessus cité, la Cour de cassation a statué par les motifs suivants :

« Attendu que l'article unique de la loi du 19 juin 1871, « qui donne à ceux qui ont opté pour la nationalité fran- « çaise la faculté d'être électeurs et éligibles, sans con- « dition de temps de résidence dans la commune qu'ils « auraient choisie pour y établir leur domicile, a fait « dépendre cette faculté de la double condition de « faire, à la mairie de leur nouvelle résidence, une décla- « ration constatant leur volonté d'y fixer leur domicile « et d'y réclamer leur inscription sur les listes électo- « rales ; — Attendu qu'il est reconnu en fait que si « Anatole Bertard, originaire de Metz, a opté, en 1872, « pour la nationalité française, c'est seulement au mois « de juillet 1879, qu'il a fait à Montier-en-Der, la décla-

« ration de domicile prescrite par la loi du 19 juin 1871,
« que, cependant, le juge de paix, sans constater que
« Bertard avait précédemment usé du bénéfice du para-
« graphe 5 de l'article 5 de la loi de 1874, dans une des
« communes où il aurait temporairement résidé depuis
« son option, a refusé d'ordonner son inscription sur la
« liste électorale de Montier-en-Der, en quoi il a violé
« l'article ci-dessus visé, casse. »

§ 6. — A. MINISTRES DU CULTE ET FONCTIONNAIRES
PUBLICS ASSUJETTIS A UNE RÉSIDENCE FIXE.

65. — La rédaction de ce paragraphe, qui confirme un
droit reconnu sous la législation précédente (art. 5 de la
loi du 30 mai 1850), mais fortement contesté (Voir
M. Hérold, n° 114) en faveur des ministres du culte et
des fonctionnaires publics, a une importance qu'il ne
faut pas méconnaître ; « Ceux-là sont électeurs, sans
être soumis à une résidence d'une durée déterminée
dans la commune, qui sont assujettis à une résidence
obligatoire dans la commune, en qualité, soit de ministres du culte reconnu par l'Etat, soit de fonctionnaires
publics. »

Ainsi ce n'est pas au caractère du ministre du culte
ou du fonctionnaire public que le législateur s'attache
en premier ordre pour établir, en leur faveur, une exception à l'obligation d'une résidence déterminée, c'est à
cette circonstance *qu'ils sont assujettis à une résidence
obligatoire.*

Par conséquent, il ne suffit pas qu'un citoyen soit
investi des pouvoirs et revêtu du caractère de ministre
du culte, qu'il soit prêtre, en un mot, ou bien qu'il soit
investi de fonctions publiques, pour prétendre au droit
de se faire inscrire, sans remplir la condition d'une
résidence ayant une durée légale, sur la liste électorale ;
il faut qu'il résulte de la nature même de son ministère

ou de ses fonctions qu'il est assujetti à une résidence obligatoire dans la commune.

Il pourra, assurément, s'élever des doutes et, par suite, des contestations sur le point de savoir si tel citoyen est ministre du culte ou un fonctionnaire public, mais il faudra s'assurer, avant tout, si l'exercice de son ministère ou de sa fonction entraîne nécessairement et légalement l'obligation de la résidence dans cette commune ; souvent même cette première constatation servira à déterminer le véritable caractère de la personne qui prétend avoir droit d'invoquer le paragraphe de l'article 5 dont nous nous occupons.

66. — On comprend d'abord quelle est la raison de l'exception introduite par la loi en faveur des personnes dont il s'agit. Obligées de changer de résidence pour obéir aux ordres de leurs supérieurs hiérarchiques ou du gouvernement, elles ne pouvaient être privées de l'exercice de leurs droits de citoyens, faute d'une résidence suffisamment prolongée dans la commune où elles sont obligées de se rendre ; il était donc juste de supprimer pour elles la condition d'une résidence pendant un temps déterminé ; quelle que soit, dès lors, la durée de leur résidence au moment ou s'opère la révision annuelle de la liste, elles ont droit de demander à y être inscrites.

67. — Mais il ne s'ensuit pas qu'elles puissent, si elles arrivent dans une commune après la clôture des listes, requérir leur inscription sur ces listes de façon à pouvoir prendre part aux élections qui auront lieu dans le courant de l'année. L'article 8 du décret réglementaire du 2 février 1852, confirmant en cela le principe de la permanence des listes, dispose formellement « que la liste électorale reste jusqu'au 31 mars de l'année suivante telle qu'elle a été arrêtée, sauf seulement les changements qui y avaient été ordonnés par décision du juge

de paix, et sauf aussi la radiation des noms des électeurs décédés ou privés des droits civils et politiques par jugement ayant force de chose jugée. » Rien de plus précis que cette disposition de la loi, elle ne laisse place à aucune autre exception au principe de la permanence de la liste électorale. (Arrêt de la Chambre civile du 26 mars 1877 ; Dalloz, 77, 1, 268; au moins par analogie. Voir ci-après n° 135 ; Arrêt du 24 juillet 1876, aff. Bon.)

67 *bis*. — Mais que faudrait-il décider, si un fonctionnaire public ou un ministre du culte étaient envoyés dans une commune, et venaient s'y établir entre le 1er janvier et le 31 mars, jour de la clôture des listes.

Il nous paraît d'abord certain que si le fonctionnaire ou le ministre du culte arrivaient dans la commune avant la rédaction et la publication du tableau de révision dressé par la Commission administrative ils peuvent être inscrits d'office par cette commission, car ils ne sont pas tenus à former de demande, et dans tous les cas ils peuvent demander leur inscription. Si la publication du tableau a eu lieu, et s'ils sont encore dans les vingt jours qui la suivent, ils peuvent s'adresser à la Commission municipale et en cas de refus ou de rejet au juge de paix par voie d'appel.

Mais s'ils ne sont venus résider dans la commune qu'après l'expiration du délai de 20 jours, pourraient-ils encore demander et obtenir leur inscription, et à qui devront-ils s'adresser ? La réponse à cette question doit, suivant nous être affirmative, en présence des termes du 8e alinéa de l'article 5 de la loi du 7 juillet 1874, qui porte ce qui suit : « Seront également admis ceux qui, ne remplissant pas les conditions d'âge et de résidence ci-dessus indiquées, lors de la formation des listes, les rempliront avant la clôture définitive. » Or, le fonctionnaire ou le ministre du culte qui n'étaient point encore nommés et par conséquent assujettis par leurs fonctions à une résidence fixe dans la commune, lors de la formation des listes, mais qui, remplissant cette unique condition imposée à l'exercice de leur droit, de résider dans la commune avant la clôture, doivent être admis à invoquer ce paragraphe 8 de l'article 5 et obtenir leur inscription. En vain dira-t-on que ces commissions administrative et municipale ont accompli leur mission, rien n'empêche de les réunir pour un cas exceptionnel comme celui qui nous occupe, et de suivre, s'il s'élève des contestations, l'ordre des juridictions instituées par la loi pour les juges ; la question s'est présentée devant la cour, mais elle n'a point été résolue, une fin de non recevoir ayant fait écarter le pourvoi. Elle était tirée de ce que le fonctionnaire demandeur en inscription, inscrit précédemment dans une autre commune, ne pouvait être porté sur la liste électorale du lieu de sa résidence obligée, sans justifier des diligences par lui faites pour obtenir sa radiation de la liste de la commune où il était inscrit au moment de son installation dans la commune où il vient exercer ses fonctions. (24 mai 1881, affaires Giacomoni, M. Sallé, rapporteur.)

« La Cour : — Attendu qu'il est déclaré par la sentence attaquée, que le sieur Tolini, desservant, nouvellement nommé dans la commune de San Luccio, est inscrit depuis plusieurs années sur la liste électorale, municipale et politique de Tivolaggio, sa commune d'origine ; qu'il a voté dans cette commune aux élections municipales du 9 janvier 1881 ; qu'enfin, son nom y est encore inscrit, et n'a pas encore été rayé de la liste dressée pour l'année 1881 ; — Attendu d'autre part qu'il n'a pas même été allégué par le demandeur en cassation ou par le sieur Tolini lui-même, que celui-ci ait provoqué ou sollicité la radiation de son nom sur la liste de Tivolaggio, qu'ainsi et par ce seul motif, la décision du juge de paix est suffisamment justifiée. — Rejette. »

Cette décision nous semble bien rigoureuse et nous croyons que la Cour de cassation eût mieux répondu aux intentions du législateur, en reconnaissant que le droit du fonctionnaire devait être, à raison de l'obligation de résidence à laquelle il était assujetti, affranchie de celle de demander la radiation dans la commune qu'il a quittée :

68. — Les fonctionnaires et les ministres du culte ne sont pas, d'ailleurs, même en ce cas, privés de leur droit électoral ; s'ils ne peuvent voter dans la commune de leur résidence nouvelle, ils ont la faculté, en vertu de la même permanence des listes, d'exercer leurs droits électoraux dans la dernière commune où ils sont demeurés inscrits. (Ch. civile, 22 mai 1878, 26 mars et 30 avril 1877 ; Dalloz, 1877, 1, 386, 30 avril 1877 ; Dalloz, 1, 205.)

Mais s'ils n'étaient pas inscrits dans cette dernière commune, ils ne pourraient, ayant une résidence obligatoire, et par conséquent ne pouvant pas invoquer leur résidence précédente, demander à être inscrits sur une autre liste que celle de la commune où ils sont assujettis à résider. (Ch. civile, 9 mai 1877, au rapport de M. Gastambide.)

69. — Le fonctionnaire ou le ministre du culte qui, *en fait*, a continué à résider dans une commune où il était inscrit avant d'être investi d'une nouvelle fonction, peut conserver son droit électoral dans cette commune, bien qu'il exerce son ministère ou ses fonctions dans une autre. (Arrêts du 16 novembre 1874 ; Sirey, 75, 1, 85, 12 juin, 1877 ; Dalloz, 1877, 1, 388, 8 décembre 1873 ; Dalloz, 1874, 1, 485.)

A plus forte raison, en peut-il être ainsi, si, étant porté aux rôles des contributions, il s'est fait inscrire dans cette commune, en vertu du § 2. (Mêmes arrêts des 16 novembre 1874 et 24 septembre 1875 ; Sirey, 1875, 1, 85 ; 24 avril 1876. Bulletin civil, 52.)

Il peut même, comme tout électeur contribuable et bien qu'assujetti à une résidence obligatoire, requérir son inscription sur la liste électorale d'une autre commune, dans laquelle il est porté, depuis plus d'un an, aux rôles des contributions directes. (24 avril 1876, Sirey, 76, 1, 432 ; 16 novembre 1874 ; Sirey, 1875, 1, 86 ; 24 septembre 1874 ; Sirey, 75, 1, 85.)

Mais s'il avait été inscrit d'abord sur les listes de la commune de sa résidence obligatoire, il devrait se faire préalablement rayer de ces dernières listes. (Cassation, 24 mai 1881, M. Baudouin, rapporteur.)

Il a aussi été jugé que si, ayant été inscrits dans une autre commune que celle où ils ont une résidence obligatoire, les fonctionnaires ont été rayés de la liste, ils ne peuvent, en dehors du titre de contribuable, demander leur inscription sur la liste d'une autre commune, sous le prétexte qu'ils sont nés dans cette commune, et y résident. S'ils sont restés investis de leur ministère et de leurs fonctions, quoique suppléés dans l'exercice, ils sont réputés résider dans les communes, à moins qu'ils ne justifient qu'ils ont été formellement relevés de cette obligation. (Chambre civile, 9 mai 1877 ; Dalloz, 1877, 1, 387 ; 17 avril 1878 ; Dalloz, 78, 1, 245 ; Sirey, 1878, 1, 284.)

Tels sont les principes généraux applicables au cas du § 6 de l'article 5. Nous allons examiner les conditions exigées des personnes qui y sont indiquées, pour l'inscription sur la liste électorale de la commune où elles exercent leurs fonctions.

B. — MINISTRES DU CULTE.

70. — La loi déclare elle-même qu'il ne s'agit que des ministres d'un culte reconnu par l'Etat, catholiques, protestants ou juifs, par conséquent.

Il faut d'abord comprendre dans cette classe, tous les prélats placés à la tête de la hiérarchie ecclésiastique qui administre les diocèses, les vicaires-généraux, les archidiacres, puis les curés, desservants et vicaires, diacres et sous-diacres, prêtres attachés à des paroisses ou à des chapelles autorisées dans lesquelles le culte s'exerce publiquement. (Voir arrêt du 22 mai 1880; Dalloz, 1880, 1, 207.)

On y comprend également les prêtres attachés par l'autorité diocésaine comme professeurs à un petit séminaire ou autre établissement ecclésiastique public. (Arrêt du 24 avril, 1877; M. Aubry, rapporteur; Dalloz, 1877, 1, 272.)

Les ecclésiastiques faisant partie d'une communauté d'oblats dans un établissement ecclésiastique de leur ordre, ont bien le droit d'être inscrits sur la liste municipale de la commune où se trouve leur établissement, s'ils ont deux années de résidence. (Requêtes 15 mai 1872; Dalloz, 1872, 1, 450.) Mais ils ne sont pas pour cela ministres du culte dans le sens légal, à moins que leur établissement ne soit considéré par l'autorité diocésaine comme un séminaire, auquel cas l'arrêt ci-dessus serait applicable.

71. — Mais s'il s'agissait d'un établissement purement congréganiste, comme les établissements des jésuites et autres, les ecclésiastiques directeurs et professeurs et maîtres de toute nature et de tous grades, devraient-ils être considérés comme des ministres du culte dans le sens du § 6 et pourraient-ils se faire inscrire sur les listes politiques, avant d'avoir six mois de résidence, et sur les listes municipales sans justifier de deux années de résidence dans la commune ?

Il est de jurisprudence que, bien qué prêtres appelés à remplir toutes les fonctions du culte, ils ne peuvent être classés parmi les ministres du culte pour lesquels le § 6 a créé l'exception dont nous nous occupons en ce moment. Les établissements qu'ils dirigent ne sont point *publics*, en ce sens qu'ils ne relèvent pas de l'autorité civile et politique. Comme établissements scolaires, ce sont des écoles privées, et les professeurs dont les fonctions sont restreintes à l'enseignement n'ont point droit aux prérogatives des ministres du culte qui, en changeant de résidence pour les besoins du culte, obéissent à l'autorité supérieure. (Arrêt de la Chambre des requêtes du 5 avril 1870 ; Dalloz, 1872, 1, 26.)

Si ces religieux sont uniquement appelés dans leurs monastères ou leurs maisons conventuelles à l'instruction des moines et à l'accomplissement des règles de leur ordre, ils ne peuvent invoquer le § 6 et sont soumis, suivant les cas, à la condition de six mois ou de deux ans de résidence. (Sec. chambre civile, 14 avril 1880, M. Goujet, rapporteur.)

On a prétendu que les aumôniers attachés, par l'autorité diocésaine, à un établissement *privé*, dirigé par les frères de la doctrine chrétienne, devaient être réputés ministres du culte et affranchis des conditions de la résidence ; mais cette opinion a été rejetée par un arrêt de la Cour de cassation du 19 avril 1880, au rapport de M. Legendre. (Dalloz, 1880, 1, 207.)

Nous pensons qu'il en devrait être autrement s'il s'agissait d'un prêtre attaché comme aumônier à un établissement scolaire public. En ce cas, la fonction ou plutôt le ministère de ce prêtre emprunterait à la qualité de l'établissement une sorte de reconnaissance du caractère officiel et public du ministre du culte.

Aussi n'hésitons-nous pas à placer dans la classe des ministres du culte, affranchis de la durée légale de la résidence, les aumôniers établis près des hospices, des lycées, collèges et écoles normales ou autres. On a toutefois jugé qu'il en doit être autrement s'il s'agit d'un asile *privé* d'aliénés. (Chambre des requêtes, 5 avril 1870, Dalloz, 1872, 1, 304.)

72. — De tout ce qui précède, il faut conclure par une observation générale : c'est que si le ministre du culte a été distingué dans notre article du fonctionnaire public,

à raison du caractère de son ministère, il n'en est pas moins admis que dans la pensée du législateur, le ministre du culte n'a droit au bénéfice du § 6, qu'autant qu'il exerce son ministère dans une position qu'on peut dire publique pour la satisfaction d'un intérêt public, et en vertu d'un pouvoir se rattachant, par son origine et son objet, à l'autorité publique.

Tout prêtre ou pasteur est assurément ministre de la religion qu'il enseigne; mais il n'est, dans le sens de la loi, ministre du culte, qu'autant qu'il remplit, à un degré ou à un autre, les fonctions qui touchent à l'exercice public d'un culte reconnu par l'Etat.

La condition commune au ministre du culte et au fonctionnaire public d'être assujettis à une résidence obligatoire marque mieux encore le point commun par lequel ils se rapprochent l'un de l'autre; la résidence obligatoire doit être prescrite par un ordre de l'autorité supérieure, en vue, précisément, de l'accomplissement des devoirs auxquels sont tenus les personnes investies de ces fonctions envers leurs coréligionnaires et leurs concitoyens.

C. — FONCTIONNAIRES PUBLICS ASSUJETTIS A UNE RÉSIDENCE FIXE DANS UNE COMMUNE.

73. — A quelles personnes cette qualification doit-elle être reconnue au point de vue qui nous occupe ?

« La Cour de cassation a, dans deux arrêts du 23 novembre 1874 et du 21 avril 1879 (Dalloz, 1875, 1, 71 et 1779, 1, 407), jugé que la qualité de *fonctionnaire public* appartient, dans le sens du § 6 de la loi de 1875, « à tout citoyen investi d'un caractère public et chargé d'un service permanent d'utilité publique, qu'il soit ou non rétribué par l'Etat. » Ces expressions sont peut-être un peu vagues et l'on pourrait dire que la définition n'est pas beaucoup plus claire que l'objet défini. Cependant il ne, peut guère se présenter de difficulté que pour les personnes qui ne tiennent pas directement leurs fonctions de l'Etat ou des représentants, suppléants et délégués de l'Etat ; car, pour tout citoyen investi d'une mission touchant à l'intérêt public, administration, justice, finances, le doute n'est point difficile à dissiper lorsqu'il se présente.

Celui qui remplit une charge qui le met, comme représentant de l'autorité, en relations avec le public et lui impose des devoirs, en même temps qu'elle lui donne des attributions, est un fonctionnaire public, et c'est surtout en notre matière que la constatation du caractère public est facile, puisqu'il s'agit de savoir si, dans une simple commune, tel ou tel citoyen qui demande à jouir de l'immunité du fonctionnaire a ou n'a pas une résidence de six mois ou de deux ans. Il est bien facile, en effet, d'établir ce que ce citoyen a reçu mission de faire dans la commune et de qui il tient ses pouvoirs. Ne cherchons donc pas une définition générale et absolue du fonctionnaire public ; attachons-nous au caractère de sa mission, et aux rapports qu'elle établit entre lui et les autres habitants de la commune.

Ainsi, Préfets, Sous-Préfets, Maires, Commissaires de police, Magistrats, Ingénieurs, Conducteurs, Agents-Voyers, Gardes champêtres, Directeurs et Employés des finances, de l'enregistrement et des domaines, des postes, des contributions directes et indirectes, tous préposés par l'Etat ou par ses représentants à un service public, sont des fonctionnaires publics.

On peut consulter avec fruit, sur les principes qui régissent cette matière, le dictionnaire électoral de M. Bavellier, page 347, et les arrêts de Cour d'appel cités par lui : Paris, 31 mars 1842. Dalloz ; v. presse, n° 902, et Montpellier, 14 juillet 1853, Dalloz, 74, 2, 31. Et aussi le code électoral de M. Bidault, pages 8 n° 9.

74. — Les officiers publics, tels que greffiers, notaires,

et les officiers ministériels : avoués, huissiers, commissaires-priseurs, doivent-ils être considérés comme fonctionnaires publics dans le sens du paragraphe 6 de notre article 5 ? Après bien des hésitations, alors surtout que les termes de l'article 5 de la loi du 31 mai 1850 étaient moins précis que ceux de la loi de 1874, la jurisprudence nous paraît avoir établi la règle suivante : l'officier ministériel ou public peuvent être traités comme des fonctionnaires publics, lorsqu'ils viennent exercer leur profession dans le lieu qui leur est assigné pour résidence par l'acte de leur nomination, et ils y jouissent du bénéfice de l'article 5 paragraphe 6, mais à la condition qu'ils y aient leur résidence réelle et effective. Si, au contraire, soit par tolérance, soit par une véritable infraction à leurs devoirs, ils résident dans une autre commune, ils ne peuvent prétendre à cet avantage. Cette théorie résulte des arrêts suivants : 8 septembre 1873. Req. Dalloz, 74, 1, 388, où se trouve un rapport intéressant de M. Nachet, et qu'il faut rapprocher d'un arrêt du 25 mars 1867, Dalloz, 67, 1, 379, précédé d'un rapport de M. Vergès ; voir aussi un arrêt du 12 juin 1877, Dalloz, 77, 1, 388.

Par suite des mêmes principee, il a été jugé qu'un avocat ne pourrait être considéré comme un fonctionnaire assujetti à une résidence obligatoire. Le Juge de Paix est souverain appréciateur du fait même de la résidence. (Chambre civile, 24 avril 1877 ; 23 avril 1879 ; Dalloz 1879, 1, 403. Affaire Duchambon.)

Un huissier de justice de paix, qui, par tolérance, n'habite pas la commune où il devrait avoir sa résidence fixe, ne peut invoquer le paragraphe 6 de l'article 5 (Chambre civile 6 mars 1878). — Dalloz, 78, 1, 327. — Sirey, 78, 1, 471 ; mais s'il réside réellement dans la commune qui lui a été assignée, il a droit à l'immunité du paragraphe 6. (Chambre des requêtes, 1er juin 1851 ; Dalloz, 51, 157). Il en est de même du greffier de justice de paix qui ne réside pas au chef-lieu du canton. (Cas-

sation, 4 mai 1881. — M. Legendre, rapporteur. Dalloz,
81, 1.)

75. — Les véritables fonctionnaires, ceux qui arrivent
dans une commune pour y exercer une autorité ou y
remplir une mission qu'ils ne tiennent pas d'un particulier ou d'une société privée, obtiennent facilement leur
inscription sur la liste électorale.

Mais s'il s'agit de personnes qui ont des attributions
les mettant en rapport avec la généralité des citoyens et
que, cependant, ils ne tiennent pas de l'Etat ou de l'administration, la difficulté sera plus grande. La jurisprudence a dù, assez souvent, intervenir pour bien déterminer les cas d'application de notre paragraphe 6.

76. — C'est à l'occasion des employés de chemins de
fer que les questions les plus graves se sont présentées.

Les compagnies concessionnaires de chemins de fer
ont tout un personnel qui semble assimilable, en tous
points, aux agents de l'Etat, incontestablement fontion-
naires publics. S'il s'agit de la construction d'une ligne,
ils ont des ingénieurs, des agents de section ou de district, chargés de dresser les plans et devis, de tracer la
voie, et de surveiller tout le travail de la construction,
terrassements, œuvres d'art, ballast, etc., etc. Incontestablement si c'était l'Etat qui fît, lui-même, les travaux
d'ouverture de la voie, les études préparatoires à l'expropriation pour cause d'utilité publique des terrains à acquérir, tous les agents que nous venons d'indiquer seraient
des fonctionnaires publics, car leur mission aurait un caractère public et leur service serait un service permanent
d'intérêt pnblic En est-il de même des agents des compagnies concessionnaires? Il semble qu'on devrait répondre par l'affirmative : tous les travaux auxquels doivent
se livrer ces agents sont des travaux publics et ont trait
à une œuvre d'utilité publique. Nous inclinerions donc à
penser que ces agents, lorsqu'ils sont nommés ingé-

nieurs des lignes à construire ou chefs de district, sont, en réalité, des fonctionnaires publics. Cela nous paraît résulter bien directement des principes posés en ces termes par un arrêt de la Chambre civile du 15 mai 1861. (Dalloz, Répertoire, Voir voirie par chemin de fer, n° 184) : — « Attendu que les compagnies, en se chargeant des « lignes de chemins de fer, ne font que se charger d'une « entreprise de travaux publics, exécutés par les or- « dres, sur les plans, sous la direction et pour le compte « de l'Etat qui les reçoit après achèvement et indemnise « les compagnies en leur concédant, pendant une période « de temps déterminée, la perception privilégiée sur ce « chemin de fer de taxes, de péage et de prix de trans- « port, etc., etc. » Ajoutons que ces agents, munis d'un arrêté préfectoral, peuvent pénétrer dans les propriétés privées, y planter des jalons, y faire des levées de plans, etc. Comment, quand une pareille assimilation existe entre les fonctions et le caractère des travaux opérés, n'appliquerait-on pas, à ceux qui en sont investis, les mêmes droits civils et politiques ?

La question s'est présentée devant la Cour de cassation, le 21 avril 1880. On soutenait en faveur des chefs de section, demandeurs en cassation, que les agents de la compagnie des chemins de fer de l'Est, préposés à la construction d'une ligne faisant partie du réseau, pouvaient demander leur inscription sur la liste électorale municipale de la commune où ils devaient résider. Mais la Cour, sans se prononcer sur ce point a, comme nous allons le voir, envisagé la situation des chefs de section et de district à un autre point de vue, et tranché une question qui ne présente pas moins de gravité.

77. — Presque toujours, en effet, les fonctionnaires de l'Etat, avant d'entrer en fonctions, prêtent un serment qui fut longtemps, à la fois politique et professionnel, et qui, aujourd'hui, n'est plus que professionnel. C'est, pour la plupart le point de départ du droit d'exercer la

fonction et du droit au traitement ; on citerait, peut-être difficilement, une classe de fonctionnaires dispensés de remplir cette formalité caractéristique et solennelle. Nous croyons cependant que pour les fonctionnaires de l'Etat qui ne sont point tenus de prêter un serment, le paragraphe 6 de l'article 5 de la loi du 7 juillet 1874, devrait être applicable comme pour les assermentés ; ils peuvent, à défaut de prestation de serment, ne point avoir certaines attributions, mais ils n'en sont pas moins investis de fonctions déléguées par l'Etat et par conséquent publiques.

Que faut-il penser des agents supérieurs et inférieurs des compagnies de chemins de fer, directeurs généraux, administrateurs, ingénieurs, chefs de section et de district, etc.? Il est certain que, nommés par la compagnie, ils ne prêtent point de serment entre les mains de leur administration et sont investis de leurs titres et de leurs fonctions par la seule volonté de leur administration. S'ensuit-il qu'il soit absolument impossible de leur reconnaître le caractère de fonctionnaires publics. Ce que nous avons dit plus haut fait présumer que nous établissons une distinction nécessaire entre les divers agents. Tous ceux qui ne seront que des représentants de la compagnie financière et des intérêts sociaux et commerciaux, sans rapport direct à l'utilité et au service public, ne seront point, à nos yeux, des fonctionnaires publics, car, en réalité, ils ne sont que les représentants d'un intérêt privé. Quelle que soit l'importance des capitaux employés à l'entreprise, quel que soit le nombre des actionnaires et intéressés, l'œuvre est, à ce point de vue, de simple utilité privée. Mais s'il s'agit d'agents attachés à l'exécution des travaux publics et d'utilité publique, les ingénieurs de la voie, les chefs de district et de section, nous pensons qu'on pourrait les assimiler aux fonctionnaires publics et qu'on pourrait les faire jouir du bénéfice du paragraphe 6, quant à l'électorat municipal.

78. — Mais parmi tous ces agents des compagnies, il en est, certainement, une partie à laquelle ou ne peut refuser le caractère de fonctionnaires publics ; ce sont ceux qui ont prêté serment comme agents et gardes de police et de surveillance. Nous devons, en effet, rappeler que l'article 23 de la loi du 15 juillet 1845 déclare que les crimes, délits ou contraventions prévus par cette loi, pourront être constatés par des procès-verbaux dressés concurremment par les officiers de police judiciaire,... les ingénieurs des Ponts et Chaussées et les agents de surveillance et gardes nommés par l'administration et dûment assermentés, et que le cahier des charges porte en exécution de cette loi : « que les agents et gardes que « la compagnie établira, soit pour opérer la perception « des droits, soit pour la surveillance et la police du « chemin de fer et des travaux qui en dépendent, pour- « ront être assermentés en ce cas, assimilés aux gar- des champêtres. »

Or, les compagnies choisissent parmi leurs agents, quel que soit leur titre et quelles que soient leurs fonctions, ceux qu'elles veulent établir comme agents ou gardes de surveillance et de police. Elles leur délivrent une commission qui est agréée par l'administration, et ils prêtent serment.

Ces agents assermentés, qu'ils soient simples gardes, cantonniers ou chefs de section et de districts, sont assurément des fonctionnaires publics, car ils sont revêtus d'un caractère public et investis du droit de dresser des procès-verbaux qui font foi en justice. C'est ce que la Cour de cassation a jugé pour des chefs de section et de district assermentés, par son arrêt du 28 avril 1880, à notre rapport, que nous croyons devoir transcrire ici : « Vu le § 6 de l'article 5 de la loi du 7 juillet 1874 ; at- « tendu que, par commission du 27 février 1879, Beaudoin « (Claude-Alfred) a été nommé chef de district à Mon- « tier-en-Der, sur la ligne de Jossin à Eclaron, alors « en construction et dépendant du chemin de fer de

« l'Est ; — que, par une décision de l'administration de
« ce chemin de fer du 24 février 1878, Beaudoin, alors
« chef de district à Maxey-sur-Vaise, a été compris au
« nombre des agents de police et de surveillance que la
« Compagnie était autorisée, par son cahier des charges
« et par l'article 23 de la loi du 15 juillet 1845, à établir,
« pour constater les crimes, délits et contraventions, par
« des procès-verbaux faisant foi en justice ; — que
« Beaudoin a, en cette qualité, prêté serment devant le
« tribunal civil de Saint-Mihiel, le 3 décembre 1878 ; —
« qu'il avait, dès lors, aux termes du dernier paragraphe
« de l'article 23 précité, la faculté de verbaliser sur toute
« la ligne du chemin de fer de l'Est ; — qu'il en résulte
« que cet agent, investi d'un caractère public, et chargé
« d'un service d'utilité publique, devait être considéré
« comme un fonctionnaire public. »

79. — La Cour s'est, comme on le voit, attachée à la
prestation de serment accomplie par cet agent pour lui
reconnaître le caractère de fonctionnaire public. Son
arrêt décide, en même temps, un autre point important
en cette matière.

C'est que, quand ces agents ont précédemment prêté
serment, même en une autre qualité, il n'est pas nécessaire qu'ils le renouvellent quand ils sont appelés sur
un autre point du réseau du chemin concédé à la Compagnie. Elle a pris en considération cette disposition finale du même article 23 de la loi de 1845 : « Au moyen
« du serment qu'ils auront prêté, les agents de surveil-
« lance de l'administration et des concessionnaires ou
« fermiers, pourront verbaliser sur toute la ligne du
« chemin de fer auquel ils seront attachés. »

En vertu des mêmes principes, un arrêt du 23 novembre 1874 a reconnu, à des aiguilleurs et piqueurs *assermentés*, le caractère de fonctionnaires publics pouvant
invoquer, dans le lieu de leur résidence, le bénéfice du
§ 6. Un autre arrêt du 21 avril 1879 (Sirey, 1880, 1, 36 ;
Dalloz, 1879, 1, 407) l'a, au contraire, refusé à un can-

tonnier qui n'était point assermenté et se livrait à un simple travail manuel et journalier.

Nous pouvons donc affirmer que tout agent d'une compagnie concessionnaire d'un chemin de fer, lorsqu'il a prêté serment devant l'autorité publique compétente, est assimilé à un fonctionnaire public.

D. — RÉSIDENCE OBLIGATOIRE.

80. — Mais pour invoquer le droit résultant du § 6 de l'article 5 de la loi de 1874, d'être porté sur les listes électorales sans justifier du temps légal de la résidence dans une commune, il faut que ces agents, comme, au surplus, les fonctionnaires publics de l'Etat, des départements ou des communes eux-mêmes, soient assujettis à une *résidence obligatoire* dans la commune.

C'est donc encore là une question que le juge de paix doit examiner avec soin. Il la tranchera, soit d'après la nature de la fonction, soit d'après les termes de l'acte contenant nomination ou commission. Voici quelques exemples fournis par la jurisprudence :

. D'abord les agents du chemin de fer, chefs de district ou de section, aiguilleurs et piqueurs, sont tenus de résider en la commune indiquée dans leurs commissions où se trouvent, d'ailleurs, les bureaux auxquels ils sont attachés, et qu'ils ne peuvent quitter sans une autorisation expresse de l'administration supérieure de la Compagnie. (Mêmes arrêts des 28 avril 1880 et 23 novembre 1874.)

De même pour les conducteurs et agents de l'Etat, employés à la construction d'une ligne de chemin de fer de l'Etat, leur résidence est au siège de l'établissement et des bureaux de l'Ingénieur dont ils relèvent. (Arrêt du 27 avril 1880, affaire Jacquot.)

81. — Parmi les fonctionnaires publics, on doit incon-

testablement ranger les instituteurs communaux, les proviseurs, censeurs et professeurs des lycées, et tous les membres de l'Université qui ont manifestement un caractère public.

Mais il en est autrement des instituteurs privés, et particulièrement des frères de la doctrine chrétienne et des autres membres des congrégations, directeurs d'écoles privées ou libres. Ceux-ci ne peuvent être portés sur la liste électorale municipale qu'après deux ans de résidence, et sur la liste politique qu'après six mois. (Arrêt du 19 avril 1880, M. Goujet, rapporteur ; Dalloz, 1880, 1, 157.)

On ne peut, non plus, reconnaître le caractère de fonctionnaire assujetti à une résidence fixe, au garde particulier qui, bien qu'assermenté, peut résider dans une commune autre que celle où se trouve la propriété à la garde de laquelle il est préposé. (29 avril 1879, M. Merville, rapporteur ; affaire Fabre ; Sirey, 1880, 1, 133, ni au cantonnier sur un chemin de grande communication qui traverse plusieurs communes et n'est point assujetti à une résidence obligatoire dans une de ces communes, 20 août 1879 ; Dalloz, 81, 1, 88.)

82. — Il en est autrement des gardes champêtres des communes qui, eux, sont assujettis à une résidence obligatoire. (22 avril 1879, Sirey, 1880, 1, 39.) Cette immunité avait également été reconnue en faveur des gendarmes et des gardes de Paris qui étaient considérés, au point de vue électoral, non comme militaires, mais comme fonctionnaires publics. Un arrêt de la Chambre des requêtes des 30 mars et 26 avril 1870. (Dalloz, 1870, 1, 216), notamment, l'avait ainsi jugé ; mais elle leur a été retirée comme conséquence de la loi du 27 juillet 1872 sur l'armée, qui les a considérés comme militaires présents au corps, et, en outre, par suite de la loi du 30 novembre 1875 sur les élections qui, en leur enlevant toute qualité de fonctionnaire public, ne leur donne le

droit de voter que lorsque, au moment de l'élection, ils se trouvent en résidence libre, en non activité ou en possession d'un congé régulier, dans une commune, sur les listes de laquelle ils sont régulièrement inscrits. Une circulaire du ministère de la guerre, du 5 février 1873, a expressément déclaré que les gendarmes devaient être considérés comme des militaires présents au corps et, par conséquent, privés du droit de voter dans la commune de leur résidence. Voyez arrêt du 13 avril 1881, affaire Vaisseaux ; Dalloz, 81, 1.

Voici le texte de l'arrêt :

« La Cour ; — Statuant sur le pourvoi du sieur Vaisseaux, en cassation d'une sentence rendue le 23 février 1881, par le juge de paix du canton de Saint-Gilles ; — Attendu que Vaisseaux, gendarme retraité, devait, au point de vue électoral, être considéré comme militaire, aux termes des lois du 27 juillet 1872 et du 30 novembre 1875 ; — Qu'il avait donc sa résidence de droit dans la commune où il était né et où il avait satisfait à la loi de recrutement, et que c'est sur la liste électorale de cette commune qu'il devait être inscrit, à moins qu'il n'eût perdu ce droit en allant, depuis sa libération du service militaire, établir sa résidence dans une autre commune; — Attendu qu'il résulte des constatations de fait du jugement attaqué, que, depuis sa mise à la retraite, Vaisseaux a son domicile et habite Vernon (Ardèche); qu'il passe seulement pendant l'hiver trois à quatre mois à Saint-Gilles, où il ne figure pas au rôle des contributions directes ; — Qu'en décidant dans cet état des faits souverainement constatés par lui, que Vaisseaux n'avait pas sa résidence à Saint-Gilles, et ne pouvait y être inscrit sur les listes électorales, le jugement attaqué n'a violé aucune loi ; — Par ces motifs, rejette.

« Du 13 avr. 1881. — Ch. civ. — MM. Mercier, 1er pr. — Monod, rap. — Desjardins, av. gén., c. conf. »

Les employés des sous-préfectures sont aussi des fonctionnaires assujettis à une résidence obligatoire. (Chambre des requêtes, 17 novembre 1874, et 23 novembre 1874 ; Dalloz, 1875, 1, 71.)

De même aussi le maître d'études à titre provisoire, dans un collége communal, en vertu d'une autorisation donnée à cet effet au proviseur par le recteur de l'Académie. (Requêtes, 18 novembre 1874 ; Dalloz, 1875, 1, 71.)

Ici se termine la longue énumération des conditions exigées du citoyen pour qu'il puisse prétendre à l'exercice du droit électoral, et par conséquent à l'inscription sur les listes qui, seule, peut le lui assurer. Nous avons fait connaître les titres divers que la loi a reconnus pour la pleine jouissance des droits politiques ; nous allons rechercher maintenant comment les citoyens peuvent réclamer et obtenir que leur nom soit inscrit sur les listes électorales ; ce sera l'objet du troisième chapitre de la première partie de notre travail.

CHAPITRE III.

Confection des listes et révision.
Comment et par qui les inscriptions et les radiations peuvent être requises.

------

83. — Nous venons d'exposer les conditions qu'un citoyen doit remplir pour être admis à exercer son droit électoral et figurer sur la liste politique et la liste municipale de la commune où il veut l'exercer.

Nous allons étudier maintenant tout ce qui touche à la confection des listes et à leur révision, et rechercher en quelle forme et dans quel délai s'opèrent les inscriptions et les radiations, soit à la requête de l'électeur intéressé, soit sur la réclamation d'un tiers.

Iᵣₑ SECTION.

Inscriptions ou radiations d'office.

84. — « Les listes électorales sont *permanentes* », dit l'article 18 du décret du 2 février 1852; « elles sont l'ob-« jet d'une révision annuelle. »

L'article 1ᵉʳ du décret réglementaire du même jour

explique ainsi le travail de la révision annuelle : « Du
« 1ᵉʳ au 10 janvier de chaque année, le maire de chaque
« commune ajoute à la liste les citoyens qu'il reconnaît
« avoir acquis les qualités exigées par la loi, ceux qui
» acquèreront les conditions d'âge et d'habitation avant
« le 1ᵉʳ avril, et ceux qui auront été précédemment omis.
« Il en retranche : 1° les individus décédes ; 2° ceux dont
« la radiation a été ordonnée par l'autorité compétente ;
« 3° ceux qui ont perdu les qualités requises par la loi ;
« 4° ceux qu'il reconnaît avoir été indûment inscrits
« quoique leur inscription n'ait point été attaquée. Il
« tient un registre de toutes ces décisions et y men-
« tionne les motifs et les pièces à l'appui. »

La loi du 7 juillet 1874, relative à l'électorat municipal
porte dans son article 1ᵉʳ : « Qu'à partir de la promul-
« gation de cette loi, une liste électorale relative aux
« élections municipales sera dressée dans chaque com-
« mune, non plus par le maire seul, mais par une com-
« mission composée du maire, d'un délégué de l'admi-
« nistration, désigné par le Préfet et d'un délégué choisi
« par le conseil municipal.

« Dans les communes qui auront été divisées en sec-
« tions, la liste est dressée par une commission compo-
« sée : 1° du maire ou adjont ou d'un conseiller munici-
« pal ; 2° d'un délégué de l'administration désigné par le
« Préfet ; 3° d'un délégué du conseil municipal. A Paris
« et à Lyon, la liste est dressée dans chaque quartier ou
« section, par une commission composée du maire ou
« d'un adjoint délégué, du conseiller municipal élu dans
« le quartier ou la section, et d'un électeur désigné par
« le Préfet du département. »

La loi du 30 novembre 1875 décide à son tour que, pour
l'avenir, la rédaction et la révision de la liste électorale
politique seront faites conformément à l'article 1ᵉʳ de la
loi du 7 juillet 1874, c'est-à-dire par le maire assisté du
délégué du Préfet et du délégué du conseil municipal ;
mais il déclare expressément que l'inscription sur la liste

complémentaire, c'est-à-dire politique, aura lieu conformément aux lois qui régissent actuellement les listes électorales politiques, c'est-à-dire au décret du 2 février 1852.

85. — Les pouvoirs de cette première commission instituée par l'article 1ᵉʳ de la loi de 1874 sont donc restés les mêmes que ceux conférés aux maires par le décret du 2 février 1852, c'est-à-dire qu'elle a mission d'ajouter aux listes de l'année précédente les noms des citoyens qui ont acquis le droit d'y être portés, et d'en retrancher les noms des citoyens décédés ou devenus incapables d'exercer le droit électoral dans la commune.

C'est donc *d'office* que la commission administrative peut user de son droit d'inscription ou de radiation. Elle n'est point obligée d'appeler devant elle les citoyens qu'elle entend rayer de la liste, et la décision du juge de paix qui ordonne la radiation parce que l'électeur n'a pas formé de demande spéciale pour être inscrit sur la liste politique, doit être annulée. (Chambre civile, 29 avril 1879 ; Bulletin civil n° 78 ; Dalloz, 1879, 1, 405.) Il est toutefois nécessaire d'examiner séparément, quant aux inscriptions et quant aux radiations, le pouvoir conféré par la loi aux commissions administratives.

86. — Nous nous occuperons d'abord de l'*inscription* d'office.

Une distinction importante résulte des termes des lois de 1852 et de 1874 elles-mêmes.

Pour tout ce qui touche à la liste *politique*, la commission peut certainement agir *d'office*, aussi bien pour l'inscription que pour la radiation.

Mais la rédaction ou la révision de la liste électorale municipale est, quant à l'inscription, soumise à un autre principe pour certaines catégories d'électeurs.

Ainsi la commission peut inscrire d'office les citoyens désignés aux § 1, 3 et 6 de l'article 5 de la loi du 7 juillet 1874, parce que ces paragraphes n'exigent point que ces individus demandent leur inscription sur la liste municipale. La commission qui reconnaît qu'ils sont nés dans la commune et y ont toujours résidé, ou y sont revenus depuis six mois, qu'ils y ont satisfait à la loi du recrutement et y ont aussi plus de six mois de résidence depuis leur retour, ou qu'ils s'y sont mariés et y résident depuis un an, ou enfin qu'ils sont fonctionnaires publics assujettis à une résidence obligatoire, peut inscrire leurs noms sur la liste municipale aussi bien, ou plutôt en même temps, que sur la liste politique, parce que pour ceux-là il n'y en a qu'une seule.

Mais il est des cas où la loi exige, pour l'inscription, une demande formelle du citoyen qui veut être porté sur la liste électorale municipale. Ces cas sont spécifiés aux § 2, 4 et 5 du même article 5 de la loi de 1874. Nous les étudierons dans la deuxième section, nous bornant à constater, en ce moment, que la commission ne peut ordonner d'office l'inscription des citoyens appartenant à ces catégories.

87. — Quant aux radiations, les pouvoirs de la commission sont plus étendus. Nous avons vu que l'article 1ᵉʳ du décret réglementaire du 2 février 1852 leur prescrit de retrancher non-seulement les décédés, ceux dont la justice a ordonné la radiation et ceux qui ont perdu les qualités requises, mais aussi ceux *qu'elle reconnaît avoir été indûment inscrits*, quoique leur inscription n'ait point été contestée.

Peu importe donc la qualité en laquelle un citoyen a été inscrit : habitant originaire de la commune, contribuable résidant depuis un an et marié dans la commune, résidant depuis deux ans ; Alsacien-Lorrain, ministre du culte ou fonctionnaire public, tous peuvent être rayés si la commission administrative reconnaît que leur inscription est le résultat d'une erreur antérieure, soit de fait, soit de droit. Il en résulte que tout électeur inscrit a l'obligation de surveiller avec attention le travail de la révision annuelle des listes électorales. A la vérité, la loi du 7 juillet 1874 prescrit au maire, par son article 4, de donner avis à tout électeur rayé d'office de la mesure dont il a été l'objet ; mais la négligence du maire ou la rapidité de l'accomplissement des formalités légales doivent mettre, dans certaines localités, les citoyens en garde contre les surprises et les erreurs.

88. — Une question fort grave s'élève sur ce droit de radiation conféré à la commission de révision. Quelles sont, quant à la preuve des faits allégués par les commissions à l'appui de la radiation, les obligations respectives de la commission et des électeurs rayés ?

Dans un premier système on soutient que le principe de la permanence des listes créé en faveur des électeurs inscrits, une sorte de possession d'état d'électeur, qui ne permet pas de rayer son nom, s'il n'est pas établi par l'administration qu'une cause survenue depuis l'inscription justifie sa radiation. Les partisans de cette opinion prétendent que la commission administrative qui, lors de la révision raye un électeur, doit avoir en mains et produire la preuve du fait qui motive la radiation ; que l'électeur inscrit n'est point tenu de prouver son droit à l'inscription opérée précédemment à son profit et maintenue au moins pendant une année.

Dans le second système, au contraire, on soutient que tel n'est point le sens vrai du principe de la permanence des listes. La liste vaut, dit-on, pour une année entière, mais au moment où va s'opérer la révision annuelle, on doit reconnaître le droit, si nettement donné à la commission administrative par l'article 1er du règlement du 2 février 1852, de *retrancher* ceux qu'elle reconnaît avoir été indûment inscrits, quoique leur inscription n'ait été attaquée. Sans doute, elle doit mentionner sur ses registres les motifs et les pièces à l'appui, mais l'électeur rayé qui conteste la radiation et ses motifs, doit faire la preuve de l'erreur de la commission, et, pour cela, établir la validité de son inscription primitive. S'il se contente, en formant un recours contre la radiation, de dire que son inscription est, à elle seule, son véritable titre, il exagère singulièrement l'effet de l'inscription antérieure. Le premier système confond l'effet de l'inscription effectuée administrativement, avec celui de l'inscription effectuée en vertu d'une décision de la commission municipale ou du juge de paix ; dans ce dernier cas, l'autorité de la chose jugée fait obstacle à toute modification de la liste qui n'est pas appuyée sur un fait nouveau susceptible de faire perdre à l'électeur son droit à l'inscription ; mais tel n'est pas le cas dont nous nous occupons : le droit de retrancher le nom d'un électeur de la liste dressée l'année précédente appartient à la commission administrative, à chaque révision annuelle des listes électorales ; et si la commission croit que le retranchement doit être opéré, elle a le droit de le faire. La radiation est alors une mise en demeure à l'électeur rayé de saisir la juridiction compétente de sa demande en rétablissement de l'inscription indûment rayée et de fournir à cette autorité la preuve de son droit.

Dans une espèce soumise à la Cour de cassation, la commission municipale avait rayé le nom de deux électeurs inscrits depuis plusieurs années, par le motif que leur nationalité française n'était pas certaine ; un électeur de la circonscription avait demandé leur rétablissement sur la liste politique et soutenu qu'ils avaient été inscrits en vertu du § 4 de l'article 5 de la loi de 1874 ; qu'ayant alors déclaré le lieu de leur naissance, ils n'avaient pas d'autres preuves à rapporter. Devant la 2ᵉ commission chargée de statuer sur cette difficulté, il s'était retranché derrière le fait de cette inscription précédente et n'avait rapporté, ni même offert aucune preuve de la nationalité des électeurs. Il fut débouté de sa déclaration, et par la commission municipale et par les juges de paix, et la Cour de cassation a rejeté le pourvoi formé contre le jugement de ce magistrat, en consacrant le second système par un arrêt rendu, après délibéré, en la chambre du Conseil, le 28 avril 1880, au rapport de M. Legendre. Voici le texte de cet important arrêt : « Attendu que la commission municipale de Céret a « rejeté la demande des sieurs Pinède et Loussant « parce qu'ils ne justifiaient pas de la qualité de Fran- « çais par la production d'un acte quelconque; que no- « nobstant la mise en demeure résultant de cette décision « le demandeur n'a produit en appel aucune pièce éta- « blissant la nationalité des sieurs Loussant et Pinède « et qu'il s'est borné à prétendre que cette justification « n'était point exigée par la loi du 7 juillet 1874, dont « l'article 5 § 4 impose seulement aux réclamants la « nécessité de déclarer le lieu et la date de leur nais- « sance. — Attendu que cette déclaration exigée des per- « sonnes qui demandent leur inscription sur la liste des « électeurs municipaux, conformément au paragraphe « précité ne dispense pas les réclamants de justifier les « conditions de nationalité auxquelles est subordonnée « leur capacité électorale; qu'en le décidant ainsi, le « jugement attaqué n'a fait qu'une juste application des « principes de la matière; — Rejette. » — (Dalloz, 1880, 1, 276.)

Nous croyons fermement que cette décision a justement tracé les limites du principe de la permanence des listes, et justement aussi imposé à l'électeur l'obligation de prouver son droit au maintien de l'inscription. D'une part, en effet, nous ne saurions assimiler une inscription faite sans contestation et par voie purement administrative à une décision ayant autorité de chose jugée. D'autre part, d'ailleurs, dans l'hypothèse même où l'inscription a eu lieu en vertu d'un jugement passé en force de chose jugée, si la commission venait à rayer l'inscription en méconnaissant la force de cette décision, l'électeur ne serait-il pas tenu, pour prouver la validité de son inscription, de produire le jugement en vertu duquel elle a eu lieu? Pourquoi, dès lors, quand la commission municipale niant, par exemple, la nationalité d'un électeur, ordonne la radiation de son nom, malgré le fait d'une inscription lors de laquelle aucune contestation ne s'est élevée, celui-ci ne serait-il pas tenu de rapporter le titre qui constitue son droit, absolument comme le premier avait dû rapporter le jugement dont l'autorité constitue le sien? En réalité, que voit-on dans l'espèce dont nous nous occupons? Un électeur en face d'une commission chargée d'une mission par la loi, qui a décidé, dans la plénitude de sa compétence, que le nom de cet électeur devait être rayé; n'est-ce pas à lui à prouver l'erreur de la mesure et à faire, pour cela, la preuve du droit qui lui est, pour la première fois, contesté?

88 *bis*. – La Cour de cassation a consacré de nouveau ce principe dans une affaire où quelque doute aurait pu s'élever si la jurisprudence eût été moins ferme :

La commission administrative avait fait rayé d'office de la liste les sieurs To père et fils, électeurs inscrits précédemment, par le motif qu'ils n'étaient point français. Sur leurs réclamations, la commission municipale avait confirmé la radiation. Un tiers électeur appelle de cette décision, un autre tiers électeur, le sieur Muschetti, intervient et combat l'appel, soutenant que les sieurs To sont bien étrangers. Le juge de paix surseoit a statuer et décide que Muschetti fera juger dans les six mois la question de nationalité. Muschetti, auquel le jugement n'a d'ailleurs jamais été signifié, ne fait aucune diligence à l'expiration du délai imparti, le juge de paix rend un jugement par lequel il déclare que Muschetti n'ayant pas rapporté la preuve que les sieurs To ne sont pas français, ces deux électeurs seront inscrits. Muschetti se pourvoit en cassation et soutient que ce n'était pas à lui qu'incombait la charge de prouver que les sieurs To étaient étrangers, mais bien à ceux-ci, puisqu'ils avaient été mis en demeure par la décision de la commission municipale qui avait prononcé leur radiation, d'établir leur droit à l'inscription. Un arrêt du 4 mai 1881, au rapport de M. Monod, a en effet cassé le jugement, il est fort important et nous en produisons le texte :

« La Cour, — Vu les articles 22 du décret du 2 février 1852 et 3 de la loi du 7 juillet 1874.

« Attendu que la commission municipale de Lugo de Nazza, a rejeté la demande d'inscription de Georges et Etienne To par le motif qu'ils étaient étrangers ; — attendu que cette décision mettait Georges et Etienne To, en demeure de saisir la juridiction compétente et que c'était à eux qu'incombait la charge de lui fournir la preuve de leur drcit au rétablissement de leur inscription ; — Attendu que le juge de paix en appel, a, par une première sentence, sursis à statuer et a mis à la charge du tiers électeur Mucchinelli, lequel se bornait à demander le maintien par le même motif, de la décision frappée d'appel, le soin de se pourvoir devant l'autorité compétente pour faire trancher la question préjudicielle de nationalité dont la demande en rétablissement de l'inscription de Georges et Etienne To impliquait la solution. — Que par son jugement définitif, le juge de paix, sans qu'il ait été établi que les demandeurs en inscription avaient été à tort rayés, comme étrangers, a ordonné leur réintégration sur les listes électorales de la commune de Lugo de Nazza, par le motif que Muschielli ne justifiait pas avoir fait les diligences nécessaires pour faire constater la nationalité des sus-nommés et qu'ils avaient été antérieurement inscrits sur les listes électorales de ladite commune où ils étaient imposés ; d'où il suit que la sentence attaquée a violé les textes de loi susvisés. Casse. »

Nous devons dire toutefois que si la radiation avait été prononcée sur la demande *d'un tiers*, celui-ci étant, comme tout demandeur, tenu de prouver le bien fondé de sa demande, chacune des parties reprendrait son rôle juridique ; le défendeur n'ayant rien à prouver et ne devant agir que par voie d'exception pour repousser la demande, pourrait se contenter d'invoquer le fait même de son inscription ; mais dans le cas d'une radiation *d'office*, la décision est une mise en demeure à l'électeur de présenter l'exception qu'il peut avoir à opposer ou plutôt de défendre à une action fondée sur un fait qui peut n'être pas exact, mais dont il doit montrer l'inexactitude.

89. — Ces solutions, nous devons le faire remarquer, ne sont point en contradiction avec celles qui décident que l'électeur inscrit sur une liste, n'a point, pour être maintenu sur cette liste, à demander son inscription ou son maintien, ni à justifier qu'il n'est pas inscrit sur une autre liste. (Arrêt du 25 mars 1879 ; affaire Pascal André, à mon rapport, et 31 mars 1879 ; Dalloz, 1879, 1, 203.)

Ces arrêts en rendant un complet hommage au principe de la permanence des listes, ne jugent point que le maire ou la première commission municipale n'ont pas le droit, lors de la révision annuelle de la liste, d'y faire les additions et retranchements qui leur paraissent légitimes : s'ils se trompent, leur décision pourra être attaquée devant la juridiction compétente, mais l'électeur pourra exciper du fait unique de son inscription sur la liste de l'année précédente pour faire réformer la décision de la commission administrative. Il devra justifier de son droit au maintien de l'inscription de son nom sur la liste, à moins qu'il ne puisse invoquer l'autorité de la chose jugée, en représentant le jugement qui avait ordonné cette précédente inscription.

Nous nous expliquerons avec plus de détails sur le

principe de la chose jugée en matière électorale, quand nous traiterons, dans la troisième section de ce chapitre, de l'action à fin de radiation ou d'inscription accordée aux tiers électeurs par l'article 17 du décret du 2 février 1852. Voir n° 125 et suiv.

SECTION II.

Demandes d'inscription par les électeurs eux-mêmes.

90. — Nous avons indiqué dans la section précédente les cas dans lesquels la commission administrative de révision peut inscrire d'office les électeurs qui remplissent les conditions légales d'âge, de nationalité et de capacité; ce sont, pour les listes politiques, tous les électeurs sans distinction, et, pour les listes municipales, ceux qui sont désignés aux paragraphes 1, 3 et 6 de l'article 5 de la loi du 7 juillet 1874.

Il est bien évident d'abord que, dans tous les cas, le citoyen peut, à défaut d'inscription d'office, réclamer son inscription. Il a le droit, en ce cas, de se considérer comme omis, et la loi l'autorise à former une demande dans un délai qu'elle a déterminé.

91. — Mais il est d'autres cas où l'inscription ne peut avoir lieu d'office, et doit être réclamée par une déclaration formelle de l'électeur. Ces cas sont prévus aux articles 2, 4 et 5 de l'article 5 de la loi de 1874.

Ce sont d'abord les citoyens qui ne résident pas dans la commune, mais qui y sont inscrits aux rôles de l'une des quatre contributions directes : foncière, personnelle et mobilière, portes et fenêtres, ou aux rôles des prestations en nature.

Ce sont, en second lieu, ceux qui, n'étant pas nés dans la commune, n'y ayant point satisfait à la loi de recrutement ou ne s'y étant point mariés, y résident depuis deux ans.

Enfin, ce sont les Alsaciens-Lorrains, qui, ayant opté pour la nationalité française, sont venus résider dans une commune et peuvent, quelle que soit la durée de leur résidence, réclamer leur inscription sur les deux listes électorales. Nous avons dit plus haut nº 62, que cette demande n'était point exigée par la loi des fonctionnaires et ministres du culte.

Nous allons, pour plus de clarté, examiner sous deux paragraphes séparés, quelles sont les formes à suivre, premièrement par ceux qui ne figurent encore sur aucune liste et qui veulent exercer leur droit électoral ; deuxièmement, par ceux qui, inscrits sur les listes d'une commune, veulent exercer ce droit dans une autre.

§ Iᵉʳ. — DEMANDE FORMÉE PAR UN CITOYEN NON ENCORE INSCRIT SUR AUCUNE LISTE ÉLECTORALE.

92. — Nous l'avons déjà dit : dans une commune loyalement administrée la Commission administrative doit, lors de la révision annuelle, inscrire d'office tous les habitants qui se trouvent dans un des cas spécifiés aux § 1, 3 et 6 de l'article 5 de la loi du 7 juillet 1874.

A défaut de cette inscription d'office, le citoyen omis peut se pourvoir, dans les formes que nous établirons plus tard, devant la commission municipale pour faire réparer cette omission.

Mais pour les citoyens qui se trouvent dans l'un des cas prévus aux paragraphes 2, 4 et 5 du même article la loi exige qu'ils manifestent leur intention d'y exercer leurs droits par une demande d'inscription sur les listes Cette demande doit être faite personnellement ou par un fondé de pouvoir. Toute demande émanée d'un tiers est irrecevable. (Chambre civile, 31 mars 1879 ; affaire Batiglioni ; Dalloz, 1879, 1, 203 ; Sirey, 1879, 1, 428 ; 24 mai 1881 ; affaire Defaud. — MM. Rohaut de Fleury ; Dalloz, 81-1.)

93. — Un doute s'est élevé à l'occasion de l'application du paragraphe 2 relatif à l'inscription du contribuable qui figure depuis un an sur le rôle des contributions. Le paragraphe 2 porte en effet que ceux qui « *ne résidant pas dans la commune*, mais étant inscrits depuis un an au rôle des contributions directes ou des prestations, auront déclaré vouloir y exercer leurs droits électoraux seront inscrits sur la liste municipale. » Ceux-là doivent bien certainement faire une demande d'inscription (arrêt du 24 mai 1881, affaire Roussillon) ; mais que faut-il décider pour ceux qui résident dans la commune où ils ne sont pas nés, mais depuis moins de deux ans, pourront-ils être inscrits *d'office* à raison de leur inscription sur les rôles des contributions ? La Chambre des vacations a, par un arrêt du 9 octobre 1874 (Sirey 1875, 1, 36 ; Dalloz, 1875, 1, 2), jugé que cet électeur pouvait être inscrit, soit d'office, soit sur la demande d'un tiers. Nous n'avions pas dans notre première édition accepté, sans hésitation, cette solution. Nous pensions que le législateur par ces mots « qui ne résident pas dans la commune » avait voulu désigner ceux qui, bien que n'ayant pas dans la commune la résidence *légale* déterminée dans les autres paragraphes, voudraient demander leur inscription dans le lieu où ils ont un autre titre à l'électorat, celui de contribuable figurant aux rôles des contributions. La discussion de la loi nous paraissait indiquer, dans toutes ses parties, qu'on avait voulu établir, par ce paragraphe 2, une sorte de domicile électoral séparé de la résidence, que la législation précédente n'avait pas admis, et qu'on permettait aux contribuables de réclamer, mais sans qu'il pût leur être attribué d'of-

fice et autrement que sur leur demande. Mais un dernier arrêt du 24 mai 1881, affaire Roussillon, M. Dareste, rapporteur, ayant jugé dans le même sens que celui du 9 octobre 1874, nous croyons que nos doutes doivent cesser.

94. — Quoi qu'il en soit, la demande, en quelqu'hypothèses qu'elle doive être produite, n'est soumise à aucune forme spéciale ; elle résulte suffisamment d'une lettre adressée au maire par l'électeur, pourvu, bien entendu, que l'existence de cette lettre soit établie. (Arrêts des 23 mars 1875 ; Sirey, 1875, 1, 470 ; 9 octobre 1874. Siry, 75, 1, 36 : 28 avril 1879, Sirey, 1880, 1, 133 ; Dalloz, 1, 279 ; Bulletin civil, n° 77 ; affaires Robert-Mittchell et Gendre.) Elle peut aussi résulter de la communication faite par un tiers intermédiaire de la réclamation de l'électeur, à la commission ; peu importerait que ce tiers fut adjoint et membre de la commission. Cette simple transmission ne le constitue pas juge et partie. (Chambre civile, 20 juin 1881 ; affaire Ramusat contre Figuières et autres : M. Legendre, rapporteur.

La demande peut aussi résulter de la remise d'un bulletin individuel revêtu de la signature de chaque élève d'un établissement public et par exemple d'un grand séminaire, portant cet intitulé : *Révision de la liste électorale, inscription sur réclamation.* (Même arrêt du 23 mars 1879). Mais non d'une réclamation faite au nom d'un membre d'une congrégation par l'Econome de la maison qui ne rapporte pas de mandat. (1ᵉʳ juin 1881, M. Onofrio, rapporteur. Affaire Colonna d'Istria.)

La demande peut être adressée à la commission administrative de révision, c'est-à-dire à la première Commission ou au maire.

Si cette première commission ne fait pas droit à la demande, l'électeur a un délai de 20 jours à partir de la publication des listes pour réclamer près de la seconde Commission, celle que nous avons appelée *Commission municipale.*

95. — Nous venons de dire que la demande n'était soumise à aucune forme spéciale, et qu'elle pouvait résulter d'une simple lettre missive, nous avons ajouté qu'il fallait bien cependant que la preuve de cette demande fût rapportée. Chambre des requêtes, 28 avril 1875 ; affaire Vittory ; Bulletin civil 1875, n° 63). Comment donc cette preuve pourra-t-elle être faite ? Elle résultera d'abord de la reconnaissance même du maire qui a reçu cette réclamation ; le seul fait qu'elle serait énoncée dans une décision qui la rejetterait suffirait à cette preuve.

La loi a d'ailleurs établi le moyen authentique par lequel l'électeur peut justifier de sa réclamation. L'article 19 du décret du 2 février 1852 porte, en effet, « qu'il sera ouvert dans chaque mairie un registre sur lequel les réclamations seront inscrites par ordre de date et que le maire devra donner un récépissé de chaque réclamation. » Ces dispositions s'appliquent aux réclamations des électeurs comme à celles des tiers dont nous parlerons dans la section suivante. Il est donc facile à tout électeur de se procurer la preuve qu'on pourra exiger de lui, en veillant à la stricte exécution de la loi.

Nous devons dire, cependant, que ces formalités légales sont bien plutôt des prescriptions pour les administrations, que des règles absolues imposées aux électeurs. C'est ainsi qu'il a été formellement jugé que la tenue du registre et la mention des réclamations sur ses feuillets ne sont prescrites qu'à l'autorité municipale dont les obligations ne sauraient être imposées aux citoyens. (Chambre des requêtes, 4 novembre 1874 : affaire Virmy ; Dalloz, 1878, 1, 76.)

96. — Quant au récépissé, il ne nous paraît pas douteux que sa délivrance est aussi une obligation purement administrative, dont l'inexécution ne peut être reprochée à l'électeur, s'il a le moyen de prouver qu'il a remis sa demande au maire. Il est manifeste, cependant,

que ce récépissé affranchissant l'électeur de toute charge de preuve, il est fort important pour lui de se le procurer.

Il est possible que le Maire, soit par une erreur de droit, soit par des raisons de fait ou des pensées de malveillance, refuse de délivrer le récépissé. Que devra faire le citoyen illégalement éconduit ?

Il pourra d'abord, et ce sera le moyen le plus sûr, réitérer la demande par exploit d'huissier, signifié au Maire. Et faire constater la réponse du Maire dans l'exploit. La production de cet acte remplacera celle du récépissé.

Nous croyons également qu'il pourra faire constater par témoins le refus du maire de recevoir la demande et d'en donner récépissé; le juge de paix, s'il est saisi par appel, d'une décision qui aurait refusé l'inscription, par le motif qu'il n'aurait pas été justifié d'une demande, pourrait autoriser l'enquête offerte et apprécier souverainement les déclarations des témoins sur ce point.

96 *bis*. — Le juge de paix qui refuserait d'admettre cette preuve par le motif que la demande n'aurait été que verbale, et se déclarerait incompétent, attendu qu'il ne peut statuer qu'au second degré, et qu'il n'est pas justifié d'une décision rendue par la Commission municipale verrait casser son jugement. Il avait en effet le devoir d'admettre l'appelant à prouver que cette demande avait été réellement faite, qu'elle était régulière et valable, et que le refus du maire de le porter sur le registre prescrit par l'article 19, était le résultat d'une erreur de droit ou d'un abus de pouvoir. C'est ce qu'a décidé un arrêt de la Chambre civile du 22 mai 1881, au rapport de M. Goujet, affaire Ornano et Teroni, ainsi conçu :

« La Cour : — Attendu que le juge de paix constitué juge d'appel en matière électorale, ne peut connaître que des demandes qui ont été préalablement soumises à la Commission municipale, seule compétente pour les juger en premier ressort; mais que le refus ou l'omission soit par le Maire de transmettre une réclamation à la Commission, soit par la Commission municipale de statuer sur une réclamation portée devant elle, doit être considérée comme un rejet de la demande et qu'en conséquence l'électeur qui n'a pu obtenir une décision est recevable à se pourvoir devant le juge de paix, lequel doit connaître du litige comme s'il avait été jugé par la Commission ; — Attendu que le jugement attaqué constate qu'il résulte des déclarations du maire de Sainte-Marie-Siché que les demandeurs n'ont pas fourni de déclarations écrites et que la Commission n'a pas statué sur des réclamations verbales ; — Attendu que l'on doit induire de cette constatation que si les demandeurs ne justifiaient pas avoir inscrit, comme ils le prétendaient leur réclamation sur le registre tenu à la mairie, il est du moins certain qu'ils l'avaient formée verbalement ; — Qu'il est dès lors impossible d'admettre que le juge de paix ait été saisi du litige tout à la fois comme juge du premier et du deuxième degrés : — Qu'il était tenu de rechercher si la réclamation des demandeurs avait été régulièrement formée, si c'était à tort que la Commission municipale s'était abstenue de statuer et d'apprécier, s'il y avait lieu, au fond, le mérite de la demande ; — Qu'en se déclarant incompétents pour prononcer sur la contestation, il a violé l'article ci-dessus visé de la loi du 7 juillet 1874. Casse. »

Mais il peut arriver que la partie n'ait point usé du ministère d'un huissier, qu'elle n'ait point offert la preuve par témoins, de la remise de la réclamation au maire; mais que cette partie, en présence du refus du maire et d'une allégation de maladie produite par la femme ou les domestiques de ce maire, se soit adressée à l'adjoint ; que celui-ci ait reçu la demande et en ait donné un récépissé signé « pour le maire malade, » quelle sera la valeur de ce récépissé, si le maire déclare dans une lettre adressée au juge de paix, qu'il n'a pas reçu de demande susceptible d'être soumise à la commission municipale, ni délégué à l'adjoint le droit de délivrer ce certificat ?

Dans une affaire soumise à la Cour de cassation, un maire n'ayant voulu ni délivrer le récépissé, ni saisir la commission municipale des demandes que l'adjoint lui avait remises, les électeurs considérant l'omission de statuer par la commission comme un rejet de leur demande, avaient saisi le juge de paix par appel d'une décision que la jurisprudence suppose, en ce cas, avoir été rendue : aucune expédition de cette décision n'ayant été représentée au juge de paix, ce magistrat avait demandé au maire de les lui faire parvenir. Le maire avait répondu qu'il n'avait ni reçu de demande ni autorisé l'adjoint à s'occuper du service municipal. Le juge de paix fit prévaloir cette réponse du maire sur le récépissé de l'adjoint, déclara l'appel non recevable et dit qu'il n'y avait lieu de faire droit à la demande.

Ce jugement a été déféré à la Cour de cassation comme violant les dispositions des articles 19 et 20 du décret du 2 février 1852. La chambre civile a, par un arrêt du 14 janvier 1880, rendu à notre rapport, décidé que le juge de paix n'avait pu, au mépris du récépissé délivré par l'adjoint, déclarer les demandes non recevables. « Attendu, a-t-il dit, qu'il résulte des lois concernant l'organisation municipale, et notamment de l'article 4 de la loi du 5 juin 1855, qu'en cas d'absence ou d'empêchement le maire est remplacé par son adjoint ; que ce remplacement a lieu sans qu'il soit besoin d'une délégation spéciale émanée du maire ; — que dans la cause, les demandeurs en inscription rapportaient un certificat délivré en temps utile par l'adjoint du maire de Morosaglia et signé par cet adjoint *pour le Maire empêché ;* que cet acte faisait preuve à la fois de la remise des demandes d'inscription à l'autorité municipale, et du motif pour lequel il était dressé par l'adjoint et non par le maire, et que par conséquent, le jugement attaqué n'a pu, sans violer l'article de la loi sus-visée, déclarer que l'appel était non recevable et qu'il n'y avait pas lieu de faire droit aux demandes ; — Casse. » (Dalloz, 80, 1, 275.)

97. — L'électeur qui se trouve dans un des cas où l'inscription doit avoir lieu d'office, n'est point tenu de devancer, pour sa réclamation, la publication des listes ; dans ce cas, il peut attendre que le tableau de révision lui fasse connaître si l'autorité municipale l'a compris dans son travail de révision et inscrit sur la liste électorale. Il a, en cas d'omission, un délai de vingt jours pour se pourvoir devant la seconde commission.

En est-il de même pour l'électeur qui invoque comme titre à l'inscription les circonstances prévues aux paragraphes 2, 4 et 5 de l'article 5 ? Nous ne voyons aucune raison de distinguer entre les cas spécifiés par l'article 5. L'électeur peut toujours se considérer comme omis sur une liste où il prétend avoir le droit de figurer et où il n'est pas inscrit ; d'ailleurs l'article 5 du décret règlementaire du 2 février 1852, modifié par la loi du 13 janvier 1866, quant au délai, s'exprime en termes généraux : *les demandes* en inscription ou en radiation devront être formées dans les dix jours (aujourd'hui vingt) de la publication des listes, et l'article 2 de loi du 7 juillet 1874, ne fait que répéter cette prescription générale et absolue. Deux arrêts l'ont ainsi jugé. (29 juin 1875 ; Sirey, 1875, 1, 172 ; Chambre civile, 24 avril 1877 ; Dalloz, 77, 1, 271, M. Massé, rapporteur.)

98. — L'électeur qui, dans tous les cas où la loi exige une demande, est seul admis à la former, peut cependant donner pouvoir à un tiers de la faire en son nom, et d'en poursuivre le succès devant toutes les juridic-

tions. Il n'y a point de forme spéciale pour ce mandat, mais l'existence doit en être certaine et résulter de documents ou de déclarations incontestables. Le juge de paix doit affirmer l'existence de ce mandat et ne peut se contenter d'émettre sur ce point une opinion fondée sur des circonstances ou des inductions qui la rendraient seulement vraisemblable à ses yeux. (23 mars 1875 ; Sirey 1875, 1, 470 ; 1ᵉʳ octobre 1874 ; Dalloz, 1874, 1, 491 ; 21 avril 1875 ; Sirey, 75, 1, 471 ; 19 avril 1880, au rapport de M. Baudoin.)

Ajoutons, en terminant sur ce point, qu'on ne peut invoquer, devant la Cour de cassation, le refus par l'autorité municipale de recevoir, le jour de l'expiration des délais, les déclarations non légalisées des demandeurs, s'il ne résulte ni de la décision de la commission municipale, ni de l'acte d'appel, ni du jugement attaqué que l'on ait allégué ce fait, soit devant la commission, soit devant le juge de paix, et qu'ils aient eu à les apprécier. (Chambre des requêtes, 28 avril 1875 ; Bulletin civil, n° 63 ; affaire Vittori.)

§ 2. — DEMANDE PAR UN ÉLECTEUR DÉJA INSCRIT SUR UNE LISTE ÉLECTORALE A FIN D'INSCRIPTION SUR LA LISTE D'UNE AUTRE COMMUNE.

99. — De nombreuses difficultés se sont élevées dans le cas où un électeur déjà inscrit sur la liste électorale d'une commune, a demandé son inscription sur la liste d'une autre commune ; elles sont nées presque toutes de l'application du paragraphe 2 de l'article 5 de la loi du 7 juillet 1874, qui donne au contribuable porté depuis un an sur les rôles des quatre contributions directes ou des prestations en nature d'une commune, le droit de réclamer son inscription sur les listes de cette commune.

100. — Une première question s'est présentée : cet électeur inscrit, qui veut ainsi transférer son domicile politique d'une commune dans une autre, doit-il justifier de la radiation de son nom sur les listes de la commune où il a d'abord été inscrit ?

Un assez grand nombre d'arrêts ont jugé que l'électeur devrait rapporter la preuve de la radiation. Nous citerons particulièrement : Chambre civile, 15 mai 1877 ; Bulletin civil, n° 80, au rapport de M. Berville, et 6 mai 1878 ; Bulletin civil, n° 78, et Dalloz, 1878, 1, 324, au rapport de M. Aucher ; 9 mai, 1877, Bulletin civil, n° 78, au rapport de M. Goujet, et 9 mai 1877 ; affaire Marty ; Dalloz, 1877, 1, 271. (Voir aussi arrêt du 11 mai 1880 ; Dalloz, 80, 1, 277.)

Cependant, dans plusieurs arrêts, on trouvait une formule moins rigoureuse et on lisait : Attendu que le jugement attaqué constate que X. n'a ni obtenu, *ni même sollicité* sa radiation de la liste électorale. (Arrêt du 9 mai 1877 ; affaire Fulcrand ; Dalloz, 1877, 1, 271 ; Sirey, 1, 429.) La chambre civile, après quelque hésitation manifestée dans des arrêts où la question ne se présentait pas d'une façon nette et précise, a fini par adopter un avis plus favorable aux demandes d'inscription formées par des électeurs déjà inscrits dans d'autres communes, et par décider qu'il suffisait que l'électeur justifiât qu'il *avait sollicité* sa radiation de la liste sur laquelle il était inscrit précédemment, c'est aujourd'hui la jurisprudence bien certaine de la Cour de cassation. (Chambre civile, arrêt du 12 mai 1880, au rapport de M. Lagrevol. Dall., 80, 1, 277 ; 7 décembre 1880, affaire Ristorelli. M. Blondel rapporteur, 13 avril 1881 ; M. Pont, affaire Albert de Ricard ; Dall., 81, 1.)

Nous citerons un dernier arrêt rendu le 23 mai 1881, au rapport de M. Goujet, qui nous paraît poser d'une façon nette et définitive, les principes de la matière :

« La Cour : — Attendu qu'il résulte des constatations

« du jugement attaqué, que si le demandeur figure depuis
« plusieurs années au rôle des contributions directes
« dans la commune de Bonnes, il n'a pas encore été
« porté sur la liste électorale de ladite commune, et
« qu'il continue à être inscrit sur celle de la commune
« de Corbigny où il a précédemment exercé ses droits
« électoraux. — Que, mis en demeure de rapporter la
« preuve de sa radiation de cette liste, *il n'a justifié*
« *d'aucune diligence faite par lui* pour l'obtenir, et s'est
« borné a soutenir qu'il lui suffisait d'établir qu'il était
« inscrit depuis plus d'un an au rôle d'une contribution
« directe dans la commune de Bonnes, — que dans cet
« état des faits, le jugement attaqué en refusant d'or-
« donner l'inscription du demandeur sur la liste électo-
« rale de ladite commune, loin de violer aucune loi, a
« fait une saine application des principes qui régissent
« la matière. — Rejette. »

Dans un autre arrêt du 24 mai 1881, affaire Giacomoni au rapport de M. Sallé, on lit le motif suivant:

« Attendu qu'il n'a pas même été allégué par le demandeur en cassation, que l'électeur ait *provoqué* ou
sollicité la radiation de son nom sur les listes de
Tivelaggis. »

Nous croyons, pour notre part, que cette jurisprudence est préférable à la première. La preuve d'une
demande en radiation doit suffire pour permettre à l'é-
lecteur de transporter l'exercice de ses droits électoraux
dans une autre commune; il ne peut dépendre de la
décision plus ou moins erronée de la commission saisie
d'une demande de radiation, d'empêcher que l'électeur
puisse poursuivre, en temps utile, son inscription dans
une commune où la loi lui donne la facilité d'exercer
son droit d'électeur, et il arriverait très-souvent que la
radiation tardive ou le maintien illégal du nom de l'é-
lecteur sur une liste, privât celui-ci de cette faculté, et
que du même coup, il fût destitué pour une année du

droit de voter dans aucune commune. La jurisprudence
fait obstacle à ce grave inconvénient.

101. — Une autre question s'est également présentée
très-fréquemment lors de la révision des listes électorales, voici dans quelles circonstances :

Un citoyen a obtenu son inscription sur une liste électorale, en excipant de son inscription depuis plus d'un
an sur les rôles des contributions directes ou des prestations ; et, en effet, il était inscrit sur la liste depuis plus
d'un an. Mais il est arrivé que sa précédente inscription
sur une autre liste n'avait point été rayée, ou bien qu'un
tiers, s'appuyant sur l'existence de cette inscription,
avait demandé la radiation du nom de l'électeur de la
liste où il a été porté en dernier lieu. Quelques juges de
paix, appliquant la règle qu'on ne peut régulièrement
exercer son droit électoral dans plusieurs communes,
ont, en effet, prononcé cette radiation ; d'autres ont décidé que les électeurs qui n'avaient point demandé, lors
de la révision des listes, leur maintien sur la liste où ils
avaient été inscrits en dernier lieu, devaient être rayés
s'ils étaient encore inscrits sur celle où ils figuraient
précédemment.

La Cour de cassation a invariablement condamné cette
double erreur des juges de paix.

Elle a jugé par de nombreux arrêts que l'électeur inscrit depuis plus d'un an sur une liste électorale municipale, notamment en vertu du § 2 de l'article 3, n'a point
à réitérer sa demande à chaque révision, et qu'un tiers
n'est point recevable à demander sa radiation en se
fondant sur ce qu'il serait resté inscrit sur la liste d'une
autre commune, et par les mêmes raisons que la radia-
diation ne pouvait être prononcée d'office. (Sirey, Requêtes, 9 octobre 1874 ; Dalloz, 1874, 1, 492 ; 26 mars
1877 ; Dalloz, 77, 1, 386 ; 11 avril 1877, Dalloz, 1877, 1,
307 ; Sirey, 1, 223 ; 26 mars 1879, affaire Pascal Martin,
Dalloz, 1879, 1, 203 ; Bulletin civil, n° 204 ; 31 mars 1879,

Dalloz, 1, 203, et Sirey, 1879, 1, 428 ; 23 mars 1875, Sirey,
1, 471 ; 16 mars 1877, Dalloz, 1, 388 ; 17 avril et 7 mai
1878, Sirey, 1, 471 ; Dalloz, 1, 327, et 26 mai 1879, bulletin civil, n° 100.)

Nous transcrirons ici le texte de ces derniers arrêts
qui contiennent un exposé très-net de la doctrine à suivre en cette matière.

Arrêt du 17 avril 1878, au rapport de M. Goujet :
« Attendu, d'une part, que le certificat délivré par le
percepteur des contributions de Prunelli fait pleine foi
des mentions qu'il contient aux termes de l'article 1319
du Code civil, qu'il constitue une preuve légale de l'inscription des demandeurs aux rôles des contributions
directes et qu'en déclarant que ladite inscription n'était
pas.justifiée, le jugement attaqué a méconnu la force
probante attachée à un acte par la loi. Que, d'autre part,
si un électeur ne peut obtenir son inscription pour la
première fois sur les listes d'une commune qu'à la condition de rapporter la preuve de sa radiation dans la
commune où il exerçait antérieurement ses droits, l'é-
lecteur, régulièrement porté sur une liste, ne doit pas
être rayé sans son consentement, par l'unique motif
qu'il a été inscrit simultanément l'année précédente sur
les listes d'une autre circonscription ; qu'il est indispensable dans ce cas de prouver que la seconde inscription a été
faite sur sa demande, ou du moins, avec son consentement ;
qu'en effet, il ne peut, sans doute, pas être en même temps
électeur municipal dans deux communes différentes,
mais que c'est l'inscription opérée sans sa participation
dans la nouvelle circonscription qui est irrégulière, et
qu'elle ne saurait lui faire perdre le droit d'être maintenu sur la liste où il a été légalement porté, sur laquelle
il déclare vouloir continuer à figurer ; — Casse. »

Arrêt du 26 mai 1879, affaire Pascal, au rapport de
M. Greffier :

« Vu l'article 18 du décret organique du 2 février 1852
et l'article 1351 du Code civil ;

« Attendu que, d'après le principe de la permanence des listes électorales, l'électeur inscrit sur sa demande, en vertu du § 2 de l'article 5 de la loi du 7 juillet 1874, sur la liste électorale d'une commune dans laquelle il est porté au rôle des contributions directes n'est point tenu de renouveler chaque année sa demande pour être maintenu sur la liste électorale de cette commune ; que, par décision du 7 février 1878, la Commission municipale a ordonné l'inscription sur la liste de la commune de Montmirat des dix électeurs demandeurs en cassation, qui, bien que résidant dans d'autres communes, ont été en droit de requérir cette inscription, en qualité de contribuables figurant, depuis plus d'un an, sur les rôles des contributions , qu'il importe peu que, même après cette décision qui a reçu son exécution immédiate, les noms de ces électeurs aient continué à figurer sur les listes des communes de leur résidence ; qu'en effet, si l'inscription d'un même électeur sur deux ou plusieurs listes électorales municipales est un fait irrégulier, proscrit par la loi ; néanmoins, lorsque cette irrégularité existe, aucune loi n'autorise à rayer cet électeur contre son gré sur l'une des listes plutôt que sur l'autre, s'il a également droit d'être inscrit sur l'une ou sur l'autre. Que, cependant, le jugement attaqué, statuant comme si les demandeurs en cassation avaient été pour la première fois, en 1879, inscrits sur les listes de Montmirat, alors qu'ils y étaient portés depuis 1878, a ordonné leur radiation par le double motif qu'ils n'avaient point formé leur demande d'inscription en 1879, et qu'ils étaient inscrits dans d'autres communes ; qu'en jugeant ainsi, il a violé les articles de lois sus-visés ; — Casse. »

Un arrêt du 19 avril 1880 (Dalloz, 1880, 1, 157), et un autre arrêt du 30 juin 1880, au rapport de M. Guérin, ont encore tracé la même règle aux juges de paix (Affaire Innocenzi et Catoni). De même aussi les arrêts du 26 avril 1881, affaire Manoury, M. Sallé, rapporteur,

13 avril 1881, affaire Muzard, M. Monod, rapporteur ;
Dalloz, 81, 1, et 4 mai 1881, affaire Loddé, M. Dariste·

102. — Nous venons de lire, dans l'arrêt qui précède,
que l'inscription d'un même électeur sur les listes municipales de deux communes est un *fait irrégulier*, d'où il
faudrait conclure que le même électeur ne peut demander à être inscrit dans deux communes. Cela est vrai
incontestablement en principe ; mais la distinction faite
par la loi elle-même entre la liste municipale et la liste
politique, autorise un électeur à diviser son droit et à
demander séparément à exercer son droit électoral politique dans la commune où il a six mois de résidence
et son droit municipal électoral politique dans la commune où il est inscrit au rôle des contributions. C'est
ce qu'a jugé la Chambre civile dans un arrêt du 15 mai
1877, au Rapport de M. Merville (Dalloz, 1877, 1, 302),
et dont nous rapportons le texte à cause de son importance.

« En ce qui touche le pourvoi de Doyen contre Pou-
lain et consorts, pour violation de la loi du 30 novembre
1875 ;

« Attendu que, d'après cet article, les listes électorales
formées en vue des élections politiques embrassent deux
catégories d'électeurs : d'abord ceux qui sont déjà
inscrits sur les listes dressées en vertu de la loi du 7 juillet 1874, relative à l'électorat municipal, listes qui com-
prennent ou qui peuvent comprendre un certain nombre
d'électeurs ne résidant pas dans la commune, mais qui
y sont portés aux rôles des contributions directes, puis
tous les citoyens non inscrits sur les listes précédentes
et qui résident depuis six mois dans les communes ; —
Attendu que cette dernière disposition est générale, et
qu'elle autorise quiconque habite une commune depuis
six mois et réunit d'ailleurs les autres conditions d'ap-
titude légale et à faire inscrire comme électeurs politiques
sur la liste complémentaire dressée dans cette com-

mune ; — Qu'il importerait peu que le citoyen qui use de
ce droit ait précédemment usé de la faculté que lui donnait l'article 5 § 2 de la loi du 7 juillet 1874 de se faire
inscrire comme électeur municipal dans une commune
qu'il n'habite pas, mais où il est porté aux rôles des contributions ; que la loi lui permet en ce cas d'exercer dans
le même lieu son double droit électoral, si cela lui convient, mais qu'elle ne lui défend pas non plus d'en diviser
l'exercice au gré de son intérêt, à la charge par lui d'exprimer à cet égard sa volonté, et d'en faire la' déclaration ; — que, plus le législateur s'est attaché à distinguer
nettement les conditions de l'électorat municipal et celles
de l'électorat politique, plus on doit conclure que l'un
des effets de cette distinction est de permettre de les
exercer séparément et dans des lieux différents ; — Rejette. »

« Sur le deuxième moyen, pris de la violation de l'article 5, même loi, combiné avec celle du 30 novembre
1875 : — Attendu que la règle qui ne permet pas à un
électeur, déjà inscrit sur une liste électorale, de se faire
inscrire sur une autre liste, avant de s'être fait radier
sur la première, trouve son fondement dans le décret-
loi du 2 février 1852, notamment dans l'article 31 de ce
décret, punissant toute personne qui aura demandé et
obtenu une inscription sur deux ou plusieurs listes ; —
attendu que ni la loi du 7 juillet 1874, ni celle du 30 novembre 1875, n'ont abrogé ni modifié cet article 31 ; —
Qu'à la vérité, il résulte du rapprochement de ces deux
lois qu'on peut aujourd'hui être inscrit comme électeur
dans deux localités différentes, ce qui ne se pouvait auparavant, mais que, néanmoins, c'est à la condition
d'être inscrit exclusivement pour les élections municipales dans une localité et pour les élections politiques
dans l'autre ; qu'aujourd'hui, comme auparavant, il est
défendu de demander et d'obtenir son inscription sur
deux listes électorales, si elles sont toutes deux relatives à des élections de même nature, qu'en le jugeant

ainsi, la sentence attaquée a exactement appliqué les principes de la matière et notamment l'article 31 du décret de 1852 ; — Rejette. »

Un autre arrêt du 27 juin 1877 (affaire Arrighi, au rapport de M. Guérin), a jugé dans un sens identique sur le second point. (Voir Bulletin civil, n° 104 ; 31 mars 1879 ; Dalloz, 1879 ; 1, 203, et Sirey, 79, 1, 428.)

102 *bis*. — Une difficulté s'est cependant produite sur cette question : La liste électorale municipale donne, aux termes de la loi du 30 novembre 1875, à celui qui y est inscrit, le droit de voter dans les élections politiques, aussi bien que dans les élections municipales. Or, un électeur inscrit sur la liste municipale en qualité de contribuable porté aux rôles des quatre contributions directes peut vouloir être inscrit dans une autre commune sur la liste politique seulement, où il a une résidence de plus de six mois, doit-il préalablement se faire rayer sur la première liste ? Mais alors où exercera-t-il ses droits d'électeur municipal ? Nous croyons que l'électeur peut diviser en quelque sorte le droit que lui confère son inscription sur la liste municipale ; déclarer au maire de la commune qu'il entend n'exercer en cette commune que le droit d'électeur municipal, et lui demander de faire mention de cette déclaration en marge de son nom sur la liste. Il pourra alors à l'époque de la révision, se faire inscrire dans la commune où il réside depuis six mois, sur la liste complémentaire, exclusivement réservée aux élections politiques. Sa situation sera parfaitement régulière, et il n'aura pas à craindre les rigueurs de l'article 31 du décret du 2 février 1852.

La Cour de cassation a même jugé, par un arrêt du 27 juillet 1881, au rapport de M. Bernard, dans une affaire Lemercier, que si, un électeur inscrit sur la liste municipale d'une commune comme contribuable, a été inscrit d'office par la commission de révision sur la liste *politique* de la commune de sa résidence, il n'a aucune déclaration à faire au maire de la première commune, pour cesser d'y être électeur politique. En défendant contre un tiers qui demandait sa radiation, l'inscription d'office, et en réclamant le bénéfice de cette inscription sur la liste politique, il a suffisamment manifesté son intention, et sa volonté de ne plus être électeur politique dans la commune où il restera simplement électeur municipal.

103. — Cette distinction entre la liste politique et la liste électorale municipale est, à d'autres égards encore, d'une grande importance.

En principe, le droit politique devrait s'exercer en quelque lieu que se trouve l'électeur ; mais il a fallu, en présence du nombre si considérable d'électeurs créés par l'institution du suffrage universel, organiser un système qui permît de reconnaître l'identité de l'électeur ; de là, la condition de résidence pendant six mois dans la commune où celui-ci demandera à être inscrit sur la liste électorale.

Comme conséquence de ce principe, il a été admis que l'électeur qui, ayant résidé pendant six mois dans une commune, a été inscrit sur la liste électorale politique, doit y être maintenu tant qu'il n'a pas acquis, par une résidence de six mois dans une autre commune, le droit d'être porté sur la liste de cette commune ; si, même ayant été inscrit sur la liste municipale en vertu d'un des paragraphes qui exigent une résidence de six mois ou un an ou deux ans, il avait perdu le droit d'être maintenu sur cette liste, parce qu'il ne résiderait plus dans la commune, il pourrait réclamer son maintien sur la liste politique, jusqu'au jour où il aurait acquis le droit, par six mois de résidence, d'être inscrit sur la liste politique de sa nouvelle résidence.

La loi ne veut pas qu'un électeur qui n'a pas perdu son droit électoral, soit par un fait qui détruit sa capacité, soit par une négligence imputable à lui seul, puisse

être un instant privé de son droit de voter en matière
politique.

Nous citerons sur ce point un arrêt important rendu
par la Chambre civile, le 22 mai 1878. (Dalloz, 1878, 1,
316.)

« Vu l'article 13 du décret organique du 2 février 1852 ;

« Attendu qu'il est constaté par le jugement attaqué
que Jules Veizas, résidant depuis plus de six mois dans
la commune de Baigts, a été inscrit sur la liste électorale de cette commune, lors de la révision de 1877 ; —
Que son nom ne pouvait être rayé de cette liste en 1878,
qu'autant qu'il aurait été établi, qu'au moment de la révision faite à cette époque, il résidait depuis plus de six
mois dans une autre commune, et y avait acquis le
droit de se faire inscrire sur la liste de cette commune ;
— Attendu que le jugement attaqué pour confirmer la
décision de la Commission municipale de Baigts qui avait
ordonné la radiation du nom de Jules Veizas de la liste
électorale politique de cette commune pour 1878, s'est
fondé uniquement sur ce que cet électeur avait cessé,
depuis plus de six mois, de résider à Baigts, et avait un
domicile à Rouen où il avait été appelé comme fonctionnaire public, et où il avait résidé pendant plus de six
mois ; — Mais, attendu que les fonctions de Jules Veizas avaient cessé dès le 26 décembre 1877 à une époque
où il ne pouvait encore se faire inscrire sur les listes de
Rouen dont la révision n'était point commencée, et que
d'autre part, il n'est pas contesté qu'il avait quitté la ville
de Rouen aussitôt après la cessation de ses fonctions, à
la fin de décembre 1877, et que, par conséquent, il n'y
résidait plus au moment où il aurait été en droit de demander son inscription sur les listes électorales, s'il y
eût conservé sa résidence ; — qu'il est évident qu'il n'a-
vait pu résider plus de six mois dans une autre commune depuis son départ de Rouen, lorsqu'il a été procédé à la révision de la liste électorale sur laquelle il

était inscrit à Baigts ; — que, dès lors, il y avait lieu de maintenir son inscription sur cette liste électorale, ainsi d'ailleurs qu'il l'avait formellement requis par une lettre antérieure au jugement du juge de paix ; — qu'en jugeant le contraire, ce jugement a violé l'article sus-visé ; — Casse. »

Cette décision est d'un grand intérêt pour les fonctionnaires publics qui, ayant perdu par suite de révocation, le bénéfice du § 6 de l'article 5 de la loi de 1874, se trouveraient souvent privés de tout droit électoral, à défaut de justification d'une résidence suffisante dans la commune où ils se seraient retirés après avoir été relevés de leurs fonctions. Elle sauvegarde leur droit politique en consacrant d'ailleurs le principe de la permanence des listes. Voir aussi dans le même sens, arrêt du 4 mai 1880. Dalloz, 80, 1, 334.

104. — Mais la doctrine doit être restreinte d'une manière absolue au droit électoral politique ; s'il s'agit de l'inscription sur la liste électorale municipale, la cessation de la résidence, au moment de la révision, doit entraîner la radiation. (Voir Chambre civile, 7 mai 1877, affaire Dumas ; Dalloz, 1877; 1, 303. Voir aussi la note qui accompagne l'arrêt ci-dessus cité, du 22 mai 1878, au recueil de Dalloz, page 325, année 1878.)

La distinction a encore été faite dans un arrêt du 19 avril 1880, au rapport de M. Goujet (Dalloz, 80, 1, 157), dans lequel la Cour a cassé un jugement qui, en refusant à des frères de la doctrine chrétienne, instituteurs libres, le bénéfice de l'inscription sur la liste électorale municipale, en vertu du § 6 de l'article 5, avait également refusé d'ordonner leur inscription sur la liste politique, quoiqu'ils eussent plus de six mois de résidence dans la commune, par le motif qu'ils n'avaient pas formé de demande pour cette inscription. La Cour a jugé qu'aucune demande n'était nécessaire pour l'inscription sur la liste politique, et que le droit d'être inscrit sur cette liste seulement, ne pouvait pas être contesté. Mais quand le juge de paix reconnait que l'électeur qui a quitté sa résidence, a pu acquérir, par une résidence légale, le droit à l'inscription et ne l'a pas fait, il ne peut dire que cet électeur restera inscrit dans la première commune. 6 mai 1881. Baillaigeau, M. Onofrio, rapporteur.

§ 3. — DU SECTIONNEMENT ET DES DISTRACTIONS DE SECTIONS COMMUNALES.

105. — Il nous reste à parler d'un cas particulier dans lequel le droit électoral municipal peut rencontrer quelque obstacle dans son exercice : c'est celui où une commune vient à être divisée en plusieurs sections, nommant chacune un nombre déterminé de conseillers municipaux ; l'inscription sur les listes électorales est soumise à des règles qu'il est bon d'expliquer.

En principe, les élections municipales doivent avoir lieu au scrutin de liste pour toute la commune. Cependant l'article 3 de la loi du 14 avril 1871 qui n'est que la reproduction des articles 17 de la loi du 3 juillet 1848 et 7 de la loi du 5 mai 1855, autorise la division de la commune en sections dont chacune élit un nombre de conseillers proportionnel au chiffre de la population. Le fractionnement est fait par le Conseil général qui, chaque année, dans sa session d'août, procède, par un travail d'ensemble comprenant toutes les communes du département, à la révision des sections et en dresse un tableau qui est permanent pour les élections à faire dans l'année. (Article 3 de la loi du 14 avril 1871 et 41 de la loi du 10 août de la même année.)

Si la commune est divisée en plusieurs cantons, le sectionnement doit être opéré de telle sorte qu'une section électorale ne puisse comprendre des portions de territoire appartenant à plusieurs cantons.

A Paris et à Lyon, la liste est dressée par arrondissements, divisés eux-mêmes en quartiers qui nomment chacun un conseiller municipal.

Une liste spéciale à chaque section ou quartier est dressée par cette commission spéciale. Il est formé, en outre, d'après les listes propres à chaque section, une liste générale des électeurs de la commune ou de l'arrondissement par ordre alphabétique (article 2 de la loi du 7 juillet 1874).

Cette liste générale sert aux élections politiques ; il ne faut pas oublier, en effet, que le sectionnement n'a lieu que pour les élections communales, et afin d'assurer à certaine partie de la commune, que sa situation topographique, la nature spéciale de son industrie, sépare, en quelque sorte, soit du quartier principal, soit d'autres quartiers ou sections, une représentation particulière connaissant mieux ses intérêts et ses besoins.

106. — L'effet du sectionnement est de nécessiter la formation d'autant de listes qu'il y a de sections, et l'article 1er de la loi de 1874, veut que chaque liste de section soit dressée par une commission composée de membres spécialement désignés. On peut donc dire que, quant à ce, chaque section forme une commune, et cela est si vrai, que, dans la circulaire adressée aux Préfets, le 20 juillet 1874, le Ministre de l'Intérieur s'exprime ainsi au sujet des listes de sections : « Pour les communes comprises dans le dernier tableau de sectionnement arrêté « par le Conseil général, il devra être institué, dans chaque section, une Commission spéciale composée : « 1° du maire ou de l'adjoint, ou d'un conseiller municipal dans l'ordre du tableau ; 2° d'un délégué du Préfet, « 3° d'un délégué du conseil municipal. Les conseils municipaux auront, en conséquence, à choisir autant de « délégués qu'il y aura de sections électorales, et ils devront désigner, en même temps, deux autres délégués « par sections chargés d'assister la commission pour le

« jugement des réclamations. Je crois utile de vous faire
« observer que, même dans les communes divisées en
« sections, les demandes en radiation ou en inscription
« doivent être déposées au secrétariat de la mairie ; que
« c'est également à la mairie que *les listes doivent* être
« publiées et tenues à la disposition des électeurs. »
Puis à la fin de la circulaire, le Ministre ajoute, comme
pour bien marquer que chaque section a sa liste propre : « Que la liste unique, formée de la réunion des
« listes dressées par chaque section, formera le registre
« électoral de la commune, et restera déposé au secré-
« tariat de la mairie, mais il sera inutile d'en adresser
« copie *au Préfet qui recevra seulement les listes par*
« *sections.* »

Les listes de révision, dressées par les Commissions
spéciales à chaque section, sont donc publiées divisé-
ment le 15 janvier, et chaque électeur est admis à les
contrôler et à les critiquer dans les délais légaux et devant les juridictions compétentes.

Mais qu'arrivera-t-il si un maire, contrairement à l'arrêté de sectionnement, n'institue pas autant de Commissions qu'il y a de sections, fait dresser une seule liste
et n'en publie qu'une seule ? Il nous paraît évident d'a-
bord qu'il y aurait lieu à l'application de l'article 4 du
décret réglementaire de 1852 ; le Préfet, auquel le tableau
de révision aura dù être envoyé, reconnaîtra que *les formalités* prescrites par la loi n'ont pas été observées, et il
devra déférer les opérations de la Commission administrative au Conseil de Préfecture qui les annulera et or-
donnera qu'elles soient recommencées dans un délai
déterminé.

107. — Mais si, ce qui ne paraît guère possible en fait,
le Préfet n'a pas été mis à même de reconnaître l'irrégularité des opérations et n'a point appliqué les dispositions de l'article 4 précité, quelles seront les conséquen-

ces d'une aussi flagrante irrégularité ? D'abord, il est
hors de doute que si la clôture des listes de la commune
s'accomplissait sans que cette irrégularité fût réparée,
les élections communales qui auraient lieu sans que les
listes spéciales aient été dressées et publiées dans les
formes légales, seraient nulles ; c'est ce que décide
formellement un arrêt du Conseil d'Etat du 3 juillet 1866
(Elections de Grand-Champ), ainsi conçu :

« Attendu qu'il résulte de l'instruction, qu'aucune des
« règles prescrites par les articles 1 et 8 du décret ré-
« glementaire du 2 février 1852, pour la révision des
« listes électorales, n'a été observée à l'égard de la liste
« de la section de Grand-Champ ; qu'ainsi le collége élec-
« toral n'a pas été régulièrement composé, et que le ré-
« sultat des opérations électorales ne peut être considéré
« comme l'expression certaine de la volonté des élec-
« teurs ; annule les élections.

Mais n'est-il pas possible de conjurer un pareil
résultat ; les électeurs intéressés et les tiers électeurs
auront-ils le droit d'intervenir au moment de la révision
pour faire dresser les listes des sections ; quelle autorité
devront-ils saisir, en quelle forme exerceront-ils leur
action ? Un électeur pourra-t-il porter devant la Commission municipale une demande, à fin d'inscription de
tous les électeurs qui devraient, suivant lui, faire partie
d'une section et figurer sur une liste spéciale à cette section, et, en cas de rejet de sa demande, pourra-t-il s'a-
dresser au juge de paix ? Une telle action ne nous paraît point admissible Si elle l'était, en effet, la Commission municipale serait, par ce fait, mise en demeure par
un électeur de faire la liste de la section, et l'autorité judiciaire entreprendrait un travail administratif qui n'est
point de son domaine. Elle statue sur les contestations
individuelles élevées au sujet d'une liste dressée par

l'Administration, seule autorité compétente quant à ce, mais elle empiéterait sur les attributious de l'Administration si, procédant non par décisions individuelles, elle prononçait l'inscription de tous les électeurs appartenant à une section et qui sont restés confondus avec les électeurs des autres sections, sur une liste commune.

En ce cas, et bien que l'article 4 qui prévoit la nullité des opérations de révision, charge seulement le Préfet de faire prononcer la nullité par le Conseil de Préfecture dans un délai qui n'est pas prescrit, à peine de déchéance, nous croyons, non pas que l'électeur puisse saisir directement le Conseil de Préfcture de l'action prévue en cet article 4, mais qu'il doit mettre le Préfet en demeure d'exercer le pouvoir qui lui est donné par la loi. Le délai de deux jours indiqué audit article n'a rien de sacramentel, et, d'ailleurs, l'électeur qui a le droit de prendre copie de la liste erronée, peut l'adresser au Préfet, lui signaler l'irrégularité grave qu'elle présente, le défaut de formation d'une liste pour chaque commune, et lui demander de saisir le Conseil de Préfecture chargé d'annuler les opérations.

On ne comprendrait guère qu'il en pût être autrement. Comment, en effet, s'il y avait lieu, dans l'année, à des élections municipales, pourrait-on obéir à l'arrêté de sectionnement et voter sans qu'une liste spéciale ait été dressée ? Les élections seraient nulles, soit qu'on y ait procédé par scrutin de liste, au mépris du sectionnement ordonné, soit qu'on y ait procédé sur des listes faites au moment même, sans observations des formalités prescrites par la loi, c'est ce qu'a jugé le Conseil d'Etat par l'arrêt que nous venons de citer.

108. — La Cour de cassation a, de son côté, jugé qu'il n'appartenait pas à l'autorité judiciaire de statuer sur une demande formée par un électeur, qui, en l'absence de listes spéciales à chaque section dressées par la

Commission administrative au moment de la révision annuelle, s'était adressé au Juge de paix pour faire ordonner la radiation en masse de tous les électeurs inscrits sur une liste commune, alors qu'ils appartenaient à une section, et leur inscription sur une liste spéciale à la section. Voici en quels termes la Cour a statué par arrêt du 5 janvier 1880, au rapport de M. Baudouin, affaire Sansonnetti (Dalloz, 81, 1, 80) :

« Sur les premier et deuxième moyens du pourvoi :
« Attendu que le travail de confection préparatoire ou de
« révision annuelle des listes électorales qui, d'après le
« décret réglementaire du 2 février 1852, s'opérait par le
« Maire de la commune auquel les lois du 27 juillet 1874
« et du 30 novembre 1875, ont substitué une Commission
« municipale, s'accomplit dans un délai et suivant cer-
« taines formalités déterminées par la loi, et qu'il en est
« de même lorsqu'une commune ayant été divisée en
« sections, il s'agit de dreeser les listes spéciales pour
« chacune d'elles.

« -Attendu que ce travail préparatoire constitue une
« opération essentiellement administrative ;

« Qu'aussi il est soumis, aux termes de l'article 3 du
« décret réglementaire du 2 février 1852, au Préfet du dé-
« partement, et que l'article 4 de ce même décret dispose
« que si le Préfet estime que les formalités et les délais
« prescrits par la loi n'ont pas été observés, il doit, dans
« les deux jours de la réception du tableau, déférer les
« opérations de la commission municipale au Conseil
« de Préfecture chargé de statuer dans les trois jours,
« et de fixer, s'il y a lieu, le délai dans lequel les opéra-
« tions annulées devront être refaites ;

« Attendu que Sansonnetti, s'il croyait avoir à se
« plaindre de ce que la Commission municipale de la
« commune de Saint-André-de-Bozio, n'avait pas dressé,
« dans le délai de la loi, des listes spéciales destinées à
« répondre à la division de ladite commune en trois sec-

« tions, suivant la décision qui aurait été prise par le
« Conseil général du département de la Corse pour la
« confection des listes électorales de l'année 1880, devait
« produire sa réclamation devant l'autorité administra-
« tive, seule compétente pour en connaître ;

« Que le jugement attaqué, en refusant, en l'absence
« de listes spéciales de sections dressées par la Com-
« mission municipale de Saint-André-de-Bozio, de
« reconnaître au demandeur le droit de provoquer judi-
« ciairement au moyen de demandes individuelles d'ins-
« cription, la répartition de la généralité des électeurs
« de la commune entre les diverses sections et de se
« substituer ainsi à l'autorité administrative, loin de mé-
« connaître les principes de la loi, en a fait, au con-
« traire, une exacte application. »

109. — L'arrêt que nous venons de rapporter est rendu
dans une contestation qui se produisait à l'occasion de
la révision annuelle ordinaire des listes électorales de la
commune de Saint-André-de-Bozio, qu'une délibération
du Conseil général de la Corse avait divisée en trois sections électorales, mais qui n'avait point eu à procéder à
des élections municipales depuis la session du Conseil
général.

110. — Mais il peut arriver qu'entre la délibération de
ce Conseil et l'époque de la révision annuelle des listes
électorales au mois de janvier suivant, il soit nécessaire de procéder à des élections municipales. Comment
les listes spéciales à chaque section seront-elles formées ? La Commission administrative devra-t-elle être
réunie pour dresser ces listes, qui seraient ensuite
publiées, puis soumises à toutes les réclamations et à
toutes les contestations permises lors de la révision
annuelle ?

Il nous paraît qu'il n'en peut être ainsi, aucun texte de

loi du moins ne l'a ordonné. Nous en citerons un, au contraire, qui exclut nécessairement ce mode de procéder. Si nous nous reportons, en effet, à la législation qui a précédé la loi du 7 juillet 1874, mais qui a suivi les décrets du 2 février 1852, voici les textes que nous rencontrons :

L'article 7 de la loi du 5 mai 1855 porte ce qui suit : le Préfet peut, « par un arrêté pris en Conseil de Préfec- « fecture, diviser les communes en sections électorales « — il peut, par le même arrêté, répartir entre les sec- « tions le nombre des conseillers municipaux à élire, en « tenant compte du nombre des électeurs inscrits. »

L'article 19 de la loi du 21 juillet 1867 avait complété cette disposition en ajoutant « que dans le cas où une commune serait divisée en sections pour l'élection des Conseillers municipaux conformément à l'article 7 de la loi du 5 mai 1855, la réunion des électeurs ne pourrait avoir lieu avant le dixième jour, à compter de l'arrêté du Préfet. »

Cette seule disposition indiquait bien déjà que les formalités prescrites par les décrets organique et réglementaire du 2 février 1852, n'étaient pas applicables au cas où il y a lieu de former dans le cours d'une année des listes électorales de sections, pour procéder à une élection. S'il suffisait, en effet, d'un intervalle de 10 jours entre l'arrêté préfectoral et l'élection, comment pourait-on trouver, dans cet espace de 10 jours, la place et les délais de toutes les opérations nécessaires à la formation et à la publication des tableaux, à la production et au jugement des réclamations ?

Mais le Conseil d'Etat a été plus loin encore ; non-seulement il n'a pas décidé que les formalités des décrets de 1852 et de la loi de 1874 dussent être observées, il a jugé, de plus, que depuis la promulgation des lois des 14 avril et 10 août 1871, qui ont confié aux Conseils généraux le soin de former les sections électorales dans les communes où ils jugent le sectionnement nécessaire, l'article 19 de la loi du 21 juillet 1867, qui établit le délai de 10 jours dont nous venons de parler, n'est plus applicable.

Il l'avait d'abord décidé *en fait* par un arrêt du 7 août 1875, affaire de La Motte-Servolex, ainsi conçu : « Sur le grief tiré de ce qu'aucune liste officielle spéciale n'a été dressée pour la section de La Motte, — Considérant que s'il n'a pas été possible de dresser, conformément aux prescriptions de la loi du 7 juillet 1874, les listes des deux sections, il résulte du moins de l'instruction que tous les électeurs de la section ont été individuellement informés de la décision prise par le Conseil général, et que, d'ailleurs, les réclamants n'allèguent point qu'aucun électeur ait été empêché de voter ; — Rejette. »

Un autre arrêt du Conseil d'Etat du 25 février 1876 (élections de Toulouse) portait également ce qui suit :

« Considérant qu'aux termes de l'article 3 de la loi du
« 14 avril 1871, il appartient aux Conseils généraux de
« procéder chaque année à la division des communes en
« sections, et d'en dresser le tableau ; que, d'après ce
« même article, ce tableau est permanent pour les élec-
« tions à faire dans l'année ; considérant qu'en vertu de
« la disposition qui précède, le Conseil général de la
« Haute-Garonne dans sa session du mois d'octobre
« 1874, a décidé que la ville de Toulouse serait divisée,
« pour les élections municipales, en quatorze sections
« électorales ; que cette division devait, aux termes de
« l'article précité de la loi du 14 avril 1871, servir pour
« toutes les élections à faire dans l'année ; qu'ainsi Jour-
« net n'est pas fondé à se plaindre qu'elle ait été appli-
« quée à celle du 23 novembre suivant ; *que, d'autre
« part, la confection des listes* n'a lieu que par une sim-
« ple opération matérielle de transcription de la liste
« électorale dressée antérieurement, en vertu de la loi

« du 7 juillet 1874, et que le requérant ne justifie ni même
« n'allègue que des additions ou des retranchements
« auraient été indûment opérés sur ces listes ; qu'ainsi
« il y a lieu de rejeter la protestation. »

C'étaient là des décisions d'espèces, mais par un dernier arrêt du 31 janvier 1879, rapporté par Dalloz, 79, 3, 84, le Conseil a tranché *en droit* la question de l'innapplicabilité de l'article 9 de la loi de 1867, et laissé toute latitude au Préfet pour la convocation des électeurs, et par là même aux maires, pour la formation de la liste de la section. Voici, en effet, les motifs de cet arrêt : « Considérant que si l'article 19 de la loi du 24 juillet 1867 exige un délai de dix jours entre la réunion des électeurs et l'arrêté par lequel, aux termes de l'article 7 de la loi du 5 mai 1855, le Préfet pouvait, à toute époque de l'année, diviser les communes en sections électorales, cette disposition n'est pas applicable à la mesure générale et annuelle prescrite par les lois de 1871 ; — considérant que la délibération du Conseil général régulièrement prise, a été publiée par un arrêté préfectoral du 29 décembre 1877, et immédiatement affichée ; — qu'il résulte de l'instruction que, dans ces circonstances, ils ont eu un délai suffisant (sept jours) pour le complet exercice de leurs droits électoraux ; que, dès lors, c'est avec raison que le Conseil de Préfecture a refusé d'annuler les élections auxquelles il a été procédé le 6 janvier 1878 dans la ville de Toulouse, pour le renouvellement du Conseil municipal ; — Rejette. »

Il nous paraît regrettable que le Conseil d'Etat n'ait pas au moins maintenu l'obligation pour l'administration de laisser un délai de dix jours entre l'arrêté qui ordonne les élections par section et ces élections ; mais nous n'hésitons pas à reconnaître, qu'en ce cas, les formalités prescrites par les décrets de 1853 et la loi de 1874, ne sont pas nécessaires pour la formation des listes des sections.

111. — A côté des décisions du Conseil d'Etat qui, il faut bien le reconnaître, manquent de motifs juridiques de quelque valeur et consacrent en fait l'arbitraire à peu près absolu de l'administration, on peut, du moins, invoquer le principe de la permanence des listes qui subsiste malgré le sectionnement de la commune, parce que suivant les termes d'un arrêt de la Chambre des requêtes du 23 mars 1875, au rapport de M. Dumont, « le sec- « tionnement ne saurait avoir pour effet de modifier la « liste électorale arrêtée définitivement avant la décision « du Conseil général ou d'altérer le corps électoral et de « modifier les droits des électeurs inscrits sur la liste générale. » (Voir Bulletin civil, 1875, n° 43.)

Il en doit donc résulter, non pas, assurément, que s'il est nécessaire de procéder à des élections, on ne devra pas dresser les listes des sections ; mais qu'en vertu des principes de la permanence des listes; aucune contestation ne sera admise, quelle que soit la forme prise pour la formation des listes spéciales sur le droit de l'électeur appelé, par son inscription, sur la liste générale, à figurer sur les listes des sections. Toutes les contestations et difficultés qui se produiront viendront en définitive, aboutir au Conseil de Préfecture, et, en appel, au Conseil d'Etat sous la forme d'une demande en nullité des élections. L'autorité judiciaire a accompli sa tâche quand elle a été appelée, lors de la révision annuelle de la liste générale de la commune, à statuer sur les contestations nées à l'occasion de cette révision, et avant que le Conseil général ait adopté le sectionnement.

Mais il est hors de doute, que, lorsqu'arrivera le moment de procéder, au mois de janvier, à la révision des listes électorales, les décrets de 1852 et la loi du 7 juillet 1874 reprendront leur empire pour la révision, et, s'il y a lieu, la formation des listes de chaque section.

112. — Il peut se faire, en effet, qu'au cours d'une année, et après la révision terminée le 31 mars, un grave

changement soit apporté à la circonscription d'une commune ; qu'une section, par exemple, en soit détachée pour former une nouvelle commune, ou pour être annexée à une commune limitrophe et déjà existante. Dans tous les cas de réunion ou de fractionnement de communes, les conseils municipaux sont dissous, aux termes de l'article 8 de la loi du 18 juillet 1837, et il est procédé immédiatement à des élections nouvelles. Comment, en ces cas, la formation des listes électorales de la commune diminuée, de la commune nouvelle ou de la commune agrandie, devra-t-elle s'opérer ?

Un arrêt du Conseil d'Etat du 30 janvier 1856, relatif aux élections de la commune d'Espalion, a jugé que, dans le cas de distraction et d'annexion d'une section à une autre commune, l'administration de la commune primitive doit, sans recourir aux formalités prescrites pour la formation des listes, se borner à rayer de ces listes les noms des électeurs de la section séparée. Il faut donc, par une conséquence nécessaire, que l'administration de la commune à laquelle la section est annexée, forme et joigne à sa liste, régulièrement close le 31 mars suivant, une liste complémentaire composée des noms extraits de la liste de la commune primitive comme étant ceux d'électeurs appartenant à la section. Pour la commune nouvelle, si elle est formée exclusivement de la section spéciale, la liste électorale sera dressée avec les noms des électeurs retranchés de la liste de la commune à laquelle la section a été enlevée.

Il nous paraît, qu'en ce cas, comme au cas de sectionnement d'une commune, les règles tracées par le Conseil d'Etat devront recevoir leur application. Les citoyens qui n'avaient point réclamé leur inscription, lors de la révision annuelle, sur la liste générale, ne pourront se plaindre de ne pouvoir figurer sur la liste de la section qui n'en était, en réalité, qu'une fraction.

113. — Nous allons nous occuper maintenant des cas

où il sera procédé régulièrement à la formation, en même temps qu'à la révision annuelle des listes spéciales à chaque section. Plusieurs questions peuvent se présenter.

114. — *Premièrement.* — L'électeur né dans la commune a toujours résidé dans une section, ou bien est revenu y habiter depuis plus de six mois; c'est dans cette section qu'il devra être inscrit d'office ou sur sa demande, suivant les cas. Le fait de la naissance dans la commune lui donne la qualité d'électeur municipal, la résidence, dans une des sections, localise l'exercice de ce droit.

Nous en dirons autant de celui qui a satisfait à la loi du recrutement dans une commune. C'est dans la section où il résidait au moment de son départ qu'il doit être inscrit. Si, à son retour, il a habité pendant plus de six mois une autre section, c'est dans celle-ci qu'il devra être porté sur la liste.

De même aussi pour l'électeur qui s'est marié dans une commune divisée en sections, il sera inscrit sur la liste de la section où il réside depuis plus d'un an.

Enfin, quant à celui qui réside depuis plus de deux ans (§ 4 de l'article 5) dans une section, il ne peut demander son inscription sur la liste d'une section autre que celle de sa résidence.

Nous supposons, dans tous les cas, que l'électeur n'avait encore été inscrit sur aucune liste des sections de la commune, et qu'il n'a pas eu d'autre résidence que celle de la section qu'il habite au moment de la formation ou de la révision de la liste. C'est d'après les règles que nous venons d'indiquer, qu'il devra former sa demande.

115. — *Deuxièmement.* — Mais que faut-il décider pour celui qui, ayant résidé pendant six mois, un an ou deux ans, dans une section sans s'être fait inscrire sur la liste de cette section, va établir sa résidence dans une autre section où, au moment de la révision des listes, il n'a point encore habité pendant le temps fixé par la loi pour l'inscription, à un titre quelconque, autre que celui de contribuable, sur la liste électorale ; peut-il demander cependant son inscription sur la liste de la section de sa nouvelle résidence ?

L'affirmative paraît certaine ; c'est aussi l'avis de M. Hérold, qui cite, page 109, un arrêt de la chambre des requêtes du 3 avril 1866 (affaire Sourd, rapportée au recueil de Dalloz, 1866, 5, 156). La résidence dans une commune engendre le droit électoral municipal dans cette commune, il suffit que le citoyen ait résidé en un point quelconque de son territoire pour qu'il puisse relever ce fait à l'appui de sa demande, et joindre au temps de sa résidence actuelle, celui qu'il a passé dans une autre section. (Joignez arrêt en ce sens du 23 mars 1863, également rapporté par M. Hérold.)

115 *bis*. — Mais il devra demander sa radiation de la liste de la section sur laquelle il figure. Cette demande pourra être faite par le même écrit (lettre, pétition, mémoire, etc.) que la demande d'inscription dans l'autre section. (Cassation, 6 avril 1881, affaire Jullien et Roux. M. Onofrio, rapporteur, que nous rapportons plus loin.

La demande d'inscription devrait-elle être considérée comme contenant implicitement la demande de radiation, bien que celle-ci n'y fut pas exprimée ? Lorsque la double opération de l'inscription et de la radiation doit être faite par le Maire de la même commune, il semble bien rigoureux d'exiger une déclaration double et expresse. Toutefois, comme la Commission administrative et municipale n'est pas la même pour les deux sections, et qu'à ce point de vue les sections sont assimilées à des sections distinctes, il est peut-être plus juridique et dans tous les cas plus prudent d'adresser une demande d'inscription à l'une, et une autre de radiation à la seconde ; on évitera ainsi tout prétexte à la négligence et à la mauvaise foi. L'arrêt du 6 avril 1881 qui tranche nettement la première question, nous paraît résoudre implicitement la seconde. Voici comment il est motivé :

« La Cour ; — Statuant sur le pourvoi formé par Emile Jullian et Adolphe Roux contre le jugement rendu le 24 février dernier par M. le juge de paix d'Uzès, qui a maintenu sur les listes de la première section de Sanilhac l'inscription des sieurs Guet et autres : — Sur le premier moyen, tiré de ce que les huit électeurs susnommés n'avaient point, préalablement à leur inscription sur les listes de la première section de Sanilhac, fait opérer la radiation de celle qu'ils avaient sur les listes de la section dite de *Sagriès ;* — Attendu que s'il est vrai qu'un électeur ne peut demander son inscription dans cette section de commune en conservant celle qu'il a déjà dans une autre section de la même commune, la loi n'exige pas cependant que, pour obtenir l'inscription qu'il demande, il prouve que sa radiation dans la section où il était inscrit ait été préalablement opérée ; — Qu'il lui suffit d'établir qu'il a, dans les délais légaux, demandé cette radiation ; — Attendu que, lorsqu'il s'agit d'inscription et de radiation dans les élections d'une même commune, l'une et l'autre demandes peuvent être adressées au maire qui représente l'autorité municipale dans les deux sections ; — Et attendu, en fait, que les pièces produites par les huit électeurs susnommés et visées par la décision attaquée, contiennent de la part desdits électeurs demande expresse au maire de Sanilhac de leur inscription sur les listes de la première section de la commune et de la radiation sur celles de la section dite de *Sagriès ;* — Qu'en maintenant, dans ces circonstances, l'inscription ordonnée par la commission municipale, le juge de paix d'Uzès n'a point violé les dispositions de la loi invoquées, mais en a, au contraire, fait une saine application ;

« Sur le moyen, tiré de ce que les demandes desdits électeurs à fin d'inscription sur les listes de la première section de Sanilhac ne seraient point des demandes personnelles ; — Attendu que la demande que doit faire un électeur pour obtenir son inscription dans les cas spécifiés par l'article 5 de la loi du 7 juillet 1874 n'est soumise à aucune forme spéciale ; — Qu'il suffit que l'existence d'une demande par lui soit établie ; — Attendu qu'il est constaté par le jugement attaqué que tous les susnommés ont justifié, par la production d'un récépissé du maire, ou par des lettres adressées à ce magistrat, ou par le registre de la mairie contenant les réclamations, qu'ils avaient fait une demande en inscription sur la liste de la première section ; — Attendu qu'il appartenait au juge de paix de faire souverainement cette constatation de fait, rejette »

116. *Troisièmement.* — Mais si un électeur ayant négligé de demander son inscription sur la liste de sa résidence *actuelle*, ne s'y trouve pas inscrit, pourra-t-il réclamer son maintien sur la liste électorale de la première section où il est inscrit, et exercer son droit électoral dans cette section ? M. Hérold indique comme ayant jugé négativement cette question, l'arrêt que nous venons de citer du 23 mars 1863. Cet arrêt ne nous semble pas avoir cette portée. Il ne juge, suivant nous, qu'une question de compétence. Il décide seulement que le juge de paix d'un arrondissement de Paris, le dixième, n'a pas compétence pour ordonner que l'électeur qui a résidé dans le premier arrondissement, sera maintenu sur la liste municipale de ce premier arrondissement. Il n'est, en effet, institué que pour statuer sur les appels formés, contre les décisions de la Commission du dixième arrondissement.

Au fond, nous croyons qu'il faut faire une distinction

dans l'hypothèse que nous examinons, entre le droit électoral politique et le droit électoral municipal.

Il est de principe, en effet, que l'électeur inscrit dans une commune qu'il a quittée, et qui n'a pas encore une résidence légale et suffisante dans une autre, peut, pour ne point être privé de son droit électoral en *matière politique*, profiter de son inscription sur la liste de la commune où il a précédemment résidé, et voter dans cette commune. (Arrêt du 22 mai 1878, affaire Veizas à mon rapport cité ci-dessus n° 103, 24 mars et 30 avril 1877, Dalloz, 18771, 386; 29 mai 1878, M. Baudouin, rapporteur.)

117. — Il semble que ces mêmes règles doivent s'appliquer à l'électeur d'une section qui passe dans une autre, et qu'on peut, quant à lui, considérer chaque section comme une commune séparée. On pourrait objecter, d'après les décisions ci-dessus rapportées, que l'électeur ne se trouvait pas dans l'impossibilité de se faire inscrire sur la liste de la section dans laquelle il était venu résider, puisqu'il pouvait ajouter le temps de résidence dans la première à celui de sa résidence dans la seconde, et que, s'il ne l'a pas fait, c'est à sa négligence seule qu'il doit imputer la privation qu'il subira pendant un an de son droit électoral. Cependant cette opinion serait, suivant nous, trop rigoureuse, alors surtout que l'élection d'un député ou d'un conseiller général ne touche pas directement aux intérêts locaux de la commune et moins encore de la section de commune.

118. — Mais il en est tout autrement de l'électorat municipal, celui-là seul peut l'exercer (sauf le cas du n° 2 de l'article) qui réside effectivement dans la commune, et par conséquent, dans la section de commune, dont le fractionnement montre, à lui seul, que les intérêts sont différents de ceux de l'autre section; dès lors, celui qui

ne réside plus dans une section où il est inscrit, ne peut exciper de cette inscription, il devait veiller à la conservation de son droit, et, raison décisive assurément, cela lui était facile, puisqu'on ne pouvait pas lui refuser l'inscription sur la liste de la section où il résidait actuellement. (Voir arrêt du 7 mai 1877, au rapport de M. Réquier; affaire Dumas, et 28 mai 1877 ; Bulletin civil, n° 82.)

119. *Quatrièmement.* — Une quatrième hypothèse doit encore appeler notre attention. Nous avons vu que le citoyen qui ne réside pas dans une commune, peut cependant demander son inscription sur la liste électorale municipale de la commune dans laquelle il est inscrit depuis un an au rôle des quatre contributions directes ou au rôle des prestations. Ce citoyen, lorsqu'il ne réside pas dans une des sections de la commune, peut-il demander à être inscrit comme contribuable dans celle des sections qu'il lui plaît de choisir, ou seulement dans celle de la situation de son immeuble.

Un arrêt du 26 mai 1879, rendu au rapport de M. Massé (Bulletin civil, p. 205 et Dalloz, 1879, 1, 403), a jugé « que cet électeur, qui ne peut être électeur dans la commune qu'à raison des contributions qu'il y paie pour l'immeuble dont il est propriétaire, doit être inscrit dans la section de cette commune où se trouve cet immeuble, parce que c'est là qu'est l'intérêt sur lequel se fonde son droit électoral. »

Cette affaire présente même cette circonstance particulière que l'arrêté de sectionnement avait déclaré que les électeurs non résidant dans la commune, seraient tous inscrits sur la liste d'une section déterminée, sans égard à la situation des immeubles qu'ils y possédaient. « Les arrêtés de sectionnement qui n'ont, dit l'arrêt, d'autre objet qne de déterminer les localités comprises dans les diverses sections qu'il convient d'établir dans une commune, ne peuvent ni porter atteinte aux droits des électeurs tels qu'ils résultent de la loi, ni en modifier l'exercice. (Voir aussi un arrêt identique du 21 mai 1879, M. Pont, rapporteur ; Dalloz, 1879, 1,402.)

Mais si l'électeur propriétaire d'immeubles situés dans une section, résidait dans une autre section de la même commune, pourrait-il demander son inscription sur la liste de la section où se trouvent les immeubles à raison desquels il serait inscrit au rôle des contributions ? Un arrêt de la Chambre civile lui reconnaît ce droit, mais à la condition qu'il formera sa demande dans les délais légaux et en justifiant d'une inscription personnelle et de plus d'une année sur les rôles des contributions directes. (Arrêt du 26 mai 1879, au rapport de M. Goujet, Dalloz, 79, 1, 402.)

Un récent arrêt, rendu au rapport de M. Rohault de Fleury, le 13 avril 1881. (Dalloz, 81, 1, l'a ainsi expressément jugé en ces termes :

La Cour : — « Statuant sur le pourvoi des sieurs Carbonel et autres en cassation d'un jugement du juge de paix de Gordes (Vaucluse) du 26 février 1881 : Vu l'article 5 § 2, de la loi du 7 juillet 1874 : — Attendu qu'il résulte de cette disposition que le citoyen qui a sa résidence dans une commune et qui est inscrit sur les rôles d'une des quatre contributions d'une autre commune peut être inscrit sur les listes électorales de cette dernière commune, à la double condition d'en faire personnellement la demande et de justifier qu'il figure nominativement sur les rôles ; — Qu'il n'en saurait être autrement en cas de sectionnement d'une commune, et que, par la même raison, l'électeur qui a sa résidence dans une section, peut demander à être porté sur la liste électorale d'une autre section où il possède des propriétés pour lesquelles il est sur le rôle depuis plus d'un an ; — Attendu qu'en l'espèce il n'est pas contesté que les quinze électeurs demandeurs en cassation, habitant la section nord de Roussillon, ont des immeubles dans la section sud de cette commune, pour lesquels ils sont depuis plus d'un an, inscrits au rôle des contributions foncières, et qu'ils ont fait régulièrement leur demande d'inscription dans cette section ; — Que néanmoins le juge d'appel, sans contester leur inscription sur les rôles pour les propriétés situées dans la section sud et leur demande en inscription sur les listes électorales de cette section, les a déclarés mal fondés dans leur réclamation, par ce seul motif qu'ils résidaient dans la section nord, où ils avaient leur principal établissement ; — En quoi il a manifestement violé l'article de loi susvisé ; — Par ces motifs, casse.

119 *bis*. — Si l'électeur qui *réside* dans une section, possède des immeubles dans une autre, il restera inscrit dans la première, tant qu'il n'aura pas régulièrement demandé à l'être dans la seconde. (28 avril 1879, Sirey, 80, 1, 39).

III° SECTION.

Demandes d'inscription ou de radiation formées par des tiers.

§ 1er. — QUELS TIERS PEUVENT FORMER CES DEMANDES.

120. — Il ne s'agit point dans cette section des demandes formées au nom de l'électeur et en vertu de procurations ou de mandats, ces demandes se confondent avec celles que les électeurs font personnellement et directement, mais de ces réclamations que la loi a donné, à une classe déterminée de citoyens, le droit d'élever contre les listes électorales.

La cour de cassation s'est, dans ces derniers temps

surtout, appliquée à bien préciser les caractères et l'étendue de l'action attribuée aux tiers.

Elle en a fait une sorte d'action *populaire* et *publique*, c'est même le nom qu'elle lui a donnée, et elle n'a pas hésité à la distinguer sous cette dénomination de l'action individuelle qui appartient à l'électeur lui-même.

Nous verrons, dans plusieurs parties de cet ouvrage, de quelle importance est la saine appréciation du droit écrit dans les lois électorales au profit des tiers. Grâce à la définition exacte des limites de ce droit, il est devenu facile d'en mesurer le domaine, au point de vue de l'exercice de l'action populaire, de l'autorité qui s'attache à la chose jugée par les décisions où les tiers ont été parties, et des voies de recours soit devant le juge de paix, soit devant la cour de cassation. Nous signalerons avec soin toutes les décisions qui, en cette matière, mettent en lumière les principes dont il importe de ne point s'écarter.

Voyons d'abord quels sont les citoyens que la loi investit de cette faculté qui a tous les caractères d'une mission publique.

L'article 19 du décret organique de 1852, après avoir donné à tout citoyen omis sur la liste, la faculté de présenter sa réclamation dans les délais réglementaires, ajoute ce qui suit : « Tout électeur inscrit sur l'une des « listes de la circonscription électorale, pourra récla- « mer la radiation ou l'inscription d'un individu omis « ou indûment inscrit. »

Pour la radiation on comprend très-bien la raison de la loi. A quoi bon établir un contrôle des listes par les tiers, si ce contrôle ne devait pas se traduire par une action en radiation des électeurs qui n'y figurent que par suite d'une erreur, ou d'une négligence, ou même d'une complaisance coupable ? Chaque citoyen doit avoir le droit d'empêcher que le suffrage universel ne soit faussé par l'intrusion d'individus incapables ou indignes d'exercer les droits de citoyens.

On comprend moins cette intervention quand il s'agit de l'*inscription*. C'est apparemment au citoyen qu'il appartient de décider s'il doit, ou non, user de ses droits politiques et demander son inscription sur la liste électorale. A quel titre un tiers vient-il réclamer une inscription que l'électeur, par des motifs qui lui sont personnels, ne veut point requérir ? Deux raisons ont pu motiver cette disposition de la loi. D'abord, le désir d'établir en ce point une égalité apparente au moins entre les mesures restrictives du droit électoral et celles qui tendent, au contraire, à en développer l'application. Et puis, peut-être, une pensée toute d'actualité politique, celle de procurer à ceux que la crainte, la timidité et souvent l'indifférence empêchent de réclamer contre le silence des listes électorales, des agents entreprenants et plus hardis, intéressés aussi, dans bien des circonstances, et qui prennent sur eux les charges et les soins que les demandes d'inscription exigent.

121. — Mais la loi n'a pas donné cette faculté d'ingérence à tous les citoyens, elle ne reconnaît le droit de réclamer la radiation ou l'inscription d'un individu omis ou indûment inscrit qu'à l'électeur inscrit *sur l'une des listes de la circonscription électorale ;* elle reconnaît le même droit aux Préfets et aux Sous-Préfets. L'article 5 de la loi du 7 juillet 1874 reproduit, sur ce point, les dispositions du décret de 1852. (Voir arrêt Chambre civile, 21 avril 1879; Dalloz, 79, 1, 404.)

Il est nécessaire que l'électeur, réclamant ou contestant, soit en pleine possession de son droit électoral c'est-à-dire soit inscrit sur une liste électorale de la circonscription. Il ne suffirait pas qu'il fût seulement en instance pour obtenir lui-même son inscription sur la liste de sa résidence. (Arrêt du 9 mai 1877, M. Goujet, rapporteur.)

122. — Que faut-il entendre par ces mots : *listes de la*

circonscription? S'il s'agit d'une inscription sur la liste politique seulement, tout électeur inscrit sur une liste de l'arrondissement pour lequel un député est nommé a, incontestablement, le droit reconnu par l'article 19 du décret de 1852 ; mais, s'il s'agit d'une inscription sur la liste municipale, ce droit n'appartient-il qu'à l'électeur inscrit sur la liste municipale de la commune ? Non : Il appartient même à l'électeur inscrit sur la liste d'une autre commune, ainsi qu'il a été jugé par un arrêt de la chambre civile du 22 mars 1876. Dall., 76, I, 204 et Sirey 76, I, 222,) dont il nous paraît utile de reproduire le texte :

« La Cour ; — Attendu que tous les électeurs appelés à concourir à une même élection, ayant le même intérêt, ont en conséquence le même droit à contrôler les listes qui doivent y servir ; — Attendu que la loi du 30 novembre 1875, en déclarant que les élections des députés se feraient sur les listes municipales n'a pas contredit cette règle consacrée par les lois électorales qui l'ont précédée. Que si l'article 5 § 4 de la loi du 7 juillet 1874, rédigée uniquement en vue des élections communales n'admet à réclamer contre la liste municipale que les électeurs qui y sont inscrits, il doit, par suite de l'application de cette liste aux élections des députés, se combiner avec les principes essentiels qui les ont toujours régies, quant à la capacité des réclamants, et évidemment avec l'article 19 du décret du 2 février 1852, décret spécialement maintenu par la loi du 30 novembre 1875 dans les dispositions auxquelles elle n'a pas dérogé ; — Attendu que cet article attribue à tout électeur inscrit sur une des listes de la circonscription électorale le droit de demander la radiation des électeurs indûment inscrits ; — Attendu que le demandeur, François Maigne, est inscrit sur une des listes de l'arrondissement de Brioude, dans lequel se trouve la commune d'Aubrac. D'où il suit qu'en le déclarant sans qualité pour réclamer la radiation d'un électeur de cette commune le jugement attaqué a fait une fausse application de l'article 5 § 4 de la loi du 7 juillet 1874 et formellement violé l'article 19 du décret du 2 février 1852, Casse.

On comprend toute l'importance du principe écrit dans cet arrêt, si le scrutin de liste venait à être substitué au scrutin d'arrondissement. Tous les électeurs d'un même département devraient être admis à contrôler les listes électorales de toutes les communes du département, et à poursuivre l'inscription ou la radiation des électeurs inscrits sur ces listes ou qui y sont omis. Certes, l'action populaire serait alors élevée à sa plus haute puissance !

§ 2. — DANS QUELS CAS ET EN QUELLE FORME LA DEMANDE DU TIERS ÉLECTEUR PEUT-ELLE ÊTRE FORMÉE ?

123. — A quel moment les tiers électeurs peuvent-ils intervenir pour demander, soit l'inscription, soit la radiation des électeurs ?

Ils peuvent faire leur réclamation même à la commission chargée de préparer les listes, c'est ce que suppose l'article 4 de la loi du 7 juillet 1874, puisqu'il veut que l'électeur dont l'inscription a été contestée devant cette Commission soit, comme celui dont la radiation a lieu d'office, averti sans frais par le maire et puisse présen-senter ses observations.

Ils peuvent aussi, et c'est en général, ce qui a lieu, attendre la publication des listes; un délai de vingt jours leur est accordé par le 2ᵉ § de l'article 3 de la loi du 7 juillet 1874.

Le Préfet et le Sous-Préfet ont le même droit; l'exercice de ce droit leur est d'autent plus facile qu'une copie du tableau et du procès-verbal constatant l'accomplissement des formalités prescrites, doit être transmise, le jour même du dépôt à la mairie, au Sous-Préfet qui l'adresse, dans les deux jours, avec ses observations, au Préfet du département. (Art. 5 du décret règlementaire.)

Le Préfet a même le droit, s'il estime que les formalités et les délais n'ont pas été observés, de déférer, dans les deux jours, les opérations de la Commission administrative au Conseil de préfecture qui statue dans les trois jours ; et comme, s'il y a annulation, toutes ces formalités doivent être recommencées, c'est le Conseil de préfecture qui fixera le délai dans lequel les opérations annulées devront être refaites. Il en résultera quelques retards, puisque les listes devront être de nouveau publiées et que le délai de vingt jours pour les réclamations d'inscription ou de radiation ne partira que de la nouvelle publication.

123 *bis*. — Les tiers ont le droit de demander l'inscription dans tous les cas où elle peut avoir lieu d'office (Arrêt, Chambre civile, 3 mars 1880, affaire Brougnon) et par conséquent quand il s'agit de la liste électorale politique. (Ch. civ., 19 avril 1880, M. Goujet, rapporteur, affaire Albert; Dalloz, 80, 1, 157.)

Quant à *la radiation*, elle peut être réclamée, quelle que soit la condition dans laquelle l'inscription a eu lieu, soit sur la liste politique, soit sur la liste municipale.

S'il s'agissait de faire inscrire un électeur sur une liste municipale, dans un des cas où une demande personnelle est nécessaire, par exemple dans le cas du § 2 de l'article 5 de la loi de 1874, ou dans celui du § 4 du même article, le tiers électeur ne pourrait invoquer le droit, résultant de l'article 19 du décret du 2 février 1852, et de l'article 5 § 7 de la loi du 7 juillet 1874. (Cassation, 11 avril 1881 au rapport de M. Dareste, affaire Gignoux. Dalloz, 81, 1.) Il devrait rapporter, devant la Commission municipale, la preuve du mandat qu'il aurait reçu de l'électeur dont il demande l'inscription. La Commission, ou le juge de paix après elle, sont juges de la preuve alléguée de l'existence du mandat qu'ils doivent prendre soin de mentionner dans leur décision (*sic*). (Chambre civ., 24 avril 1877, affaire Magnan, 29 avril 1879, affaire Astoul, 1er mai 1877, Dalloz, 21 avril 1875, Sirey, 1875, 1, 471 ; 19 avril 1880, au rapport de M. Beaudoin.) — Mais si l'électeur avait formé sa demande lui-même, et qu'elle eût été rejetée, un tiers pourrait, alors même que l'électeur n'appellerait pas de la décision de la Commission, interjeter appel et faire réformer cette décision. (7 décembre 1880, affaire Mattei, M. Blondel, rapporteur.)

Mais le tiers peut demander le rétablissement ou la réinscription sur la liste électorale d'un électeur dont le nom a été, lors de la révision annuelle, rayé de la liste sur laquelle il avait été inscrit l'année précédente, sans qu'on puisse lui imposer le défaut de production d'un mandat spécial de l'électeur rayé. (Chambre des requêtes, 25 mars, et 21 avril 1871, Ch. civ., 18 août 1877.)

124. — Dans les cas où un mandat n'est pas nécessaire et où l'inscription est demandée d'office par un tiers, l'électeur dont on sollicite l'inscription sur une liste électorale, alors qu'il est déjà inscrit sur une autre, peut s'opposer à la réclamation du tiers électeur, en déclarant qu'il entend continuer à exercer ses droits électoraux dans la commune où il est inscrit. Le tiers électeur devrait, en cette circonstance, poursuivre la radiation du nom de l'électeur dans cette première commune, avant de réclamer son inscription sur la liste de la seconde. En ce cas, il nous semble qu'il ne suffirait pas que ce tiers électeur justifiât qu'il a demandé la radiation il faudrait qu'il prouvât qu'il l'a obtenue. Le débat serait, dans cette hypothèse, nécessairement contradictoire entre le tiers électeur réclamant, et l'électeur intéressé.

§ 3. — EFFETS DES DEMANDES FORMÉES PAR LES TIERS.
CHOSE JUGÉE.

125. — La demande du tiers électeur, lorsqu'elle n'a pas été contestée, produit tous les effets d'une inscription ordonnée d'office ou demandée par l'électeur lui-même. La radiation prononcée régulièrement sur la réclamation d'un tiers, contradictoirement avec l'électeur, est définitive, non-seulement au regard de celui-ci, mais au regard de tous autres tiers électeurs.

C'est ce qui résulte de la jurisprudence, qui reconnaît aux décisions rendues en matière électorale, l'autorité de la chose jugée. Elle reconnaît cette force même aux décisions des Commissions municipales. (Requêtes, 14 avril 1875; Bulletin civil n° 54, affaire Bourachon; Dalloz, 1876, I, 35; Sirey, 75, I, 277.)

De nombreux arrêts ont jugé que lorsqu'une inscription a eu lieu en vertu d'un jugement du juge de paix, l'inscription ne peut plus tomber que devant la production d'une cause nouvelle de radiation postérieure à cette décision. D'autres ont également décidé que si cette radiation avait été prononcée parce que l'électeur n'avait pas alors la capacité électorale, ou l'avait perdue, celui-ci ne pourrait plus obtenir son inscription qu'en prouvant qu'il l'a recouvrée ou ne l'avait point perdue, à l'aide de titres nouvellement retrouvés ou officiellement délivrés.

Nous citerons particulièrement les arrêts rendus le 14 avril 1875, (Dalloz, 1876, I, 231; Sirey, 76, I, 479, — 20 avril 1877; Dalloz., 77, I, 30, — 5 juin 1878; Dalloz, 1878, I, 246, — 29 mai 1878; Dalloz, 78, I, 324, et 30 avril 1877, au rapport de M. Aucher, Dalloz, 1877, 1, 203, — 27 juin 1877, affaire Graziani, Bulletin civil, n° 104; Dalloz, 1877, 5, 183; Sirey, 1, 428.)

I.   8

126. — Plusieurs de ces arrêts ont donné une bien grande extension au principe de l'autorité de la chose jugée qui s'applique aux décisions électorales, et il nous semble nécessaire de n'en point laisser exagérer la portée.

L'arrêt du 14 avril 1875, rendu par la Chambre des requêtes, au rapport de M. Barafort, s'exprime ainsi : « Attendu en droit qu'une Commission municipale cons- « titue, pour les matières électorales, une véritable juri- « diction du premier degré, puisqu'aux termes du décret « de 1852 (articles 20, 21 et 22), elle juge, sans appel, les « réclamations de cette nature qui lui sont soumises ; « qu'en conséquence, ces décisions doivent acquérir « l'autorité de la chose jugée, si elles ne sont pas atta- « quées dans le délai de la loi ; attendu que vainement « on alléguerait que si, dans l'espèce, les deux condi- « tions d'identité de demande et de cause peuvent se « rencontrer, la troisième condition d'identité de partie « fait défaut, le Sous-Préfet de La Palisse n'ayant pas « figuré dans les décisions de 1870 et 1871 (qui avaient « jugé que l'électeur devait profiter d'une amnistie et « être inscrit sur les listes); qu'en effet, celui qui « demande une inscription ou une radiation électorale « n'agit point en vertu d'un droit privé, mais exerce, au « contraire, une action publique, dans un intérêt public, « et que la question jugée avec ce contradicteur légal « se trouve l'être à l'égard de tous ; — Casse. »

L'arrêt du 24 avril 1876 est aussi explicite. Il a été rendu par la Chambre civile au rapport de M. Guérin. « Attendu, y est-il dit, que par jugement du 22 février « 1875, le sieur Martelli a, sur la demande d'un sieur « Savelli, été rayé sur la liste électorale de la commune « de Corbara, comme frappé d'une incapacité résultant « d'une condamnation correctionnelle ; — que nonobs-

« tant cette décision, le sieur Santini a réclamé l'inscrip-
« tion de Martelli sur les listes de 1876 ; que cette récla-
« mation ayant été admise par la Commission municipale,
« un sieur Guidi s'est pourvu en appel devant le juge de
« paix du canton de l'Ile-Rousse, qui, se fondant sur le
« jugement de radiation rendu par lui l'année précédente,
« a maintenu sa première sentence, et décidé que le nom
« de Martelli ne serait pas porté sur la nouvelle liste ; —
« Attendu que deux des conditions prescrites par l'arti-
« cle 1351 existent incontestablement dans l'espèce, à
« savoir l'identité de demande et l'identité de cause ; que
« si, en ce qui concerne la troisième condition, il est
« certain que Santini n'a pas été partie au jugement de
« 1875, il y a lieu de reconnaître qu'il a été représenté
« par Martelli lui-même, qui, en défendant sa cause,
« non-seulement dans son intérêt personnel, mais
« encore dans un intérêt public, s'est trouvé ainsi le
« mandataire légal de tous les électeurs intéressés à
« son maintien sur la liste électorale ; — attendu que
« les listes sont permanentes et que l'on ne peut y ajou-
« ter que les noms des électeurs omis ; qu'on ne saurait
« considérer comme tel le nom de l'électeur dont le nom
« a été rayé en vertu d'une décision judiciaire, devenue
« définitive, d'où il suit qu'en écartant la demande de
« Santini tendant à l'inscription de Martelli par un
« moyen tiré de la chose jugée, le juge de paix, loin de
« violer l'article 1351, en a fait une juste application ; —
« Rejette. »

Enfin, dans l'arrêt du 27 juin 1877, au rapport de
M. Guérin, (affaire Graziani), nous lisons : « Attendu,
« en fait, qu'un jugement rendu en 1876 par le juge de
« paix du canton de Borgo, sur la demande de Graziani,
« a rejeté la demande en radiation formée par ce der-
« nier contre Venturi et Minchini ; que si Arigghi (nou-
« veau demandeur en radiation) n'était pas partie dans
« la cause, il a été représenté par Graziani, qui, agis-
« sant dans un intérêt public, s'est trouvé ainsi le man-

« dataire légal de tous les électeurs intéressés à la radia-
« tion qu'il réclamait ; — que la décision rendue dans
« les circonstances étant passée en force de chose jugée,
« l'inscription de Venturi et Minchini ne peut plus être
« contestée, dès lors qu'il est constaté par la sentence
« attaquée, qu'aucun changement n'est survenu dans
« leur situation électorale. »

127. — Il résulte donc de cette jurisprudence que l'action exercée par les tiers, soit à fin d'inscription, soit à
fin de radiation d'un électeur, est une action qui, dans
la mesure de son objet, est réputée exercée au nom de
tous les citoyens ; c'est une action qui profitera à tous,
si elle est accueillie, qui profitera à l'électeur contre
tous, si elle est repoussée. L'arrêt Santini contient même
cette théorie remarquable que l'électeur qui défend à
l'action du tiers, défend non-seulement sa cause personnelle, mais celle de tous les électeurs intéressés à son
inscription et qu'il peut opposer, à tous ceux qui attaquent cette inscription, le jugement rendu à son profit.
Il faut, en effet, pour éviter des difficultés à peu près
inextricables, confondre les deux actions quand elles
ont un même objet, et, pour éviter aussi des contrarié
tés toujours regrettables entre les décisions judiciaires,
admettre que ce qui a été jugé sur l'action du tiers électeur est opposable à tous ceux qui voudraient renouveler cette action.

127 *bis*. — Mais dans toutes les décisions que nous
venons de rapporter, une remarque importante doit
être faite ; on rencontrait dans l'espèce à l'occasion de
laquelle elles sont intervenues, deux parties en présence
le citoyen intéressé ou bien un tiers électeur soutenant
son droit et agissant pour lui, et un autre tiers électeur
qui combattait l'inscription, en un mot il existait un
litige contradictoire soumis à la justice. Mais si l'inscrip-

tion a été demandée à la Commission administrative par l'électeur ou le tiers seul et sans contradiction, l'inscrit pourra-t-il opposer à un autre électeur qui, l'année suivante, viendrait demander la radiation, pour le motif notamment qu'il a été frappé d'incapacité par une condamnation antérieure à l'inscription, l'autorité de la chose jugée résultant de la Commission municipale qui a ordonné son inscription, mais qui a été rendue sans qu'aucun tiers ait combattu l'inscription ?

Nous ne saurions l'admettre, le tiers qui demande la radiation n'a point été partie à cette décision ; aucun autre n'a, au moyen de l'action populaire, représenté l'intérêt public dont il se fait le champion ; comment pourait-on dire que la question a été jugée contradictoirement avec la généralité des citoyens. Un des éléments de la chose jugée manque donc à la décision invoquée, celle de l'identité des parties, et même s'il arrive que cette décision ait été rendue sans indication de la cause qui a motivé l'inscription, un second élément manque encore, celui de l'identité de cause entre les deux litiges, puisqu'on ne peut affirmer quelle a été celle de l'inscription qu'on prétend acquise par l'autorité de la chose jugée. C'est ce qu'a jugé la Chambre civile dans une espèce ou ces deux éléments de la chose jugée manquaient, par un arrêt du 18 mai 1881, affaire Gagneux, au rapport de M Merville.

« Attendu, dit cet arrêt, que la délibération en date du 8 février 1880, par laquelle la Commission municipale de Boynes a ordonné l'inscription du nom de Gagneux sur les listes électorales de cette commune, a été faite uniquement sur la demande de Gagneux, sans que celui-ci ait eu aucune contradiction ; qu'elle n'a été appuyée d'aucun motif et que par conséquent, elle ne contient pas les éléments constitutifs de la chose jugée sur la question qui fait l'objet de l'instance actuelle, que dans ces circonstances, la sentence rendue par le juge de

8.

paix de Pithiviers, le 9 février 1877, laquelle excluait Gagneux des listes électorales de Boynes, en se fondant sur son incapacité, et en la faisant résulter des condamnations prononcées contre lui, a conservé intacte l'autorité de la chose jugée, et qu'en la décidant ainsi le jugement attaqué n'a violé aucune loi ; — Rejette. »

128. — Nous verrons aux chapitres de l'appel devant les juges de paix et du recours en cassation des conséquences remarquables et tout-à-fait juridiques de la jurisprudence relative à la chose jugée.

129. — Nous nous bornerons, dans ce chapitre, à quelques remarques qui nous paraissent nécessaires pour la saine application de la doctrine consacrée par la Cour de cassation.

L'inscription d'un électeur, comme sa radiation, reposent sur des circonstances de fait qui engendrent ou détruisent le droit électoral du citoyen. Lors donc que le jugement qui ordonne une inscription s'appuie sur l'un des faits déterminés par l'article 5 de la loi du 7 juillet 1874, la résidence, le mariage dans la commune, la qualité de fonctionnaire, l'inscription sur les rôles des contributions, la décision conserve l'autorité de la chose jugée, tant que le fait générateur du droit subsiste, et comme les listes, malgré leur caractère de permanence, sont révisables chaque année, il est certain que si, au moment de la révision, le fait n'existe plus, le droit périssant avec lui, tout électeur a la faculté, nonobstant le jugement qui aurait précédemment ordonné l'inscription, de poursuivre la radiation en prouvant que l'inscription n'a plus de raison légale de subsister. De sorte, qu'en réalité, on peut dire que l'autorité de la chose jugée est subordonnée aux événements futurs qui pourront modifier le droit reconnu par la justice, et qu'en réalité encore, la révision des listes étant obligatoire, chaque année, l'autorité de la chose jugée est, en principe, exposée chaque année à être détruite si le fait sur lequel la sentence est érigée a disparu. Cette dérogation aux principes de la chose jugée est parfaitement juridique, puisque, après tout, la demande nouvelle à fin d'inscription ou celle de radiation, a une cause différente de celle de la première action.

De même, quand une demande en radiation a été admise, il peut se faire qu'elle l'ait été à raison d'un fait d'incapacité électorale temporaire ou perpétuelle, ou à raison de l'inaccomplissement des conditions d'électorat exigées par la loi. Que le fait d'incapacité judiciaire vienne à disparaître par l'expiration du temps fixé par la loi, s'il ne s'agit pas d'une incapacité absolue, ou par une amnistie, ou par une réhabilitation, la chose jugée perd son autorité du jour où le bénéfice de l'amnistie ou de la fin de l'incapacité temporaire est acquis au condamné. — De même, si l'électeur prouve que sa résidence, insuffisante en 1877, est devenue suffisante en 1878, que son inscription sur les rôles, qui n'était point justifiée pour le temps légal, date aujourd'hui de plus d'un an, l'autorité de la chose jugée disparaîtra, et le droit à l'inscription reprendra toute sa valeur.

L'autorité de la chose jugée est donc, en cette matière, toute relative, et subordonnée aux faits qui peuvent constituer à nouveau le droit électoral ou faire renaître celui qui avait été perdu. A cet égard, l'action populaire ou publique, comme l'action individuelle en inscription ou en radiation, donne sans doute lieu à des décisions susceptibles d'acquérir l'autorité de la chose jugée; mais l'effet de cette présomption légale tombera, comme il est dit en l'arrêt du 27 juin 1877, quand des changements juridiques seront survenus dans la situation électorale du citoyen inscrit ou radié.

Nous croyons, en conséquence, que le tiers électeurs qui n'a point justifié sa demande de radiation fondée sur un fait dont il n'avait point la preuve et qui se bornait à une simple allégation, par exemple, celle d'une condamnation _criminelle, et qui a vu rejeter cette demande, peut, nonobstant le jugement qui a ordonné ou maintenu l'inscription, former une nouvelle demande lors de la révision de l'année suivante et produire l'extrait du jugement de condamnation dont il est parvenu à connaître la date et la juridiction qui l'a rendu.

Mais tant qu'un fait nouveau, base légale d'une action en inscription ou en radiation, n'est pas établi, le juge doit statuer par une décision qui repousse la demande, en vertu du principe de l'autorité de la chose jugée. Il ne pourrait renvoyer les parties à l'exécution de la première sentence. (Chambre civile, 21 mai 1878, affaire Bory, à notre rapport.)

129 bis. — L'autorité de la chose jugée, résultant d'une première décision tombe elle-même devant un fait accompli entre la première décision et la nouvelle demande. Un électeur a, par exemple, été inscrit en vertu d'un jugement en 1877 ; en 1878, il laisse opérer sa radiation sans aucune réclamation ; il est évident qu'il ne pourra solliciter son inscription en 1879 en s'appuyant sur l'autorité de la chose jugée par la sentence de 1877. (Chambre civile, 8 juin 1880, affaire Acquaviva, M. Rohault de Fleury, rapporteur.)

C'est par application du même principe que la Cour de cassation a, dans une affaire intéressante, rejeté le pourvoi formé contre un jugement du juge de paix de Corté.

Un jugement de ce juge de paix, rendu en 1877, avait refusé l'inscription sur les listes électorales de cette commune au sieur Legga, par le motif qu'il avait perdu la qualité de Français en servant sans autorisation dans l'armée italienne, services à la suite desquels il avait obtenu une pension comme officier retraité.

En 1878, la Commission municipale ordonna l'inscription de Legga sur la liste, la décision fut déférée au juge de paix, qui, attendu qu'il y avait lieu de faire résourdre cette question préjudicielle de nationalité, et sans se préoccuper de l'autorité de la chose jugée que pouvait avoir le jugement de 1877, déclara surseoir à statuer jusqu'à ce que le tribunal compétent eût prononcé sur la qualité de Français ou d'étranger du sieur Legga. Aucune suite ne fut donnée à ce jugement.

En 1879, nouvelle demande d'inscription de cet électeur; la Commission y fait droit; sur l'appel formé par un tiers électeur, l'autorité de la chose jugée, résultant du jugement de 1877, fut opposée, mais le juge de paix, prenant texte de sa décision de 1878, déclara que la question de nationalité n'étant pas tranchée, il ne pouvait que prononcer le sursis et mettre les intéressés en demeure de saisir le tribunal compétent.

Les choses se passent de la même façon en 1880, Legga obtient l'inscription de la Commission, et le sieur Matteï, tiers électeur appelant de la décision, soutient qu'il y a lieu d'ordonner la radiation de Legga, en invoquant la chose jugée en 1877. Le juge de paix persiste dans sa manière de voir et prononce encore une fois le sursis.

Pourvoi en cassation par Matteï, pour violation du principe de l'autorité de la chose jugée. Ce pourvoi a été rejeté, et il devait l'être; le jugement de 1877 avait, sans doute, pu acquérir l'autorité de la chose jugée, mais l'exception qu'on en pouvait tirer contre une demande nouvelle n'est pas d'ordre public; or, on ne l'avait point provoquée en 1878, et le juge de paix n'a pas été tenu de la suppléer d'office; il avait trouvé la question de nationalité sérieuse et avait ordonné le sursis, ce jugement n'avait point été attaqué, et, dès lors, l'autorité du jugement de 1877 avait disparu en présence d'un jugement qui acquérait lui-même l'autorité de la chose jugée, aucun pourvoi n'ayant été formé contre sa décision. Il était donc permis au juge de paix, placé par trois fois

en présence d'une question d'état préjudicielle, de surseoir, en en renvoyant la décision au tribunal compétent. C'est ce qu'a jugé la cour de cassation par l'arrêt
du 27 juillet 1780, ainsi conçu :

« Attendu qu'il résulte du jugement attaqué que la
demande en radiation formée contre Legga est fondée
sur ce qu'il serait déchu` de ses droits de citoyen français
pour avoir servi dans l'armée italienne sans autorisation du gouvernement français; — que ce réclamant
prétend que l'autorisation de servir à l'étranger résulte
implicitement de cette circonstance que son engagement
dans l'armée italienne, en 1859, a été reçu par un comité
de recrutement italien, fonctionnant à Paris avec la
permission du gouvernement français; — attendu que,
considérée en elle-même, et eu égard aux décisions
contradictoires dont elle a été l'objet, cette contestation
sur une question de nationalité ne peut être résolue que
par les tribunaux ordinaires; — d'où il résulte qu'en
déclarant, dans ces circonstances, surseoir à statuer,
et en renvoyant les parties à se prononcer préjudicielle-
ment devant les tribunaux compétents, la sentence attaquée n'a fait que se conformer aux prescriptions de
l'article 22 du décret du 2 février 1852; — Rejette. »

Par ce même arrêt, la Cour de cassation a également
rejeté le pourvoi du sieur Matteï, qui demandait la radiation d'un sieur Onetto, également par le motif qu'il
n'était pas Français. L'arrêt a considéré que la contestation était sérieuse et que le juge de paix avait à bon
droit ordonné le sursis.

130. — Mais un juge de paix, saisi de l'appel d'une
décision portant qu'un électeur sera inscrit sur la liste,
décision attaquée par le double motif que cet électeur
n'a pas une résidence de deux ans, et est étranger, ne

peut, en laissant sans réponse ce second moyen de l'appel, maintenir l'inscription, en déclarant que la résidence de deux années est établie. Il fallait, s'il reconnaissait que l'électeur était non pas étranger, mais français, qu'il se prononçât expressément sur ce point ; on ne saurait admettre en un tel litige une solution implicite. (Affaire Pietri, du 26 juillet 1880, au rapport de M. Massé.)

Nous renvoyons pour tout ce qui reste à dire sur l'autorité de la chose jugée, aux chapitres concernant l'appel et le pourvoi en cassation. Voir n°˟ 141 à 187.

IV᷎ SECTION.

Fusion des deux listes. — En quels cas elle a lieu.

131. — Nous venons d'étudier séparément la composition des deux listes électorales, et d'indiquer les conditions spéciales à l'inscription sur chacune d'elles. Nous devons nous demander maintenant si ces deux listes restent dans la pratique aussi absolument distinctes que cette étude pourrait le faire croire, et particulièrement si la liste électorale municipale doit toujours demeurer étrangère aux élections politiques. Nous pouvons, dès à présent, dire qu'il n'en est rien.

D'abord, sous l'empire du décret de 1852 et de la loi du 7 juillet 1874, il est bien évident que tous les citoyens inscrits sur la liste électorale municipale, en vertu des § 1, 3 et 4 de l'article 5 de cette même loi, étaient aussi bien électeurs politiques qu'électeurs municipaux, puisqu'ils devaient, pour être inscrits sur la liste municipale, avoir dans la commune une résidence ininterrompue depuis leur naissance, ou reprise depuis plus de six mois, ou continuée pendant un an au moins, avant ou après leur mariage, ou ayant une durée de deux années.

Quant aux Alsaciens-Lorrains qui ont opté pour la nationalité française, l'article unique de la loi du 19 juin 1871 les déclare électeurs et éligibles, *sans condition de temps de résidence* dans le nouveau domicile qu'ils choisiront, sous la condition unique de réclamer leur inscription sur les listes électorales en faisant leur déclation de domicile. Ces citoyens sont donc électeurs politiques et électeurs municipaux sans distinction de la liste sur laquelle ils demandent à être inscrits.

132. — On aurait pu, en s'arrêtant exclusivement aux prescriptions de la loi du 4 juillet 1874, refuser aux contribuables portés depuis un an sur les rôles des contributions directes et des prestations, et aux ministres du culte et aux fonctionnaires, de jouir de l'électorat *politique* dans la commune où ils n'auront pas six mois de résidence, la loi ne paraissant pas faite que pour l'exercice de l'électorat municipal; mais toute hésitation a dû cesser devant les termes formels de la loi du 30 novembre 1875, intitulée *Loi organique sur les élections des députés.* Cette loi, en effet, donne à tous les électeurs inscrits sur les listes électorales municipales le droit de prendre part aux élections politiques. L'article 1er porte : « Les députés seront nommés *par les électeurs inscrits :* 1° sur les listes dressées en exécution de la loi du 7 juillet 1874, c'est-à-dire sur les listes électorales municipales ; 2° sur la liste complémentaire comprenant ceux qui résident dans la commune depuis six mois. »

133. — La liste politique ne subsiste donc plus que pour ceux qui ne se trouvent dans aucun des cas prévus par l'article 5 de la loi du 7 juillet. Ceux-là, s'ils ont six mois de domicile, seront inscrits sur une liste complémentaire, et, en vertu de cette inscription, ils auront le droit de prendre part aux élections politiques, quoique exclus des élections municipales.

Dans la pratique même il n'y a, en réalité, qu'une seule liste sur laquelle figurent, sous une même série de numéros, tous les électeurs municipaux et tous les électeurs politiques. Une annotation placée en regard du nom de ces derniers, fait connaître à quelles élections ils peuvent prendre part, et c'est en ce sens que le rapporteur de la loi du 30 novembre 1875 disait : qu'il n'y avait pas deux listes pour les élections politiques, mais une seule composée des deux éléments réunis par une seule série de numéros. (Voir Duvergier, *Collection des lois*, tome 75, page 535 ; Chambre civile, 27 juin 1877 ; Bulletin civil, n°ˢ 104 et 108 ; Dalloz, 77, 1, 186 ; Sirey, 75, 1, 427.)

La liste électorale municipale est donc, en réalité, la liste mère, elle suffit à toutes les élections, en ce sens que ceux qui y sont inscrits sont, à la fois, électeurs municipaux et électeurs politiques ; mais il est cependant nécessaire de rédiger à côté d'elle une liste qui la complète, quant aux électeurs politiques, puisqu'il y 'a des citoyens qui sont aptes à voter dans ces dernières élections, mais qui n'ont aucun droit de voter dans les premières. Nous verrons, dans les chapitres suivants, que les autorités chargées de former et de réviser les listes, doivent vérifier avec soin si les demandes qui leur sont adressées se réfèrent soit à l'une, soit à l'autre de ces listes, soit à toutes les deux à la fois.

134. — Pour terminer ici tout ce qui touche à l'opération même de la confection et de la révision des listes, nous devons dire dans quels délais et comment s'opère la clôture du travail de l'administration.

Les tableaux de révision ont été publiés le 15 janvier au plus tard, toutes les demandes d'inscription et de radiation ont dû être formées dans les vingt jours, et comme la loi, par les délais qu'elle prescrit, semble inviter les juridictions qui, en cas de contestations, doivent statuer à rendre leur décision aussi rapidement que possible, il en résulte que, sauf pour les contestations qui sont portées jusqu'à la Cour de cassation, quelques semaines suffisent pour que les listes puissent être définitivement arrêtées. La loi étend jusqu'au 31 mars le délai de clôture. L'article 7 du décret réglementaire du 2 février 1852 est ainsi conçu : « Le 31 mars de chaque année, le maire opère toutes les rectifications régulièrement ordonnées, transmet au préfet le tableau des rectifications et arrête définitivement la liste électorale de la commune. La minute de la liste reste déposée au secrétariat de la commune : le tableau rectificatif transmis au préfet reste déposé avec la copie de la liste électorale au secrétariat général du département. Communication en doit toujours être donnée aux citoyens qui le demandent. »

L'article 8 affirme de nouveau le principe de la permanence des listes proclamé par l'article 18 du décret organique du 2 février 1852. « La liste électorale reste, y est-il dit, jusqu'au 31 mars de l'année suivante, telle qu'elle a été arrêtée, sauf, néanmoins, les changements qui y auraient été ordonnés par décision des juges de paix, et sauf aussi la radiation des noms des électeurs décédés ou privés des droits civiques et politiques par jugement ayant force de chose jugée.

135. — Précisant davantage le sens de cette dernière disposition, la jurisprudence a formellement déclaré qu'il s'agissait uniquement des changements ordonnés à la suite des réclamations formées dans les vingt jours de la publication des listes, et qui ont donné naissance à des litiges sur lesquels il n'a été statué définitivement qu'après le 31 mars, toute demande d'inscription formée directement devant le juge de paix après la clôture étant non recevable. (Chambre civile, 6 mars 1876 ; Dalloz, 1876, 1, 203, 24 juillet 1876 ; affaire Bon dans l'intérêt de la loi ; Dalloz, 1876, 1, 420, et Sirey, 1877, 1, 32.)

L'arrêt du 24 juillet 1876, rendu dans l'intérêt de la loi,
à notre rapport (affaire Bon), est ainsi motivé :

« Vu l'article 18 du décret organique du 2 février 1852,

« Attendu qu'aux termes de l'article 18, les listes électorales sont permanentes et qu'elles sont seulement
l'objet d'une révision annuelle ; — que l'article 8 du décret
réglementaire du même jour porte que la listé électorale
révisée, reste jusqu'au 31 mars de l'année suivante, telle
qu'elle a été arrêtée, sauf les changements qui auraient
été ordonnés par décision du juge de paix, et aussi sauf
la radiation du nom des électeurs décédés ou privés des
droits civils et politiques, par jugement ayant force de
chose jugée ; — attendu que ni la loi du 30 novembre
1875, ni le décret réglementaire du 28 janvier 1876, n'ont
dérogé à la loi de 1874 ou au décret de 1852 ; — attendu
que le jugement attaqué, tout en reconnaissant que la
première des exceptions prévues audit article 8 ne s'applique qu'aux inscriptions ou aux radiations qui, ayant
fait l'objet de demandes formées dans les délais légaux,
n'ont été ordonnées que par des décisions postérieures
à la clôture de la liste, décide cependant que toute personne qui, non encore en possession du droit électoral
au moment de la révision annuelle, l'acquiert au cours
de l'année pour laquelle la liste a été définitivement
arrêtée le 31 mars, peut, s'il survient une élection, demander son inscription sur la liste électorale pendant
une période de cinq jours avant la réunion des électeurs,
qu'il assimile dans ce système l'inscription des personnes dont il s'agit à la radiation de celles qui sont décé-
dées ou qui ont perdu leurs droits civils et politiques ;
— attendu que ni les termes, ni l'esprit de l'article 8 du
décret du 2 février 1852 ne peuvent justifier une semblable interprétation de la loi, et qu'elle viole manifestement le principe de la permanence des listes électorales
et de leur révision annuelle ; — d'où il suit qu'en ordonnant l'inscription de Bon sur la liste de 1875, afin qu'il

puisse prendre part à l'élection du 20 février 1876, le juge de paix de Cannes a violé les lois sus-visées. — Casse. »

Il faut donc, d'après les principes si fermement exposés dans cet arrêt, décider que ceux qui auraient, pendant le cours de l'année, acquis ou recouvré les droits politiques ne peuvent former de demandes d'inscriptions qu'à l'époque où s'opère la révision annuelle des listes électorales. On peut citer comme exemple : l'interdit dont la capacité politique a été reconnue par un jugement qui a fait cesser l'état d'interdiction ; le failli réhabilité après le 31 mars ; les condamnés amnistiés, si la loi qui prononce l'amnistie est rendue postérieurement à la même date. Il faut y ajouter le fonctionnaire public et le ministre du culte qui ne viennent résider dans la commune où ils doivent exercer leurs fonctions et leur ministère, qu'après la clôture des listes.

Nous avons également indiqué, en plusieurs parties de ce travail, les autres conséquences légales du principe de la permanence des listes. Nous n'avons donc pas à insister davantage sur ce sujet. Nous nous bornerons à indiquer, comme utile à consulter, une circulaire de M. le Garde des sceaux du 14 mars 1868, citée par M. Bavelier, page 359, et une circulaire du Ministre de l'intérieur du 25 janvier 1876.

DEUXIÈME PARTIE

CONTESTATIONS

COMPÉTENCES DES JURIDICTIONS

DÉCISIONS

DEUXIÈME PARTIE

Des contestations relatives à la révision des Listes.
Juridictions diverses, Procédure et compétence.

DIVISION

---

136. — Nous diviserons cette seconde partie en trois chapitres :

Dans le premier nous traiterons des attributions de la Commission dite municipale, des formes de procéder devant elle,
et des délais légaux.

Dans le second, nous étudierons tout ce qui touche à la
compétence du Juge de paix, et à l'appel dont il est juge.

Enfin nous nous occuperons dans le troisième chapitre du
pourvoi en cassation, des conditions de sa recevabilité, et enfin
de la décision à intervenir sur le mérite du jugement attaqué.

CHAPITRE Ier.

Des Commissions municipales.

---

137. — Nous l'avons dit précédemment, les listes électorales, bien que permanentes, sont soumises à une révision annuelle opérée par les soins d'une première Commission, à laquelle on donne le nom de *Commission administrative*, parce qu'elle est chargée de préparer officiellement et administrativement le travail de cette révision.

Nous avons indiqué déjà l'étendue des pouvoirs de cette première Commission, dont les attributions cessent le jour de la publication des listes.

La loi exige, en effet, que le tableau contenant les additions et retranchements opérés par cette Commission administrative, soit déposé, au plus tard, le 15 janvier, au secrétariat de la Mairie. Le jour même de ce dépôt, des affiches apposées aux lieux accoutumés dans la commune, informent le public de la révision accomplie, et tout électeur a le droit de prendre communication et même copie de la liste, et de la faire imprimer. (Art. 2 du décret du 2 février 1852 et 3 de la loi du 7 juillet 1874.)

Un délai de vingt jours, à partir de ce dépôt, est alors accordé pour la formation des demandes en inscription ou en radiation.

Ces demandes et les contestations auxquelles elles donnent naissance, sont soumises à une seconde Commission composée des mêmes membres que la première, auxquels sont adjoints deux autres délégués du Conseil municipal, on l'appelle *Commission municipale.*

Cette Commission, ainsi composée de cinq membres, est une véritable juridiction, dont les décisions, si elles ne sont pas frappées d'appel, sont susceptibles d'acquérir l'autorité de la chose jugée. (Arrêt de la Chambre des requêtes du 30 août 1875 ; Dalloz, 76, 1, 203.)

En Algérie, un assesseur musulman ne peut faire partie de la Commission parce qu'il n'est pas citoyen français. (Arrêt du 5 mars 1879. Dalloz, 79, 1, 225.)

§ 2. — PAR QUI ET COMMENT LA COMMISSION MUNICIPALE EST-ELLE SAISIE. — DÉLAIS.

138. — Par qui pourra-t-elle être saisie?

1° Par l'électeur rayé d'office et qui conteste la légalité de cette radiation.

2° Par le citoyen qui, ayant réclamé son inscription, dans les cas où la loi exige nne demande, ne l'a point obtenue, ou n'a reçu avis d'aucune décision du Maire.

3° Par le citoyen qui, ayant le droit d'être inscrit d'office, ne l'a pas été.

4° Par les tiers électeurs qui demandent la *radiation* d'électeurs maintenus sur la liste.

5° Enfin par les tiers électeurs qui demandent *l'inscription d'électeurs*, qu'ils soutiennent avoir été indûment omis.

Le délai pour saisir la Commission municipale est, nous l'avons dit plus haut, le même pour tous. Il est de vingt jours à partir de la publication des listes, c'est-à-dire à partir du 15 janvier, à moins que, par suite d'irrégularités, les opérations de la première Commission n'aient été annulées par le Conseil de préfecture. (Art. 4 du décret organique de 1853 ; art. 1ᵉʳ de la loi du 13 janvier 1866 et art. 2 de la loi du 7 juillet 1874; voir aussi arrêt de la Chambre des requêtes du 17 août 1870 ; Dalloz 71, 1, 155 ; Chambre civile, 8 mai 1877; Dalloz, 77, 1, 389.)

Le Préfet et le Sous-Préfet peuvent également soumettre leur demande à la Commission municipale dans le délai de vingt jours. (Chambre civile, 31 mars 1879, affaire Vézin à notre rapport ; ¡Dalloz 79, I, 204; Sirey, 79, 1, 428.)

La loi n'a pas voulu que, même devant la Commission municipale, l'électeur rayé d'office, ou contesté, fût jugé sans être mis en demeure de faire valoir ses droits. L'article 4 prescrit au maire d'avertir sans frais cet électeur de la radiation d'office ou de la contestation dont son inscription est l'objet et de le mettre ainsi en demeure de présenter à la Commission municipale les observations qu'il croira utiles à la défense de ses droits. L'article 4, § 1ᵉʳ, impose cette obligation au Maire.

Les parties intéressées devront avoir grand soin de fournir à la Commission toutes les pièces sur lesquelles s'appuyent, soit leur demande d'inscription, soit leur défense aux réclamations à fin de radiation formées par les tiers ; ceux-ci auront le même devoir.

La Commission municipale, en possession des tableaux dressés par la Commission administrative, des réclamations, et des observations des intéressés, prononce sur les demandes qui lui sont soumises. Il doit être gardé minute de ses décisions. (Voir n° 152 *bis*.)

139. — La décision doit être notifiée aux parties intéressées par les *soins de l'administration municipale*. (Art. 4 § 2 de la loi du 7 juillet 1874). Le décret du 2 février 1852, article 21, portait que la notification serait

faite par un *agent assermenté*, et la Cour de cassation a jugé qu'une simple lettre missive ne peut y suppléer, ni couvrir les délais d'appel. (10 décembre 1850 ; Sirey, 50, 1, 844.)

La jurisprudence, en présence des termes de la loi de 1874, qui dispose que la notification sera faite par *écrit* et à domicile par les soins de l'Administration municipale, s'est montrée moins sévère. Sans doute, la notification a lieu le plus souvent par le garde-champêtre, agent assermenté mais on a considéré comme valable la notification résultant d'une lettre ou d'un avis du maire, si la partie intéressée reconnaît qu'elle les a reçus, ou s'il est établi que la notification a été faite par écrit à personne ou domicile.

La notification doit être opérée dans les trois jours, mais l'inaccomplissement de cette prescription de la loi n'a d'autre effet que de proroger le point de départ du délai de l'appel. (Arrêt du 11 juin 1877 ; Bulletin civil, n° 96 ; Dalloz, 77, 5, 185 ; 20 mai 1879, Bulletin civil, n° 96.)

Nous nous expliquerons dans la section suivante, sur les délais de l'appel et sur les cas où, par la *négligence* ou la volonté du maire, la Commission municipale n'a point eu connaissance des réclamations et n'a pu, par conséquent, statuer sur les inscriptions ou les radiations qui en faisaient l'objet.

Nous avons dit que la Commission municipale constituait une véritable juridiction ; c'est reconnaître, par conséquent, qu'elle doit, dans ses décisions, se conformer à toutes les règles de droit concernant la capacité électorale, l'accomplissement des conditions qui établissent le droit d'électeur et de toutes les formalités que la loi lui impose. Nous avons, dans la première partie, longuement examiné les principes et les textes qui ont établi ces règles. Nous n'avons point à les reproduire ici.

CHAPITRE II.

Appel. — Juge de paix.

SECTION Ire.

§ Ier. — FORMES DE L'APPEL. — DÉLAIS.

140. — Examinons maintenant quelles sont les formes et les délais de l'appel, les attributions et la compétence du juge de paix.

C'est en effet devant le juge de paix que l'appel des décisions des Commissions municipales doit être porté. (Art. 22 du décret du 2 février 1852, et articles 3 et 4, § 2 de la loi du 7 juillet 1874.)

141. — L'appel sera formé par simple déclaration au greffe, porte le même article 22 ; il doit, suivant nous, être dressé acte de cette déclaration. Comment, en effet, en resterait-il trace, si elle demeurait purement verbale; comment établirait-on qu'elle a été faite dans les délais de droit ?

Ces mots *simple déclaration* signifient que l'appelant n'a point d'autres formalités à remplir que cette déclaration, qu'elle ne doit être suivie d'aucune procédure mise à sa charge, la loi ayant organisé un système d'avertissement à donner par le juge de paix aux parties intéressées. La déclaration devra être inscrite sur le registre du greffe.

Une lettre missive adressée au juge de paix ou au greffier ne saurait équivaloir à la déclaration d'appel. (Chambre civile, 8 mai 1877 ; Dalloz, 77, 1, 206 ; Sirey, 77, 1, 381, 12 mai 1880 ; Rey, 10 et 30 décembre 1850 ; Dalloz, 50, 1, 351 et 352, 29 mars 1881. Affaire Basset-Lefebvre, M. Legendre, rapp.; Dalloz, 81, 1, 271.)

141 *bis*. — L'appel doit être formé *dans* le délai de cinq jours, à partir de la notification faite, par le maire, de la décision de la Commission municipale. (Art. 21 du décret du 2 février 1852. Arrêt du 29 mars 1881 ; Monnin-Dalloz, 81, 1, 271.)

Les termes mêmes de la loi indiquent que le délai n'est pas franc.

Mais c'est seulement la notification de la décision qui fait courir les délais d'appel ; il s'ensuit que l'appel est recevable, s'il a été déclaré dans le délai de cinq jours, à partir de cette notification, alors même qu'il serait interjeté après les vingt jours accordés aux parties intéressées et aux tiers électeurs pour l'inscription et la radiation des électeurs omis ou indûment inscrits. (Chambre civile, 8 juin 1880 ; affaire Lemonnie) ; et même après la clôture des listes (29 juin 1875 ; Bulletin civil, n° 92 ; Dalloz, 1, 830 ; Sirey, 1, 472 ; Chambre civile, 11 juin 1877 ; Dalloz, 5, 185.)

142. — Une question importante se présente ici : le délai de cinq jours est bien évidemment imparti aux parties qui ont figuré à la décision de la Commission municipale ; mais quel est le droit des tiers-électeurs qui n'y ont point été parties parce qu'ils n'avaient point usé du droit que leur accorde l'article 9 du décret de 1852, modifié par

la loi du 13 janvier 1866, et par l'article 2 de la loi du 7 juillet 1874?

Ont-ils le droit de former appel de la décision de la Commission municipale rendue sur la demande dont l'é lecteur intéressé ou un autre tiers électeur, avait saisi cette Commission? Et, en cas d'affirmative, dans quel délai leur appel doit-il être déclaré?

La Cour de cassation a tranché cette double question par plusieurs arrêts qui tous reconnaissent le droit, du tiers électeur, d'interjeter appel d'une décision de la Commission municipale à laquelle il n'a pas été partie et qui lui accordent, pour l'exercice de ce droit, le délai de vingt jours établi par l'article 2 de la loi du 7 juillet 1874, à partir de la prononciation de la décision de la Commission.

Nous indiquerons particulièrement les arrêts des 15 mars 1870, Dalloz, 70, 1, 74 ; 1er décembre 1874, Dalloz, 75, 1, 300 ; 28 mai 1877 ; au rapport de M. Baudoin, affaire Tristani ; Bulletin civil, n° 83 ; et 8 mai 1877, affaire Cambraire ; M. Merville, rapporteur ; Dalloz, 77, 1, 389. Nous croyons devoir transcrire ici ce dernier arrêt :

« Sur le premier et le deuxième moyens réunis, pris de la violation des articles 19 et 21 du décret organique du 2 février 1852 ;

« Attendu que le droit d'examen et de critique des listes électorales conféré à tout électeur inscrit, par l'article 19 du décret, conduit nécessairement à reconnaître aux tiers le droit d'interjeter appel des décisions rendues en cette matière par les Commissions municipales ; — que, de plus, le point de départ et de durée de ce droit d'appel ne saurait être régi par l'article 21 dudit décret qui est exclusivement relatif à l'appel interjeté par les parties intéressées et qui suppose, par suite, une notification évidemment inapplicable aux tiers ; que, par conséquent, l'appel de ces derniers ne peut avoir pour point de départ que la décision elle-même dont l'effet est de modifier la liste électorale primitivement arrêtée, et pour délai, que celui accordé à tout électeur pour agir en vertu de son droit de contrôle, et dont l'appel n'est qu'un mode d'exercice; — attendu que, soit d'après le décret du 13 janvier 1866, soit d'après l'article 2 de la loi du 7 juillet 1874, ce délai est de vingt jours, et que dans l'espèce, l'appel de X... avait été interjeté le dix-neuvième jour; que ledit appel était donc recevable au double point de vue signalé par le pourvoi, et qu'en l'appréciant au fond, le juge de paix de Valence n'a violé aucune loi; — Rejette. » *idem*, 11 mai 1881, affaire Merlin; Dalloz, 81, 1, qui reproduit les termes de l'arrêt du 8 mai 1877.

La Cour, nous le croyons du moins, a par là singulièrement élargi le droit d'intervention des tiers dans la révision des listes électorales.

Une décision contraire eût peut-être été plus conforme au texte et à l'esprit de la loi.

La loi électorale, en effet, en créant cette action populaire dont les tiers peuvent user si largement lors de la révision annuelle des listes électorales, a très-nettement indiqué le mode et les délais de l'exercice de cette action. Elle l'a assimilée pour ces formes et délais à l'action de l'électeur intéressé. Pour l'une et pour l'autre, c'est bien la publication des listes électorales qui fait courir le délai dans lequel elles doivent se produire. Ce délai de vingt jours est accordé au tiers électeur comme à l'électeur intéressé, pour qu'ils puissent contrôler les énonciations de la liste, les omissions ou les inscriptions illégales qu'elle renferme. Cet examen fait, s'ils veulent, l'un comme l'autre, élever une contestation et demander la réformation de la liste et du travail de la Commission administrative, ils doivent s'adresser d'abord à la juridiction instituée pour statuer au premier degré sur cette contestation, c'est-à-dire à la Commission municipale; l'article 24 du décret le dit expressément :

« les réclamations (celles de l'article 20 et de toutes celles de l'article 20 ; réclamations du citoyen omis ou rayé,
et réclamations du tiers électeur) seront jugées par une
Commission municipale. » Voilà le juge du premier
degré ; c'est à l'électeur devant ce juge que s'applique
le délai de vingt jours. Mais donner au tiers électeur le
droit de se pourvoir dans ce même délai de vingt jours
directement et par appel devant le juge de paix, n'est-ce
pas lui reconnaître le droit de s'adresser *omisso medio,*
au juge du second degré ; et nous verrons bientôt que la
jurisprudence n'admet pas une dérogation semblable à
un principe d'ordre public.

Suivant nous, l'on serait resté dans les termes du
droit et l'on aurait coupé court à d'innombrables difficultés, si l'on s'en était tenu à cette double règle : 1° le
tiers électeur doit saisir de sa réclamation la Commission municipale, parce qu'elle est la juridiction instituée
à cet effet, et doit la saisir dans le délai fixé par la loi,
c'est-à-dire dans le délai de vingt jours ; 2° il ne peut
interjeter appel s'il n'a pas saisi la Commission ; et s'il
a été partie devant la Commission, c'est dans le délai de
5 jours fixé, *ad hoc* aussi, qu'il doit interjeter appel.

On objecte que la Commission municipale a été saisie
par l'électeur intéressé lui-même ou par un autre électeur, que le premier degré de juridiction n'a point été
franchi sans qu'on s'y soit arrêté, et que le juge de paix
est bien saisi comme juge du second degré. On fait de
cet appel du tiers électeur une sorte de tierce opposition
dans l'intérêt de l'action populaire. Mais ne peut-on pas
repousser cette objection par cette double considération:

En premier lieu, si déjà un tiers est intervenu devant
la Commission municipale pour exercer cette action
populaire, soit qu'il ait fait cause commune avec l'électeur intéressé, soit qu'il l'ait combattue, peut-on dire que
cette action a le droit de se manifester par un second ou
troisième représentant devant le juge de paix. En second
lieu, le tiers électeur ne peut invoquer ce prétendu droit

d'intervention ou de tierce opposition en appel, quand la loi elle-même, par la publication des listes, l'avait mis en demeure d'agir dans les vingt jours devant le juge de première instance, c'est-à-dire devant la Commission municipale. Ne doit-on pas voir dans l'expiration du délai de vingt jours, dans lequel l'action populaire devait être exercée, une déchéance dont rien n'autorise le juge du second degré à le relever ?

Quoi qu'il en soit, la jurisprudence est formée sur ce point en sens contraire à l'avis que nous venons d'exprimer, et nous verrons à quelles conséquences elle a dû conduire. (Ch. civile, 7 décembre 1880, affaire Mattéi, M. Blondel, rapporteur), l'électeur inscrit qui interjette appel d'une décision de la Commission municipale, n'est même pas tenu de joindre à sa déclaration un certificat du maire, attestant sa qualité d'électeur, 20 août 1880; Sirey, 81, 1, 128.

143. — Nous dirons toutefois que le tiers électeur qui appelle d'une décision de la Commission municipale, doit spécialiser l'objet de son appel et indiquer avec précision la décision qu'il attaque, et les électeurs dont il veut faire rayer, ou au contraire inscrire, les noms sur la liste électorale. Un appel s'attaquant vaguement à des décisions et à des inscriptions non spécifiées doit être rejeté. C'est ce qu'a jugé un arrêt du 5 juillet 1880. M. Baudoin, rapporteur, affaire Sansonnetti (Dalloz, 81, 1, 80), ainsi conçu :

Sur les trois moyens :
« Attendu que le juge de paix a statué sur les appels
« particuliers dont il a été saisi par l'acte d'appel déposé
« au greffe de la justice de paix par le demandeur ;
« Attendu que si ledit acte d'appel se termine par une
« déclaration du demandeur, qu'il attaquait en outre
« toutes les autres décisions de la Commission munici-

« pale dans lesquelles il n'avait pas été partie, cette énon-
« ciation vague, qui ne relatait ni les décisions, ni leurs
« dates, ni leur objet, ni les personnes qu'elles concer-
« naient, ne pouvait être considérée comme constituant
« de veritables appels saisissant le juge ; et que le vice
« de cette irrégularité radicale n'a pu être effacé par les
« productions et précisions qui ont pu être ultérieure-
« ment faites à l'audience ; que le juge de paix, en ne
« statuant pas sur des chefs de demande dont il n'était
« pas saisi, n'a donc pas violé la loi. »

143 *bis*. — Un tiers électeur auquel le maire a refusé
de communiquer les décisions de la Commission municipale ne peut interjeter appel *in globo* de toutes les
décisions rendues par cette commission sans spécifier
les noms des électeurs que ces décisions intéresseraient.
Le juge de paix doit déclarer non-recevable l'appel général et sans indication des sentences attaquées, il ne peut
ordonner l'apport du registre sur lequel les délibérations
de la Commission municipale pourraient être inscrites.
Mais d'un autre côté, la Cour de cassation décide que
les électeurs n'ayant pu, par suite du refus de communication, connaître les décisions contre lesquelles ils
auraient pu se pourvoir dans les délais légaux devant le
juge de paix, le délai d'appel ne court qu'à partir de la
clôture de la liste où plutôt du jour où pouvant prendre
communication de la liste entière, à la mairie ou à la
préfecture, ils se sont assurés que des inscriptions ou
des radiations ont été illégalement opérées.

Ces principes qui sauvegardent si puissamment les
droits des électeurs et des tiers électeurs contre l'arbitraire de l'autorité municipale ont été consacrés par
deux arrêts importants, rendus le 12 août 1881, au
rapport de M. Guérin, affaire Duclaux-Monteil et Pouget. Ils ont été précédés de remarquables conclusions
de M. l'avocat général Desjardins, rapportées avec les
deux arrêts au recueil de Dalloz, 1881, 2, 229.

Nous estimons utile de reproduire dans notre ouvrage ces conclusions et les arrêts de la Cour. Le savant avocat général s'est exprimé en ces termes :

« J'appelle l'attention de la cour sur le double pourvoi de MM. Duclaux-Monteil et Joseph Pouget. Il faut, quoi que ce double pourvoi me semble devoir être rejeté, aviser au moyen de maintenir intacts les droits que votre jurisprudence reconnaît aux tiers électeurs. Ceux-ci, vous l'avez jugé par de très-nombreux arrêts, peuvent exercer une sorte d'action populaire et publique, parce que chaque citoyen inscrit sur l'une des listes d'une circonscription électorale doit avoir le droit d'empêcher que le suffrage universel ne soit faussé dans cette cicconscription par des exclusions iniques ou par l'intrusion de personnages indignes ou incapables. (Décr. organ., 2 février 1852, art. 19.)

« En fait, les demandeurs, agissant comme électeurs inscrits dans la commune d'Alais, ont sommé par un exploit régulier le maire, président de la commission municipale d'Alais, de leur communiquer les décisions prises par cette commission du 5 au 9 février 1881, afin qu'ils pussent, le cas échéant, déférer au juge de paix par voie d'appel telle ou telle décision. Cette communication fut refusée. En ce qui concerne les opérations de la commission de révision de listes, répondit le maire, président de la commission municipale, aucune publicité n'est prescrite par la loi; ses décisions doivent seulement être notifiées dans les trois jours aux intéressés, lorsqu'elles prononcent leur radiation ; quand elles ont pour objet des inscriptions nouvelles, les électeurs les connaissent lorsque la liste est close, soit le 31 mars.

« Je crois que le maire d'Alais a mal interprété nos lois électorales, et je le démontrerai un peu plus tard.

« Les demandeurs, auxquels ce refus enlevaient la faculté de contrôler la légalité, la sincérité des décisions de la Commission municipale et de déférer en connaissance de cause aucune de ces décisions à la juridiction d'appel, les ont frappées d'un double appel général qu'ils ont portés devant les juges de paix des deux cantons d'Alais. Ils ont demandé à ces deux magistrats d'ordonner l'apport à leur greffe de toutes les décisions attaquées, afin qu'ils pussent exercer utilement leur droit de vérification et spécialiser leurs appels. Ce double appel a été rejeté. Les deux jugements ont été l'objet d'un double pourvoi. J'expliquerai d'abord pourquoi ni l'un ni l'autre pourvoi ne me semblent devoir être accueillis.

« Le juge de paix du canton est, a déclaré l'appel, irrecevable, parce que les appelants « ne spécifient pas quelles sont décisions par eux impugnées ; qu'ils n'indiquent point les électeurs qui auraient été indûment inscrits ou radiés par ladite Commission, ni les griefs par eux relevés contre lesdites inscriptions ou radiations. » C'est l'application à un cas particulier de la thèse que contient votre arrêt du 5 juillet 1880 (rapporteur, M. Baudoin). On avait également, dans l'affaire Sansonetti, frappé d'appel toutes les décisions d'une Commission municipale : « Cette énonciation vague, qui ne relatait ni les décisions, ni leurs dates, ni leur objet, ni les personnes qu'elles concernaient, ne pouvait, avez-vous dit, être considérée comme un véritable appel saisissant le juge ; le vice de cette irrégularité radicale n'a pu être effacé par les productions et précisions qui ont pu être ultérieurement faites à l'audience ; le juge de paix, en ne statuant pas sur des chefs de demande dont il n'était pas saisi n'a donc pas violé la loi. » Peut-être, dira-t-on qu'il y a lieu de déroger à cette jurisprudence quand les tiers électeurs ont été mis par le président de la Commission municipale, détenteur des minutes de cette Commission, dans l'impossibilité d'exercer leur appel au vœu de la loi. J'ai réfléchi à cette objection, et ce n'est pas sans hésitation que je me suis décidé à l'écarter ; mais les termes de votre arrêt du 5 juillet 1880 ne me paraissent comporter aucune distinction. Il y a là, disiez-vous, une irrégularité radicale, et le juge de paix n'était pas saisi. Le sera-t-il parce que le président de la Commission municipale aura méconnu les obligations que la détention des minutes lui imposait ?

« Dès lors, cette partie du dispositif du premier jugement attaqué : « Disons qu'il n'y a lieu d'ordonner l'apport au greffe du registre des décisions de la Commission municipale d'Alais, » me semble à l'abri de toute critique. Je ne m'associe pas aux motifs qui précedent ce dispositif ; mais à quoi bon un préparatoire quand l'appel ne peut pas aboutir, même à la suite de productions et précisions ultérieurement faites à l'audience ?

« Quant au juge de paix du canton ouest, il n'a pas déclaré l'appel irrecevable : « Admettons, a-t-il dit, l'appel comme régulier en la forme. » A la suite de cette première décision, les appelants ont immédiatement demandé l'apport du registre municipal, et le juge a répondu qu'il ne se reconnaissait pas le droit de l'ordonner. Cette fois encore, je répudie les motifs du jugement attaqué ; mais le rejet du pourvoi me semble justifié par une raison de droit pur, que vous pouvez et devez suppléer.

« Le juge de paix, même après avoir déclaré l'appel régulier en la forme, gardait, en effet, le droit de dire : Je n'ordonne pas l'apport du registre, parce que cette mesure n'aboutirait à rien, l'appel étant dépourvu de précision et les productions ultérieures étant inutiles. Ce n'est d'ailleurs que l'application pure et simple d'une règle générale : il n'appartient pas au juge d'appel d'ordonner un compulsoire ou une mesure analogue, pour permettre à un plaideur de connaître et d'expliquer quel est au juste l'objet de son appel. Le compulsoire, dit Dalloz (v° *Compulsoire*, n° 26), ne doit être ordonné qu'autant qu'il peut amener un résultat utile à la solution du litige, et presque tous les traités de procédure énoncent cette règle de sens commun.

Je vous propose donc de rejeter l'un et l'autre pourvoi. Mais il serait utile, pour qu'on ne se méprît pas sur la portée de votre arrêt, qu'il contînt les trois propositions suivantes : 1° le juge de paix a, en principe, le droit d'ordonner l'apport de la minute de la décision d'une commission municipale qui lui est déférée ; 2° le maire, président de la Commission municipale et détenteur des minutes, n'a pas le droit d'en refuser communication au tiers électeur ; 3° le tiers électeur garde le droit d'interjeter pendant vingt jours les appels spéciaux que lui suggérera l'intérêt du suffrage universel, et ce droit ne court qu'à partir du moment où il peut contrôler avec efficacité les décisions de la Commission municipale.

« 1° Comment le juge de paix n'aurait-il pas ce droit ? Voici un appel précis dirigé par un tiers électeur contre une ou plusieurs décisions de la Commission municipale. Un débat s'engage, je le suppose, sur le texte de cette décision ou de ces décisions : le maire a refusé de délivrer les expéditions et de donner communication du registre. Comment ! le juge d'appel ne pourrait pas ordonner l'apport de la décision attaquée ou, si la minute est inscrite sur un registre, du registre où elle figure ? Il suffira, dira-t-on, peut-être, qu'il ordonne la délivrance d'une expédition ? Mais si le maire refuse de délivrer cette expédition ? Il faut pourtant, de toute évidence, que le juge d'appel puisse statuer en parfaite connaissance de cause.

« 2° Reconnaissez expressément aux tiers électeurs le droit d'avoir communication des modifications apportées aux listes par les Commissions municipales jugeant en première instance. Le maire d'Alais déclare tenir à la disposition des requérants le tableau des additions et retranchements dressé par la Commission administrative. Cela ne suffit pas. L'article 2 du décret réglementaire du 2 février 1852, l'article 2 § 1er de la loi du 7 juillet 1874, n'imposent expressément, je le sais, que la communication de ce tableau. Mais l'article 4 § 4 de cette dernière loi pose une règle bien plus générale : « Tout électeur pourra prendre communication et copie de la liste électorale. » L'esprit de notre législation électorale est, par là même, clairement indiqué. Comment présumer qu'il y ait une seule exception à cette règle, s'appliquant à la période durant laquelle les tiers doivent s'efforcer de connaître si la liste n'a pas été illégalement rectifiée, à la période qui suit les décisions des commissions municipales jugeant en première instance ? Comment présumer qu'il y ait, pour ce cas unique, un voile jeté par le législateur sur les décisions d'un tribunal, et que des gens auxquels une action est donnée contre les sentences de ce tribunal soient mis dans l'impossibilité de les connaître ? D'ailleurs, je ne vous propose pas d'innover. La question est au moins fortement préjugée dans ce sens par vos deux arrêts du 5 jnillet 1880 rendus aux rapports de MM, Onofrio et Rohault de Fleury (D. P. B. civ., n° 140).

« 3° Il ne reste à déterminer que la section de cette obligation. Conformément aux deux arrêts que je viens de citer, je vous propose de déclarer que le délai de vingt jours imparti au tiers électeur par votre jurisprudence constante pour émettre appel, n'a pu courir tant que, par la faute du président de la Commission municipale, détenteur des minutes, le droit d'appel a été paralysé. Il ne commencerait à courir qu'à dater du 31 mars, jour où, conformément à l'article 7 du décret réglementaire du 2 février 1852, la minute de la liste électorale est déposée an secrétariat de la commune et où « communication doit en être donnée aux citoyens qui la demandent. » Au vu de cette liste, le tiers électeur pourra former des appels spéciaux ; si, à la suite des appels spéciaux, un débat s'engage sur le texte d'une décision de Commission municipale non encore communiquée, le juge de paix pourra (et devra selon moi, ordonner l'apport de la minute. Vous ne pouvez pas faire davantage pour maintenir intacts les droits des tiers électeurs, et l'exercice de l'action populaire; mais cela, vous pouvez le faire. »

PREMIER ARRÊT.

La Cour: — Statuant sur le pourvoi formé par les sieurs Duclaux-Monteil et Pouget contre un jugement rendu le 26 février 1881, par le juge de paix du canton ouest d'Alais : — Sur le grief tiré de ce que l'appel des demandeurs aurait été à tort déclaré non recevable en la forme : — Attendu que la recevalibilité en a été prononcée par le juge ; — Que le moyen manque donc en fait ; — Sur le grief tiré de ce que le juge de paix aurait méconnu l'étendue de ses attributions : — Attendu que si le droit qui appartient à tout électeur d'attaquer les décisions de la Commission municipale ne peut être paralysé par le fait d'un maire qui lui refuse communication de ces décisions, et si ce droit peut, à raison des entraves qu'il a subies, s'exercer exceptionnellement, même après la clôturé des listes pendant les vingt jours qui suivent l'époque où elles ont été rendues publiques, il reste soumis, en dehors de cette exception, à toutes les règles du droit commun ; — Attendu que le juge de paix statuant sur un appel spécifié dans son objet, a sans doute le pouvoir d'autoriser et, au besoin, d'ordonner la délivrance de la copie d'une décision déterminée, quand cette mesure lui paraît nécessaire pour la solution d'une contestation électorale ; — Mais que, lorsqu'un appel vague et général lui est déféré, aucune disposition légale ne lui attribue, même au cas de refus de communication de la part d'un maire, la faculté d'ordonner l'apport du registre des décisions de la Commission municipale pour donner à un tiers électeur les moyens de régulariser cet appel en le précisant; — Attendu que l'appel des demandeurs portait sur la généralité des décisions de la Commission municipale d'Alais et n'en spécifiait aucune;

— Qu'en déclarant, dans ces circonstances et malgré le refus de communication dont se plaignaient les appelants, qu'il n'y avait pas lieu de prescrire, sur leur demande, l'apport du registre qui contenait ces décisions pour leur permettre d'en prendre connaissance et de préciser leur action, le jugement attaqué n'a violé ni l'article 19 du décret organique du 2 février 1852, invoqué par les demandeurs, ni aucune loi ; — Par ces motifs, rejette.

DEUXIÈME ARRÊT.

La Cour ; — Statuant sur le pourvoi formé par les sieurs Duclaux-Monteil et Pouget contre un jugement rendu le 24 février 1881 par le juge de paix du canton est d'Alais ; — Attendu que si le droit, etc. (suivent des motifs identiques à ceux de l'arrêt qui précède), il reste soumis dans tous les cas à la régle essentielle qui exige que tout appel soit déterminé et particularisé quant à son objet ; — Attendu que dans leur acte d'appel en date du 17 février 1881, les sieurs Duclaux-Monteil et Pouget, tiers électeurs, demandaient d'une manière générale l'infirmation de toutes les décisions indûment rendues jusqu'à ce jour par la Commission municipale d'Alais ; — Mais que cette énonciation vague qui ne relatait ni les décisions, ni leurs dates, ni leurs objets, ni les personnes qu'elles concernaient, ne pouvait être considérée comme un véritable appel ; — Que cette irrégularité radicale n'était pas susceptible d'être effacée par des conclusions tendant à obtenir du juge, qui n'était pas légalement saisi, l'apport des registres de la Commission, afin de permettre aux sieurs Duclaux-Monteil et Pouget de donner ultérieurement à leur prétendu appel la précision et la régularité qui lui manquaient ; — D'où il suit qu'en déclarant leur appel non recevable, le jugement attaqué n'a violé aucune loi ; — Par ces motifs, rejette.

prescriptions du droit commun sont bien difficilement et bien rarement applicables.

Enfin, nous avons parlé de l'esprit de la loi. Comprend-on les retards que l'augmentation des délais de distance apporterait à la confection des listes électorales, s'il fallait angmenter les délais à raison des distances, dans tous les cas où un électeur demande son inscription comme étant inscrit aux rôles des contributions, et alors qu'il peut résider dans un département très-éloigné du lieu où il veut exercer ses droit électoraux ?

Ne peut-on pas, d'ailleurs, tirer de l'obligation imposée au contribuable non résidant dans la commune, de faire une déclaration qu'il y veut exercer ses droits électoraux, une induction favorable à cette pensée, que pour tout ce qui concerne les formalités de l'inscription, cette déclaration équivaudra à la résidence et formera comme une élection de domicile par le demandeur au lieu même où il a fait sa déclaration.

145. — Il semble, au surplus, que la Chambre civile ait gravement préjugé la question, puisqu'elle a jugé que le dernier paragraphe de l'article 1033 qui porte que « si le dernier jour du délai est un jour férié, le délai sera prorogé au lendemain, » n'était pas applicable en matière électorale et que, par conséquent, l'appel formé le lundi, alors que le dernier jour du délai était un dimanche, était tardif. (3 mai 1880; rapport de M. Goujet : affaire Minghetti, en matière de pourvoi; Dalloz, 81, 1, 336 ; Sirey, 81, 1, 86 ; 25 mars 1878 ; Dalloz, 78, 1, 323.)

§ 2. — PAR QUI L'APPEL PEUT-IL ÊTRE INTERJETÉ?

146. — En cette matière comme en toute autre, l'appel peut être interjeté par celui qui a été partie au jugement et qui veut le faire réformer.

Ainsi le citoyen qui a vainement sollicité son inscription ou celle d'un tiers ;

Ainsi celui qui a protesté, sans succès, contre la radiation de son nom, soit d'office, soit sur la demande d'un tiers, de la liste électorale.

Ainsi encore, celui qui a demandé la radiatiou d'un électeur et ne l'a point obtenue. (Chambre civile, 29 avril 1878 ; Dalloz, 78, 1 427 ; Bulletin civil, n° 710). Nous venons de voir que, d'après la jurisprudence, le droit d'appel appartient aux tiers électeurs, alors même qu'ils n'ont pas provoqué la décision de la Commission municipale et n'y ont pas été partie. (8 mai 1877 ; affaire Cambiaire ; Dalloz, 77, 1, 389 ; 21 avril 1879 ; Sirey, 80, 1, 37 ; Dalloz, 77, 1, 404.)

Il faut aussi reconnaître le droit d'appel au profit d'un électeur inscrit, soit d'office, soit sur la demande d'un tiers. Il peut se faire, en effet, que cet électeur soit inscrit comme contribuable sur la liste électorale d'une autre commune où il désire être maintenu et exercer ses droits électoraux, et qu'il ait, par conséquent, intérêt à demander la réformation de la décision qui, sur la réclamation d'un tiers, a ordonné son inscription sur la liste de la commune où il est né et réside. Dans ce cas, on ne saurait lui refuser le droit d'appeler de la décision contraire à ses intérêts et à sa volonté. (Chambre civile, 12 avril 1876 ; Dalloz, 76, 1, 204 ; Sirey, 76, I, 224.) *A fortiori*, en serait-il ainsi, si un électeur étant inscrit dans la commune de sa résidence, un tiers imaginait de demander et faisait, en effet, ordonner son inscription sur les listes d'une autre commune dans laquelle il serait porté aux rôles des contributions. L'électeur pourrait poursuivre, par voie d'appel, l'infirmation d'une décision qui, en l'absence de toute demande personnelle ou de tout mandat de sa part, aurait ordonné son inscription dans la commune où il paye des impôts.

Les préfets et sous-préfets ont également droit de se

pourvoir, par appel, contre les décisions qui ont ordonné des inscriptions ou des radiations contraires à la loi.

On peut dire dans une formule plus précise, que ceux-là peuvent appeler d'une décision de la Commission municipale qui sont parties intéressées à son maintien ou à sa réformation.

147. — Les membres des Commissions municipales, maires ou délégués, ne pourraient se pourvoir par appel contre une décision à laquelle ils ont concouru, sans se constituer, à la fois, juge et partie ; ainsi le jugement qui les traiterait comme partie et leur permettrait d'intervenir, soit comme appelant, soit comme intimé, soit comme intervenant spontanément et d'y produire verbalement ou par écrit, des moyens justificatifs de la décision frappée d'appel, serait nul, d'une nullité d'ordre public. (23 et 24 avril 1877 ; 26 mars 1877 ; Sirey, 77, I, 319 et 380 ; Dalloz, 76, 1, 277 ; 26 mars 1877 ; Sirey, 77, 1,267 ; Sirey, 1, 380 ; 13 avril 1880, et un nombre considérable d'autres arrêts. (7 décembre 1880, affaire Rutali sur une appel interjeté par le délégué de l'administration. Dalloz, 81, I, 78 ; 28 avril 1880 Dalloz, 81, I, 77 ; 13 avril 1881, affaire Robert M. Dareste, rapporteur Dalloz, 81, I, 272. Nous rapporterons seulement ce dernier arrêt : — La Cour ; Vu l'article 22 du décret organique du 2 février 1852 ; — Attendu que nul ne peut être juge et partie dans la même cause ; — Attendu qu'il résulte du jugement attaqué que Jevès, maire de Tarare, président de la commission municipale qui avait statué sur la demande formée par l'abbé Robert, à fin d'inscription sur les listes électorales de la commune de Tarare, a comparu devant le juge de paix comme intimé, et a présenté des observations à l'appui de la décision à laquelle il avait concouru : — Attendu que cette intervention, contraire aux principes constitutifs de l'ordre judiciaire, vicie d'une nullité radicale le jugement attaqué ; — Par ces motifs, casse.

SECTION II.

§ 1ᵉʳ. — DEVOIRS DU JUGE DE PAIX. — AVERTISSEMENT.

148. — Lorsque l'appel a été déclaré, le juge de paix doit, d'après l'article 22 du décret de 1852, statuer dans les dix jours, sans frais ni forme de procédure.

La loi n'attache pas de nullité à l'inobservation de ce délai de 10 jours ; elle n'a d'autre effet que de retarder le jugement de la contestation. (Chambre civile, 14 juin 1880 ; rapport de M. Rohault de Fleury, 27 juin 1875 ; Bulletin civil, nᵒ 78 : affaire Lorenzoni.)

149. — Il y a, malgré ces termes de la loi : « le juge de paix statuera sans forme de procédure, » une formalité que la loi charge le juge de paix lui-même d'accomplir : c'est de donner, trois jours avant l'audience où il statuera, un *avertissement* à toutes les parties intéressées.

Plusieurs arrêts ont jugé que cette formalité est substantielle et d'ordre public et que la nullité provenant de son inaccomplissement peut être pour la première fois proposée devant la Cour de cassation, parce qu'elle constitue une violation du droit de la défense. (6 avril 1875, Sirey, 75, I, 375 ; 27 juin 1877, Dalloz, 5, 185 ; 27 avril 1878, M. Onofrio, rapport ; 29 mai 1878, Dalloz, 79, 5, 157 ; Sirey, 78, I, 427 ; 19 avril 1880, Rapport de MM. Baudoin et Guérin ; Dalloz, 80, I, 155.)

Toutefois, un arrêt du 1ᵉʳ décembre 1874 (Sirey, 75, I, 472), a jugé que le défaut d'avertissement pouvait être couvert par la comparution sans objection de la partie non avertie, et par les conclusions qu'elle a prises au fond, sans exciper de l'inobservation de la formalité. (Voir, dans le même sens, Chambre civile, 8 août 1877 ;

doit-il, en ce cas, donner un avertissement à ces derniers, si la demande ayant été repoussée, le tiers électeur a interjeté appel ?

On a fait une distinction : l'électeur dont l'inscription était demandée par un tiers électeur, ne doit pas *nécessairement* être considéré comme partie à la décision municipale, s'il n'a point pris part à la réclamation portée devant la Commission. (24 avril 1877, rapport de M. Massé ; Sirey, 77, I, 319 ; 21 avril 1875, Bulletin civil, n° 56, et 23 mars 1863.) C'est seulement d'après ces décisions, au cas où l'inscription est contestée par un autre tiers électeur, que l'électeur doit être considéré comme partie intéressée.

Nous estimons cependant que la généralité des expressions « les parties intéressées » devra souvent faire un devoir au juge de paix de donner l'avertissement aux personnes dont l'inscription a été demandée par un tiers devant la Commission municipale. Nous avons, en effet, expliqué plus haut comment un citoyen dont l'inscription est demandée par un tiers, peut avoir intérêt à faire rejeter cette demande formée, mais en apparence seulement, dans son intérêt : il est véritablement défendeur et le juge de paix agira avec sagesse en lui adressant l'avertissement.

Aucun doute sur la nécessité de remplir cette formalité ne peut s'élever quand l'électeur est intervenu devant la Commission, et y est ainsi devenu partie à la décision. (Chambre civile, 19 avril 1880 ; Dalloz, 80, 1, 55.) Nous reviendrons sur cette question quand nous nous occuperons des voies de recours contre le jugement du juge de paix.

§ 2. — COMPÉTENCE. — JUGEMENT EN LA FORME ET AU FOND. — QUESTIONS PRÉJUDICIELLES.

151. — En matière électorale comme en toute autre, le juge de paix ne peut, en principe, connaître d'un litige

dans lequel sont engagés ses parents en ligne directe ou en ligne collatérale, au degré déterminé par la loi. Il doit donc, en ce cas, s'abstenir; mais si aucune des parties n'a opposé l'incompétence du juge, le demandeur en cassation n'est pas recevable à présenter pour la première fois, devant la Cour suprême, un moyen tiré de cette irrégularité. (Chambre civile, 8 juin 1880; affaire Sicchioni, M. Sallé, rapporteur; Dalloz, 80, I, 280.)

Il est arrivé aussi qu'un maire qui avait présidé la Commission *administrative* chargée de la révision des listes et de la rédaction du tableau rectificatif a été nommé juge de paix sans avoir pris part aux jugements des contestations soumises à la Commission *municipale*, a-t-il pu juger comme juge d'appel les décisions rendues par cette dernière Commission? cela ne nous paraît pas douteux, les opérations de la Commission administrative ne sont point un acte de juridiction, mais un travail de pure administration, l'œuvre de la justice commence quand la Commission municipale est saisie, c'est comme juge d'appel des décisions de cette Commission que le juge de paix agit; son jugement ne se réfère en rien a la révision faite par la première Commission.

C'est ce que la Cour de cassation a jugé par plusieurs arrêts rendus le 24 mai 1881, au rapport de MM. Dareste, Rohault de Fleury et Monod, ces arrêts sont tous conçus en ces termes :

La Cour; — Sur le moyen tiré de ce que le juge de paix qui a rendu le jugement attaqué aurait participé comme maire à la formatisn de la liste électorale : attendu que le fait allégué fut-il urai, il ne s'en suivrait pas, que le maire nommé juge de paix depuis la confusion de la liste fut incompétent pour statuer sur les appels dirigés contre les décisions de la Commission municipale de révision, du moment où il n'a pas pris part aux décisions de cette dernière Commission, qui est seule investie du pouvoir juridictionnel, par l'article 2 de la loi du 7

juillet 1874 à la différence de la Commission administrative instituée par l'article 1er de ladite loi. Rejette ce moyen.

Nous ajouterons que le juge de paix qui est le beau-frère du président de la Commission municipale dont émane la décision attaquée n'est pas tenu de se récuser. (Arrêt du 26 avril 1881, affaire Giacomoni. M. Sallé, rapp. Dalloz, 81, 1, 271).

151 *bis*. — Voyons maintenant quelles sont les limites de la compétence du juge de paix.

Le juge de paix est d'abord, et avant tout un juge d'appel. (Chambre des requêtes, 2 juin 1875 ; Bulletin civil, n° 78 ; affaire Lorenzini ; 9 mai 1877 ; Dalloz, 77, 1, 205.)

Par conséquent, un électeur qui n'a point adressé sa demande, soit à la Commission administrative, dans les cas où elle est nécessaire, soit à la Commission municipale, ne peut l'adresser directement au juge de paix pour faire ordonner, soit son inscription, soit la radiation d'un citoyen indûment inscrit. (Requêtes, 18 décembre 1871 ; Dalloz, 72, I, 26 ; 16 juin 1873 ; Dalloz, 73, 1, 419 ; 6 mars 1876 ; Dalloz, 76, I, 203, Sirey, 76, 1, 383 ; 5 juin 1877 ; Bulletin civil, n° 117 ; Dalloz, 1, 246 ; 24 juillet 1876 ; Sirey, 1877, 1, 32 ; 26 avril 1881, aff. Ricard, M. Onofrio, rapporteur.)

152. — Si donc la décision rendue par la Commission n'est pas représentée, le juge de paix ne peut statuer ; si elle n'existe pas, il est incompétent. (9 mai 1877 ; Dalloz, 77, 1, 205 ; 11 juin 1877 ; M. Aubry, rapporteur.)

Toutefois, il ne faut pas confondre le cas où le jugement n'est pas produit du tout, et celui où il serait représenté dépourvu des formes judiciaires ; si l'existence de la décision est certaine, le juge de paix doit statuer. Il lui appartient de vérifier l'exactitude de la

copie plus ou moins informe qui lui est remise et même
de la faire régulariser. Un procès-verbal signé du maire,
du délégué de l'administration et des trois délégués municipaux vaut comme décision, s'il constate la teneur de
cette décision. (Chambre civile, 1ᵉʳ mai 1877 ; Sirey, 77,
1, 381 ; Dalloz, 77, 1, 266 ; 8 mai 1878 ; Sirey, 78, 1, 482,
affaire, Lemaître.

152 *bis*. — Que doit faire le juge de paix s'il lui est
déclaré par la partie intéressée que la décision n'existe
pas, parce qu'elle a été rendue verbalement et qu'il n'en
a point été dressé minute ? Le juge de paix peut sans
doute demander au maire des renseignements sur cette
allégation, mais s'il en résulte qu'en effet la décision
ayant été purement orale, ne peut être représentée, il ne
doit pas en acceptant la décision comme prouvée, l'infirmer ou la confirmer au fond, il se trouve en présence
d'une sentence nulle en la forme, et doit donc l'annuler,
puis évoquer le fond s'il est en état, et prononcer dans
les termes de l'article 473 du Code de procédure civile,
ainsi qu'il est dit au n° 156. La Cour de cassation l'a ainsi
jugé par un arrêt du 16 mai 1881, aff. Roux et Broche,
au rapport de M. Monod. Cet arrêt est très-important et
nous en reproduisons le texte.

« La Cour ; — Vu les articles 20, 21 et 22 du décret
du 2 février 1852, 2 et 3 de la loi du 7 juillet 1874 ; —
Attendu que l'obligation de garder minute de leurs décisions est une règle générale qui s'applique nécessairement à celles que rendent en matière électorale les Commissions municipales, puisque ces Commissions constituent de véritables juridictions ; — Attendu que le devoir
pour ces Commissions d'écrire leurs décisions résulte
également, en ce qui les concerne de l'article 21 du décret
de 1852, qui enjoint de notifier les décisions dans les trois
jours aux parties intéressées ; — Attendu que l'obliga-

tion, pour les Commissions municipales de garder
minute de leurs décisions dérive non moins évidemment
de la nécessité d'assurer l'exercice normal et complet du
droit qu'a l'électeur de demander au juge de paix la
réformation des décisions de ces Commissions, et l'accomplissement intégral et régulier du devoir qu'a le juge
de paix de contrôler et de réformer, s'il y a lieu, les
décisions qui lui sont déférées.

« Qu'en présence de décisions verbales, il serait impos
sible avec un degré quelconque de certitude de connaître et d'apprécier les motifs des décisions attaquées, ni
de vérifier si les délais fixés par la loi pour porter la
réclamation devant la Commission municipale, ou pour
appeler de ces décisions ont été observées, ni si la composition de la Commission municipale a été conformé
aux prescriptions légales ; que l'obligation de garder
minute des décisions s'impose donc, en matière électorale, aux Commissions municipales, avec la même force
qu'aux autres juridictions; qu'elle est d'ordre public. —
Attendu en fait qu'il résulte des mentions de la sentence
attaquée, que la décision de la Commission municipale
de la commune de La Rocque, dont était appel, a été
purement verbale ; que le juge de paix reconnaît même,
qu'en l'absence de minute, il a dû demander des renseignements à l'un des membres de la Commission pour
savoir comment les choses se sont passées devant elle,
que c'est sur les renseignements ainsi obtenus qu'il s'est
fondé pour déclarer valable la décision qui lui était
déférée par ce motif qu'il était suffisamment établi que
la Commission avait statué en nombre et régulièrement.

« Qu'en cet état des faits, le juge de paix aurait
dû déclarer nulle la décision qui lui était déférée, évoquer et statuer au fond ;

« Qu'en ne le faisant pas, il a violé les articles sus
visés. — Casse.

153. — Mais il est des cas où un juge de paix est

compétent et doit statuer, encore bien qu'il n'ait point été rendu de décision par la Commission administrative et que, par conséquent, aucune pièce en constatant l'existence ne soit représentée.

Il en est ainsi lorsque l'électeur, ayant formé une demande d'inscription ou de radiation dans les délais légaux, le maire a refusé, soit de faire droit à sa demande, soit de la soumettre à la Commission municipale. Dans ce cas, en effet, une jurisprudence constante déclare que le refus du maire et l'omission volontaire ou involontaire de la Commission de statuer, doivent être considérés comme un rejet de la demande et que, par conséquent, l'électeur qui n'a pu obtenir une décision peut se pourvoir devant le juge de paix comme si elle existait, et c'est comme juge d'appel que ce magistrat doit prononcer. (Chambre des requêtes, 17 novembre 1874 ; Dalloz, 75, 1, 78 ; 25 novembre 1874 ; Dalloz, 75, 1, 78 : Chambre civile, 26 mars 1877 ; Sirey, 1, 221 ; 30 juin 1880 ; M. Sallé, rapporteur ; affaire Innocenzi.)

Lors donc, qu'en ce cas, un juge de paix se déclare incompétent et refuse de prononcer sur l'appel, il rend un jugement qui doit être annulé. (Mêmes arrêts et 6 mai 1879 ; Sirey, 80, 1, 132 ; Dalloz, 79, 1, 406.)

L'arrêt du 25 novembre précité et dont ceux qui l'ont suivi ont reproduit les termes, est ainsi conçu : « Attendu « que le Maire s'étant abstenu de porter la demande du « sieur Frayon devant la Commission municipale, il y « a eu, en réalité, omission de statuer, de la part de « cette Commission, que le refus ou l'omission, par une « Commission municipale, de prononcer sur une de- « mande en inscription d'un citoyen sur la liste électo- « torale, équivaut au rejet de cette demande, et que le « recours au juge de paix était la seule voie qui demeu- « rait ouverte pour obtenir la réintégration de l'inscrip- « tion. D'où il suit qu'en se déclarant incompétent pour « statuer sur ledit appel, et en disant non recevable la « demande du sieur Bourgouin, le jugement attaqué a

« formellement violé l'article 22 du décret de 1852 ; —
« Casse. »

Nous citerons encore dans le même sens un arrêt
rendu au rapport de M. Guérin, le 30 juin 1880 (Affaire
Innocenzi).

Il en est ainsi lorsqu'un électeur, ayant le dernier jour
du délai, trouvé les portes de la mairie fermées, et n'ayant
pu, par la faute de l'administration, déposer sa demande,
la Commission municipale n'a pu être saisie. En ce cas
l'appel est recevable, la demande eût-elle été présentée à
la mairie après la fermeture des bureaux qui doivent
être ouverts, ce jour-là au moins, jusqu'à minuit, 11 mai
1881, M. Bernard, rapporteur.

154. — Les mêmes principes ont été appliqués dans des
affaires qui présentaient plus de difficultés, par deux arrêts
rendus par la Chambre civile le 5 juillet 1880, au rapport de
M. Onofrio et de M. Rohault de Fleury, Sirey, 81, 1, 370 :
l'article Ier du décret réglementaire du 2 février 1852 prescrit au maire de tenir un registre de toutes les décisions
prises, soit par la Commission administrative, soit par la
Commission municipale, et l'article 2 ajoute que le tableau
contenant les additions et retranchements, sera communiqué à tout requérant : or, deux tiers électeurs ayant
demandé communication dans le délai de vingt jours
des décisions, le maire de Poggio refusa cette communication, et malgré des sommations réitérées, la liste fut
close le 31 mars, sans que ces tiers aient pu prendre
connaissance des décisions. Cependant, le 20 avril suivant, postérieurement à la clôture des listes, ces tiers
électeurs ont formé une demande en radiation de sept
électeurs inscrits sur les listes de la commune de Poggio
di Talone, que le maire n'a point soumise à la Commission. Considérant alors cette inaction du maire comme
un rejet de leur demande, ils ont porté l'affaire par appel
devant le juge de paix qui se déclara incompétent.

Pourvoi par les deux tiers électeurs, la Cour de cassation a statué en ces termes : « Vu l'article 22 du décret « du 2 février 1852 ; attendu, en fait, que par deux actes « signifiés au maire de Poggio di Talone, les 18 et 21 fé- « vrier 1880, Quilichini (Fernand) et Quilichini (Joseph) « ont demandé communication des réclamations élevées « sur les listes électorales de la commune et des déci- « sons rendues sur ces réclamations ; que le 20 avril 1880 « suivant, les mêmes électeurs ont demandé la radiation « des sieurs Lafranchi, Milatier et de cinq autres élec- « teurs prétendant que les noms de ces individus auraient « été indûment inscrits depuis le 15 janvier, sans qu'ils « aient pu, malgré leurs demandes, avoir communica- « tion des modifications apportées à ces listes ; qu'ils « ont sommé le maire de porter leur réclamation devant « la Commission électorale ; — Attendu que le Maire, « ayant refusé de saisir la Commission de cette récla- « mation, l'appel formé par le demandeur avait été régu- « lièrement porté devant le juge de paix ; — que cepen- « dant ce magistrat s'est déclaré incompétent, par le « motif qu'aucune décision de la Commission n'étant « intervenue, l'appel était irrecevable. En quoi il a violé « l'article sus-visé ; — Casse. »

154 *bis*. — La Cour de cassation a rendu sur la même question plusieurs autres arrêts qui posent des princi- pes de la plus haute importance, nous avons déjà cité et même transcrit plus haut (n° 143), les deux arrêts du 12 avril 1881, rendus sur les pourvois du sieur Duclaux Monteils, dans une espèce où le maire avait refusé de communiquer les décisions de la Commission munici- pale.

Le 24 mai 1881, la Cour a statué, au rapport de M. Da- reste, affaire Sabini ; Dalloz, 81, 1 ; dans une espèce où des inscriptions avaient été faites alors que le tableau de rectification publié le 15 janvier, ne comprenait pas les noms de plusieurs électeurs qui s'y sont trouvés figurer après la clôture des listes, sans qu'il apparut qu'aucune décision de Commission municipale ou de juge de paix eut été rendue. On doit supposer dans une semblable hypothèse, que la décision a été rendue subrepticement ou du moins illégalement, et par suite le juge de paix est compétent pour statuer sur un appel déclaré dans les vingt jours qui suivent la clôture des listes. Si le défendeur soutient qu'il y a eu décision et que le délai d'appel est expiré, c'est à lui à la rapporter et à prouver son affirmation.

Voici l'arrêt du 24 mai 1881, dont nous venons de parler :

La Cour ; — Vu l'article 3 de la loi du 7 juillet 1874, — Attendu que l'appel de Sabini tendait à faire réformer les décisions qui auraient pu être rendues par la Commission municipale de Guincaggio, de 5 au 9 février, en tant qu'elles auraient ordonné l'inscription des nommés Augélini Etienne, et Luccini Paul-Felix, sur les listes électorales de ladite commune ; — Attendu que l'inscription dont il s'agit avait eu lieu par voie de rectification à la liste déposée, qu'elle n'avait donc pu être effectuée qu'en vertu d'une décision de la Commission municipale et que si cette decision n'était pas rapportée, Sabini n'en était pas moins recevable à se pourvoir par appel devant le juge de paix ; — Attendu d'ailleurs que si Sabini a participé comme délégué de l'administration aux opérations de la Commission municipale, et si en cette qualité il ne peut se pourvoir contre les décisions auxquelles il a participé, il n'en est pas moins recevable à contester comme électeur les décisions auxquelles il n'a pas concouru et qu'il ne suffit pas pour écarter sa demande de dire que rien ne démontre que Sabini ait été tout-à-fait étranger à la rédaction des prétendues décisions dont il demande la reformation ; — Que dans les circonstances qui viennent d'être rappelées, c'était aux défendeurs à prouver que Sabini y avait pris part. — Casse. »

Il est assurément impossible de protéger d'une façon plus énergique le droit des tiers électeurs contre le mauvais vouloir possible de l'autorité municipale.

155. — Le juge de paix, saisi d'une décision dont l'expédition régulière lui est représentée, doit, à plus forte raison, en examiner la valeur, en la forme et au fond.

En la forme : c'est un point constant qu'il a le droit de déclarer nulle une décision de la Commission municipale qui n'a point été rendue par une Commission régulièrement composée. Par exemple : si les deux délégués qui doivent être joints aux membres de la Commission administrative n'ont point été appelés au jugement. (14 mai, 23 et 30 avril 1877 ; Bulletin civil, nᵒˢ 58 et 66 ; Dalloz, 77, 1, 205 et 207 ; Sirey, s, 380.)

Il ne commet pas, en statuant ainsi, une infraction à la règle de la séparation des pouvoirs. (26 mars 1872, Dalloz, 72, 1, 368 ; 8 décembre 1873, Dalloz, 74, 1, 485, et Conseil d'Etat, 4 juin 1875, affaire Conseil, et, enfin, 8 mai 1878, Dalloz, 1, 218.)

156. — Le juge de paix doit, lorsqu'il annule une décision pour vice de forme, évoquer le fond, conformément à l'article 473 du Code de procédure civile. (Chambre civile, 21 avril 1879, Dalloz, 79; 1, 406 et 407 ; Sirey, 80, 1, 36 et 38 ; 12 avril 1870, Dalloz, 70, 1, 175 ; 29 mai 1878, Dalloz, 1, 325 ; Sirey, 80, 372; Bulletin civil, nᵒ 110.) 21 juin 1881, M. Legendre rapporteur, affaire Triulier. Ce dernier arrêt est conçu en ces termes.

« La Cour ; — Vu l'article 22 du décret du 2 février 1852 ; Attendu qu'il résulte de cet article que même dans le

cas où la décision attaquée devant lui est nulle comme
irrégulièrement rendue le juge de paix n'en doit pas
moins statuer, par évocation, sur le fond du litige qui lui
est déféré par l'appel; que dès lors en se bornant à
annuler, comme ayant été rendues par des Commissions
irrégulièrement composées, les décisions des Commissions municipales de Louvain, en date du 7 février 1881,
sans statuer au fond sur les réclamations dont il était
saisi par l'appel des parties, le juge de paix a violé la
disposition précitée. — Casse. »

157. — En matière électorale, l'omission de statuer
constitue un moyen de cassation et non une ouverture
de requête civile (Chambre civile, 17 avril 1878; Dalloz,
78, 1, 247; Sirey, 1, 427.)

158. — *Au fond :* le juge de paix doit rechercher si,
soit l'inscription, soit la radiation sollicitées, ont été
ordonnées dans les cas prévus par la loi.

Il doit, par exemple, si l'inscription est demandée par
un électeur invoquant à la fois sa résidence dans la
commune pendant le temps légal, et son inscription aux
rôles des contributious ou des prestations depuis plus
d'un an, vérifier si les deux causes d'inscription allé-
guées existent; et son jugement serait annulé si, sans
s'expliquer sur l'une d'elles, il rejetait la demande uniquement par le défaut de justification de l'autre. (Chambre civile, 14 juin 1880, au rapport de M. Rohault de
Fleury; 15 juin 1880; Dalloz, 81, 1, 31; 11 avril 1881,
affaire Gignoux; Dalloz, 81, 1. Voir aussi n° 61, l'arrêt
du 29 mars 1881, affaire Nicolaï.)

Son jugement serait aussi annulé s'il refusait l'inscription demandée, par exemple, par un garde particulier,
en excipant d'un défaut de résidence suffisante, sans
s'expliquer sur la qualité de fonctionnaire public, et sur

l'immunité prétendue par lui. (Chambre civile, 3 mai 1880, affaire Bourgeois, M. Sallé, rapporteur.)

159. — Le juge de paix doit aussi, lorsque la demande d'inscription a été formée sans précision de la liste pour laquelle elle est faite, l'examiner au point de vue de la liste politique, comme de la liste municipale, et l'appel formé contre la décision de la Commission municipale qui rejette absolument une pareille demande, ne saurait être déclaré non recevable comme contraire à la règle du double degré. (Chambre civile, 26 mars 1877; Bulletin civil, n° 47; Dalloz, 77, 1, 270, au rapport de M. Merville, affaire Ségaud), ainsi conçu :

« Sur le moyen pris de ce que le jugement attaqué a déclaré l'appel du demandeur non recevable, sous prétexte que sa demande n'aurait pas été préalablement portée devant la Commission municipale de Saint-Romain, ou que cette Commission aurait omis ou refusé d'y statuer, vu l'article 22 du décret du 2 février 1852 :

« Attendu que, ni dans la décision de la Commission municipale, ni dans le jugement attaqué, il n'est constaté que Ségaud ait expressément borné sa demande originaire à être inscrit sur la liste électorale municipale de la commune de Saint-Romain; que, loin de là, la durée de moins de deux ans formellement assignée par Segaud lui-même à sa résidence dans la commune semblait réduire l'objet de sa demande à une inscription sur la liste électorale politique; que, tout au moins, la demande était conçue en termes généraux, applicables à toute liste électorale dressée dans la commune; que la Commission municipale devait donc l'examiner au double point de vue de la liste municipale et de la liste politique, et, qu'au contraire, elle l'a rejetée par un motif uniquement tiré des conditions requises par l'élection municipale; — Attendu, dès lors, que Ségaud était en droit de se pourvoir par appel contre cette décision; que d'une part, sa demande telle que l'expliquait l'acte d'appel pour répondre au motif de rejet donné par la Commission, n'était point du tout une demande nouvelle, mais la reproduction sous une forme plus précise de la demande originale; que, d'autre part, en rejetant cette demande, et quand même elle ne l'eût rejetée que pour l'avoir mal comprise, la Commission ne l'avait pas moins embrassée et jugée tout entière; que la juridiction d'appel était donc, sous tous les rapports, ouverte au demandeur, et, qu'en décidant le contraire, le jugement attaqué a violé l'article de loi susvisé; — Casse. »

160. — Pour éclairer la religion du juge, les parties ont le droit de produire toutes les pièces propres à établir leur droit à l'inscription, ou le bien fondé de leur demande en radiation. L'appel est dévolutif de toute la cause à la juridiction du juge de paix, et, en cette matière, comme en toute autre, la partie peut, jusqu'au jour du jugement, établir le mérite de sa demande par les titres qui la justifient. (23 novembre 1875, Dalloz, 75, 1, 75; 24 avril 1877, affaire Christian, M. Massé, rapporteur; 10 avril 1877, M. Merville, rapporteur; Dalloz, 77, 1, 279; 10 décembre 1877, Bulletin civil, n° 162, affaire Jacomet; Dalloz, 78, 1, 279; Sirey, 80, 1, 319; 9 mars 1877, M. Goujet, rapporteur; 12 juin 1877, M. Requier, rapporteur, Bulletin civil, n° 98.)

Il peut aussi prouver par témoins les faits qu'il allègue à l'appui de sa demande. Le juge de paix peut déclarer qu'en présence des justifications faites par les autres parties la preuve offerte serait inutile et sans intérêt, mais il ne peut rejeter la preuve testimoniale, par le motif qu'elle serait inadmissible en matière électorale. (Voir arrêt du 5 juillet 1880, au rapport de M. Beaudoin, affaire Sansonnetti; Sirey, 81, 1, 370.)

Voici comment l'arrêt précité du 10 décembre 1877

(affaire Jacomet, au rapport de M. Merville), est conçu :

« Attendu que, quand bien même un demandeur n'aurait pas produit toutes les justifications nécessaires devant le premier degré de juridiction, il est encore a temps pour les produire devant le juge de paix, si la réclamation est portée devant ce magistrat par la voie de l'appel ; Qu'il ne suffit donc pas au juge de paix, pour motiver le rejet d'une réclamation de cette nature, d'affirmer qu'elle n'a pas été justifiée devant la Commission de première instance ; qu'il doit, en outre, rechercher si elle se trouve justifiée par les preuves dont elle est actuellement saisie ;

« Attendu que du jugement attaqué il ressort, il est vrai, que la Commission de révision des listes électorales de la commune de Chelle aurait justement rejeté la demande d'inscription présentée par Jacomet, faute par ce dernier d'avoir produit, en *temps voulu*, les diverses pièces nécessaires pour établir son droit, mais que le jugement n'ajoute pas que ces mêmes pièces font encore défaut en appel, et laisse même par sa rédaction supposer le contraire ; qu'en statuant ainsi, il a méconnu l'effet dévolutif de l'appel et violé la disposition de la loi sus-visée ; — Casse. »

L'appelant pourra donc faire en appel la preuve de sa résidence ; il pourra produire ses actes de naissance ou de mariage, les pièces établissant sa naturalisation, sa qualité de fonctionnaire public, et de ministre du culte ; les bordereaux de contributions constatant qu'il est porté aux rôles depuis un an, ou le certificat du percepteur attestant ce fait. (Chambre civile, 27 juin 1877, affaire Mariotti ; Dalloz, 1877, 5, 185 ; et Sirey, I, 438 ; 5 mai 1879, Bulletin civil, n° 82.)

161. — Dans le cas où la demande a été formée et suivie devant la Commission par un mandataire de l'électeur, ce mandataire doit justifier de l'existence de son mandat devant le juge de paix, en rapportant l'écrit que contient la procuration. Mais il est admis, en jurisprudence, que le mandat ne doit pas nécessairement être donné par écrit ; il peut être verbal, et le juge de paix est appréciateur des faits et des déclarations qui en démontrent l'existence. « Attendu, dit un arrêt du 22 juin 1880, au rapport de M. Goujet, affaire Mandolini et autres Dalloz, 81, 1, 31 que le juge de paix, aux termes de l'article 22 du décret de 1852, statue en matière électorale sans forme de procédure ; que les parties peuvent dès lors se faire représenter par un mandataire de leur choix et que nulle disposition de loi n'exige que le mandataire soit porteur d'une procuration écrite ; — Rejette. »

162. — Mais lorsque la loi exige que la demande d'inscription soit faite *personnellement* par l'électeur, par exemple, lorsque c'est un contribuable non résidant qui veut obtenir son inscription sur la liste municipale de la commune où il possède des immeubles, il ne suffirait pas à celui qui se dit son mandataire devant le juge de paix de faire la preuve du mandat donné pour l'appel ou depuis l'appel, il doit justifier que, lors de la formation de la demande ou maire au à la Commission municipale, il était déjà investi de la qualité de mandataire.

163. *Questions préjudicielles.* — En général, le juge de paix est souverain appréciateur des faits allégués par les parties à l'appui de leur appel. (Cassation, 12 avril 1880 ; Dalloz, 80, 1, 208). Il est cependant un cas où la loi a tracé des règles à suivre, en limitant l'étendue de ses attributions et de ses pouvoirs. L'article 22, paragraphe 2, du décret du 2 février 1852 est, en effet, ainsi

conçu : « Si la demande portée devant lui implique la
« solution préjudicielle d'une question d'Etat, le juge de
« paix renverra préalablement les parties à se pourvoir
« devant les juges compétents, et fixera un bref délai
« dans lequel la partie qui aura élevé la question préju-
« dicielle devra justifier de ses diligences. Il sera pro-
« cédé en ce cas, conformément aux articles 855, 856 et
» 858 du Code de procédure civile. »

Il appartient en effet au Tribunal civil seul de statuer
sur les questions d'Etat.

Les questions de ce genre sont souvent celles qui touchent à la nationalité de l'électeur dont l'inscription ou la
radiation sont demandées. Il est difficile, on peut même
dire impossible, de fixer d'une manière absolue et en
droit, le point où commence et celui où s'arrête la compétence du juge de paix en cette matière.

Il est d'abord hors de doute que le juge de paix n'est
point obligé de surseoir devant toute demande impliquant la solution de la question préjudicielle de nationalité ; bien au contraire, la jurisprudence ne l'autorise
à surseoir qu'autant qu'il existe des doutes sérieux sur
l'origine française de l'électeur réclamant ou contesté.
Si les actes l'état civil et autres pièces produites sont de
nature à faire la preuve complète de la nationalité française de cet électeur, le juge de paix a le devoir, sous
peine de voir casser son jugemeent, qui ordonnerait un
sursis, de prononcer sur la question de nationalité elle-
même ; il doit ordonner l'inscription dont l'origine française lui paraîtra justifiée, comme la radiation de celui
dont la nationalité étrangère résultera des actes qu'on
lui oppose. (Chambre des requêtes, 26 avril 1875 ; Bulletin civil, n° 58 ; affaire Cadet, Sirey, 75, 1, 376.)

Mais si les pièces produites laissent subsister des doutes sérieux sur la nationalité, le juge de paix doit surseoir ; il le doit également si les documents rapportés,
sans faire une preuve suffisante de l'origine du récla-

mant, peuvent être complétés par la juridiction compétente.

Il a été rendu sur ce point des arrêts fort nombreux. Nous indiquerons, pour servir de règle et de mesure aux appréciations du juge de paix, les principaux et les plus récents : Requêtes, 31 mars 1863 ; Dalloz, 63, 1, 136 ; 4 avril 1865, Dalloz, 65, 1, 239 ; Chambre civile, 30 avril 1877, M. Aucher, rapporteur ; Dalloz, 77, 1, 203 ; Sirey, 1, 379 ; 25 mars 1877, M. Greffier, rapporteur, affaire Gervex ; Dalloz, 77, 1, 202 ; Sirey, 1, 379 ; 14 et 19 mars 1877, M. Merville, rapporteur ; Dalloz, 77, 1, 203 ; Sirey, 1, 379 ; 25 avril 1877 ; Dalloz, 77, 1, 203 ; 25 avril 1878, Dalloz, 1, 245 ; 26 mars 1879 ; Sirey, 79, 1, 427 ; Dalloz, 1, 204 ; 19 avril 1880 ; Dalloz, 80, 1, 154 ; 4 mai 1880 ; Dalloz, 81, 1, 128.)

On lit dans l'arrêt du 14 mars 1877, au rapport de M. Aucher :

« Attendu que l'appel de Mercadier présentait à juger la question de savoir : si l'appelant, quoique né à Anvers, le 27 prairial an VI, avait ou non la qualité de Français ; que le sus-nommé prétendait être né d'un père Français, et, qu'à défaut des actes de naissance et de décès de ce dernier, il produisait divers titres et documents qui étaient de nature à rendre vraisemblable sa nationalité française, sinon à l'établir dès à présent ; — Que, dans ces circonstances, sa réclamation soulevait une question d'Etat et donnait lieu à une action préjudicielle sérieuse, dont le juge de paix ne pouvait connaître ; d'où il suit qu'en la tranchant lui-même en l'état des productions encore incomplètes faites devant lui, il a violé ouvertement l'article 22 du décret de 1852. — Casse. »

Au contraire, l'arrêt du 25 avril 1877, au rapport de M. Merville, rejette un pourvoi dans les termes suivants affaire Pierson et Leclaire) :

« Attendu, en droit, que le juge n'est tenu de renvoyer préalablement les parties devant le Tribunal compétent pour statuer sur l'exception préjudicielle soulevée devant lui, qu'autant qu'elle présente les apparences d'une contestation sérieuse ; qu'il doit, au contraire, refuser de surseoir lorsque l'inscription proposée ne repose que sur une simple allégation et n'est appuyée d'aucun document paraissant de nature à la justifier ; que cette règle, écrite dans l'article 182 du Code forestier, doit être appliquée en matière électorale, comme en toute autre, sans quoi, le cours de la justice pourrait toujours être suspendu par une exception soulevée de mauvaise foi ; — Attendu, en fait, que Bianchi père et fils avaient été éliminés sur la liste électorale comme étrangers ; que Pierson, appelant de cette décision, prétendait qu'ils étaient Français, sans produire aucun document, ni articuler aucun fait à l'appui de son allégation ; que le juge de paix, ayant sous les yeux un certificat de l'autorité administrative, constatant que Bianchi avait été rayé du tableau de recensement comme né d'un père étranger, a pu, sans excéder les limites de sa compétence, déclarer que l'exception soulevée par l'appelant n'était pas sérieuse et refuser de surseoir au jugement du fond ; — Rejette. »

163 *bis*. — Enfin dans l'affaire Gervex et par l'arrêt rendu à notre rapport le 26 mars 1877, la Cour a cassé un jugement qui avait, en présence d'actes de l'état civil établissant que Gervex né en France d'un père Savoisien à l'époque de sa naissance, mais devenu français par suite de l'annexion de la Savoie à la France, avait refusé d'ordonner son inscription sur la liste électorale, par le motif unique qu'il était né d'un père étranger et ne rapportant pas la preuve d'une naturalisation régulièrement obtenue. (V° Dalloz, 77, 1, 202 ; et Sirey, 77, 1, 279.)

163 *ter*. — Au contraire dans une affaire touchant à la

naturalisation d'un Italien par effet de l'annexion, un arrêt rendu également à notre rapport en date du 10 mars 1881 (affaire Tiberti; Dalloz, 1881, 1, il a été décidé que le juge de paix aurait dû surseoir, la question présentant ainsi que l'établit l'arrêt, une difficulté relativement très-grave :

La Cour ; — Vu l'article 22 du décret du 2 février 1852, portant : que si la demande soumise au juge de paix implique la solution préjudicielle d'une question d'Etat, ce magistrat renverra préalablement les parties à se pourvoir devant les juges compétents ; — Attendu que le juge de paix doit prononcer le renvoi, lorsque l'exception préjudicielle présente les apparences d'une contestation sérieuse, et lorsqu'il n'est pas mis à même de statuer sur l'évidence du fait et du droit ; — Attendu que dans la cause, Tiberti, sujet Sarde, d'origine Piémontaise, mais domicilié en Savoie, au moment de l'annexion, invoquait à l'appui de ses prétentions à la nationalité française, les dispositions de l'article 6 du traité diplomatique intervenu le 20 mars 1860, entre la France et la Sardaigne, et soutenait que la Commission municipale de Grezy-sur-Izère lui avait à tort fait application du décret du 30 juin 1860, en jugeant qu'il aurait dû pour acquérir la qualité de français, se conformer aux prescriptions de ce décret ; — Que cette contestation, en présence des interprétations diverses données par la doctrine et la jurisprudence au sens et à la portée des deux documents prédatés soulevait un litige d'une difficulté réelle et d'une importance considérable au point de vue de la condition faite par les traité et décret de 1860, aux sujets Sardes majeurs domiciliés dans les provinces annexées ; — Que c'était donc le cas pour le juge de paix de Grezy-sur-Isère de se conformer aux dispositions de l'article 22 du décret de 1852. — Qu'en statuant sur la question préjudicielle d'Etat, qui naissait de la demande de Tiberti, afin d'inscription sur les listes électorales, le juge de paix a excédé ses pouvoirs, et a violé l'article 22 sus-visé. — Casse. »

Même décision dans une affaire Muschielli contre To. (arrêt du 20 juin 1881, au rapport de M. de la Grévol.

163 *quater*.— Il a été jugé par un arrêt du 4 mai 1881, au rapport de M. Guérin : que l'étranger qui avait pendant la guerre de 1870-1871, servi dans la garde nationale mobilisée, devait être réputé avoir servi dans l'armée française et avait pu, en faisant la déclaration prescrite par l'article 9 du Code civil, en conformité de la loi du 22 mars 1849, acquérir la qualité de français, sans solliciter la naturalisation par décret ; que dès lors le juge avait pu, la loi étant claire et formelle, ordonner l'inscription de ce citoyen sur la liste électorale.

« La Cour : Attendu qu'aux termes de l'article 9 du Code civil combiné avec la loi du 22 mars 1849, tout individu né en France d'un étranger peut, même après l'année qui suit sa majorité, s'il sert ou a servi dans les armées françaises de terre ou de mer réclamer la qualité de français en déclarant que son intention est de fixer son domicile en France ; — Attendu qu'il est constant, en fait, et qu'il n'a pas même été contesté que Pierre-Auguste Dharnault est né le 3 avril 1842 à Cysoing, arrondissement de Lille, de parents Belges ; qu'il s'est engagé volontairement le 29 novembre 1870, dans la garde nationale mobilisée ; qu'il a été incorporé avec son bataillon dans l'armée du Nord, mis à la disposition du ministre de la guerre et envoyé à Douai, où il a pris part à toutes les manœuvres pendant la campagne de 1870-1871 ; — que le 3 février 1881, il a fait devant le maire de la commune de Cysoing, où il réside, la déclaration prescrite par l'article 9 du Code civil ; — Attendu que d'après le décret des 14 et 26 octobre 1870 la garde mobilisée fait partie de l'armée auxiliaire entièrement assimilée à l'armée régulière — Qu'il importe peu que Dharnault n'ait pris part à aucune bataille, ni à la défense d'aucune place puisqu'une coopération de cette nature à la défense du pays n'est pas exigée par la loi du 22 mars 1849, à laquelle il n'a pas été dérogé par le décret du 26 octobre 1870, qu'invoque le pourvoi et qui est inapplicable à l'espèce; — Attendu que dans ces conditions, le défendeur est devenu français par le seul effet de sa déclaration de vouloir fixer son domicile en France, et n'a pas besoin pour être admis à y jouir de ses droits électoraux de produire des lettres de naturalisation; — Que les contestations soulevées sur ces divers points par Louis Barbès n'étant pas sérieuses, le juge de paix n'était pas obligé d'en renvoyer la connaissance à une autre juridiction; qu'en les rejetant et en ordonnant par suite l'inscription de Dharnault sur les listes électorales de Cysoing, le jugement attaqué n'a violé aucune loi. — Rejette. »

164. — Ces exemples suffiront, croyons-nous, à montrer comment le juge de paix doit apprécier les actes qui lui sont soumis à l'appui des exceptions préjudicielles soulevées devant lui à l'occasion de la révision des listes électorales. Ce qui en ressort, en principe, c'est : 1° Que le juge de paix ne doit pas surseoir par cela seul qu'une telle exception est produite; 2° Qu'il doit statuer sur l'exception quand les pièces produites ne laissent point subsister de doutes sérieux sur la nationalité française ou étrangère de l'électeur inscrit ou contesté; 3° Qu'il doit surseoir si les pièces présentées ne forment encore qu'une réunion de présomptions dont il importe de vérifier la valeur probante au moyen de l'examen, soit de la législation, soit de faits demeurés encore incertains.

165. — Il ne faut pas confondre les questions d'état

avec les questions d'incapacité résultant de condamnations criminelles, le juge de paix 'doit, à l'aide des documents fournis, trancher cette difficulté qui n'est, après tout, qu'un litige sur le droit à l'inscription. (31 mars 1879, affaire Vezin ; Dalloz, 99, 1, 204; Sirey, 69, 1, 428.)

Mais c'est surtout quand l'application de la loi française est facile et simple que le juge de paix doit s'abstenir de surseoir. Ainsi ce magistrat reconnaîtra facilement, par la simple lecture des lois des 22 mars 1849 et 7 février 1851, si un individu né en France d'un étranger a ou non, en faisant ou en s'abstenant de faire les déclarations prescrites par ces lois et par l'article 9 du code civil, acquis, conservé ou perdu irrévocablement la qualité de Français. (12 avril 1875; Sirey, 75, 1, 375.)

166. — Quoique l'article 22 n'ait indiqué, comme cause de sursis, que les contestations impliquant la solution préalable d'une question d'Etat, il est encore d'autres cas où le juge de paix devrait surseoir : d'abord celui où il ne pourrait statuer sans *interpréter* un acte administratif et empiéter sur les attributions de l'autorité administrative. Le principe de la séparation des pouvoirs doit être respecté en cette matière, comme en matière ordinaire.

Ainsi la Cour de cassation a, par un arrêt du 4 mai 1880, au rapport de M. Guérin, Dalloz, 81, 1, 32, Sirey, 81, 1, 370, cassé un jugement du juge de paix qui, en présence d'une contestation élevée sur le point de savoir si l'habitation d'un individu qui demandait son inscription sur la liste électorale d'une commune, était comprise dans la circonscription de cette commune ou dans celle de la commune limitrophe, avait, par des raisons de fait et en l'absence d'un acte administratif fixant clairement de ce côté les limites des communes, jugé que cette habitation faisait partie de la première.

Dans une autre espèce concernant la révision des

listes électorales de la ville de Dourdan, la même question s'est présentée d'une façon plus remarquable encore. Cette ville est divisée en deux cantons de justice de paix, et, par suite, en deux sections électorales. Deux notaires résidant l'un dans le canton nord, l'autre dans le canton sud, étaient depuis longtemps en contestation sur la ligne qui délimitait les deux cantons. Ils prétendaient l'un et l'autre qu'un nouveau quartier qui s'était élevé sur une certaine étendue du territoire placée à la limite des deux cantons, dépendait de leur canton respectif. Ils imaginèrent, pour arriver à la solution de la question, le moyen suivant : le notaire du canton nord soutint que les électeurs de ce canton nouveau, inscrits sur les listes du canton sud, devaient être inscrits sur celles du canton nord, et demanda en conséquence leur radiation des listes de la section sud et leur inscription sur les listes du nord ; les électeurs, appuyés par le notaire du sud, soutinrent qu'ils demeuraient dans cette dernière section, et qu'en conséquence, leur inscription était régulière. Un jugement du juge de paix décida, par une appréciation de faits, et sans invoquer l'acte administratif établissant la division des deux cantons, et qu'il aurait pu déclarer clair et précis, que la demande était mal fondée, et que la liste attaquée devait être maintenue.

Sur le pourvoi du tiers électeur, notaire du canton sud, la chambre civile a jugé que le juge de paix avait méconnu le principe de la séparation des pouvoirs et commis un excès de pouvoir, en traçant lui-même la ligne séparative des deux cantons de Dourdan et cassa son jugement. (Arrêt du 26 mars 1880 ; Dalloz, 81, 1, 32 ; Sirey, 81, 1, 370.)

166 *bis*. — Le juge de paix doit encore surseoir à statuer, quand une instruction criminelle a été commencée à l'occasion de la fausseté prétendue de la date d'une décision de la Commission municipale, que l'intéressé soutient avoir été tardivement frappée d'appel. (Chambre

civile, 20 décembre 1880, affaire Lucciani, au rapport de
M. de Lagrevol, Dalloz, 81, 1, 79 ; Sirey, 81, 1, 373.)

Cet arrêt s'exprime ainsi : « Vu l'article 5 paragraphe 4
de la loi du 7 juillet 1874, l'article 7 de la loi du 30 décembre 1875 et l'article 22 du décret du 2 février 1852.
— Attendu que l'on opposait à Frattani et Salles, tiers
électeurs inscrits, appelants de la décision de la Commission municipale de Vezzain, du 9 février 1880, une
fin de non-recevoir tirée de ce que leur appel était tardif, que le juge de paix devait donc vérifier si l'appel
avait été interjeté dans les 20 jours à partir de la décision ; — Attendu que la sentence ayant constaté qu'une
information criminelle était actuellement ouverte au
sujet de la décision rappelée et dans laquelle la date de
cette décision était mise en question, aurait dû surseoir
à statuer sur le litige jusqu'à ce qu'il eût été définitivement prononcé sur l'action publique ; — Attendu néanmoins que la décision attaquée au lieu d'ordonner le
sursis, a statué tant sur la fin de non-recevoir que sur
le fond ; en quoi elle a violé les articles sus-visés. —
Casse. »

167. — Revenons maintenant à la forme des décisions.
Le jugement du juge de paix doit être rendu dans les
formes prescrites par la loi pour toute décision judiciaire,
et remplir les conditions substantielles des jugements.
On doit donc trouver les noms des parties, la qualité en
laquelle elles agissent, la mention de l'avertissement
qu'elles ont reçu du juge de paix, leurs conclusions, si
elles en ont prises, soit verbalement, soit par écrit, ou
tout au moins toute indication précisant l'objet du débat.
(Requêtes, 6 avril 1875 ; Bulletin civil, page 99 ; affaire
Mauduit du Plessis.)

A la vérité, et dans beaucoup de cantons, une grande
négligence préside à la rédaction de ce qu'on appelle

les qualités du jugement; on se contente d'y expliquer que le jugement a été rendu sur l'appel interjeté par telle ou telle personne, d'une décision de la Commission municipale en date du..... qui a ordonné ou refusé l'inscription ou la radiation des électeurs dénommés ; on ajoute que l'avertissement a été donné aux parties intéressées, qu'elles ont comparu, et donné leurs explications. (Voir sur ce point, Chambre civile, 30 avril 1877 ; Sirey, 77, 1, 426.)

Assurément, il serait bien préférable que les greffiers prissent pour formule celle qu'ils appliquent tous les jours à la rédaction des jugements en matière civile. On y reconnaîtrait du premier coup d'œil entre quelles parties le jugement a été rendu, s'il est contradictoire ou par défaut. Mais la Cour de cassation ne se montre pas rigoureuse en ce point; en réalité, c'est la mention de l'avertissement aux parties intéressées qui lui paraît établir l'introduction régulière de l'affaire devant le juge, et elle laisse aux parties le soin de démontrer que le juge de paix a méconnu les droits de la défense, et statué en violant des prescriptions substantielles de la loi.

168. — Il en est cependant dont l'accomplissement doit, à peine de nullité, être formellement mentionné dans le jugement : c'est au premier chef la publicité de l'audience. (Arrêt des 3 et 11 mai 1880 ; Sirey, 81, 1, 85, affaires Calvinhac et Bastiani.

Le défaut de motifs est aussi une cause de nullité du jugement aux termes de l'article 7 de la loi du 20 avril 1810. C'est ce que la Cour de cassation a maintes fois jugé, soit en relevant expressément la violation de l'article 7, soit en se bornant à dire que le jugement qui a ordonné une inscription ou une radiation, sans s'expliquer sur les moyens invoqués par les parties, manque de base légale. (Chambre civile, 6 mai 1878, M. Merville, rapporteur; Bulletin civil, n° 76, page 137 ; 9 mai, 27 juin 1877 ; Sirey, 77, 1, 378 ; 3 mai 1880, au rapport de

M. Merville.) Mais le juge de paix peut se borner à adopter les motifs de la Commission municipale quand ils sont convenablement exprimés. (Chambre civile 20 juin 1881. M. Onofrio rapporteur. Voir ci-dessus, n° 149 *bis*.)

Il y a également nullité d'un jugement lorsqu'il ne fait connaître d'une manière au moins sommaire, ni la présence des parties, ni les points contestés entre elles. (Requêtes, 9 mai 1873, et Chambre civile, 1875 ; Chambre civile, 3 mai 1880 ; affaire Bastiani, M. Merville, rapporteur, Dalloz, 80, 1, 336 ; Sirey, 81, 1, 85.)

§ 3. — VOIES DE RECOURS. — JUGEMENT PAR DÉFAUT OPPOSITION. — COMBINAISON DE L'ACTION INDIVIDUELLE ET DE L'ACTION DES TIERS, DITE ACTION POPULAIRE.

169. — Le jugement du juge de paix qui, comme nous le verrons plus loin, peut être attaqué devant la Cour de cassation, peut-il donner lieu au recours par voie de tierce opposition ou de requête civile ?

Nous croyons, comme M. Hérold (n° 208), que ces deux voies de recours ne peuvent s'appliquer aux décisions rendues en matière électorale. La loi a donné aux tiers la faculté de former dans des délais fixés, à peine de déchéance, des demandes de radiation ou d'inscription : autoriser la tierce opposition ce serait ouvrir à ces tiers une voie facile d'éluder les prescriptions de cette loi, et de s'affranchir de l'obligation d'agir dans les délais. Que s'il s'agit de tiers ayant exercé l'action qui leur compète, ils ont le droit de se pourvoir en cassation contre une décision qui aurait directement violé la loi à leur égard.

170. — Quant à la *Requête civile*, il nous semble que les formalités prescrites par le Code de procédure civile

pour ce recours extraordinaire, sont absolument inexécutables en cette matière. Beaucoup d'excellents auteurs n'admettent point la requête civile, contre les décisions de justice de paix en général. Nous partageons sur ce point l'avis de Boitard (*Cours de procédure*, n° 731); de Merlin (*Addition au répertoire*, t. 17, page 518); de Pigeau, (t. 1, n° 597); de Chauveau sur Carré (n° 1, 736); de Bioche (n°s 12 et 688.) Les motifs de l'opinion contraire développés par M. Dalloz (*Répertoire v°* Requête civile) ne nous paraissent pas répondre à l'impossibilité à peu près certaine de l'accomplissement des formalités et des conditions propres à cette procédure quand il s'agit d'une décision rendue en matière ordinaire. A plus forte raison, en doit-il être ainsi quand c'est un jugement rendu en matière électorale. (Cassation 1 et 17 avril 1878, Dalloz, 78, 1, 247.)

171. — Mais la voie de *l'opposition simple*, devant le juge qui a prononcé le jugement par défaut, a toujours été reconnue recevable en cette matière. « L'article 20 « du Code de procédure qui consacre en justice de paix « cette voie de recours, constitue, dit un arrêt de 1863, « une règle de droit commun, qui tient à la liberté de la « défense et repose sur ce principe que nul ne doit être « jugé sans avoir été entendu; elle est dès lors applica- « ble à toutes les matières de la compétence du juge de « paix toutes les fois qu'il n'y a pas été dérogé par la « loi; or, le décret organique du 2 février 1852 ne con- « tient aucune dérogation, soit explicite, soit implicite « au principe du droit d'opposition; il doit donc recevoir « son application. » (11 mars 1863, Dalloz, 64, 1, 239, 5 mai 1879; Sirey, 80, 1, 317; Dalloz, 79, 1, 405; 4 mai 1880; Sirey, 81, 1, 128; 8 juin 1881; Sirey, eodem loco.

Mais il faut bien préciser dans quel cas le jugement est susceptible d'opposition. Il doit avoir été rendu par défaut, c'est-à-dire que la partie opposante aura été appelée à comparaître par l'avertissement du juge de paix. Mais si elle n'a pas reçu d'avertissement, quoiqu'elle fût intéressée à la décision, le jugement n'est point réputé par défaut; il est en effet atteint d'un vice qui doit être soumis au contrôle de la Cour de cassation pour qu'elle en prononce l'annulation. (Hérold, n° 205; et les arrêts suivants : 4 mai 1880; M. Rohault de Fleury, rapporteur et 22 juin 1880 au rapport de M. Goujet, Dalloz, 81, 1, 31, 10 août 1880 au rapport de M. Dareste.) Nous citerons le texte de l'arrêt du 22 juin 1880 qui résume avec une très-grande netteté les principes de la matière : « Attendu que si Léandri et Lusinki avaient « réclamé, devant la Commission municipale de Zicavo, « l'inscription de divers électeurs dont la radiation était « provoquée par l'appel de Péraldi François, et si en « conséquence ils étaient intéressés à la contestation « soulevée par cet appel, il est constant que l'avertisse- « ment prescrit par l'article 22 du décret de 1852 ne leur « a pas été donné; qu'ils n'avaient pas été mis en de- « meure de comparaître devant le juge de paix et qu'ils « ne figurent pas comme parties à la sentence du 20 fé- « vrier; que dès lors ce n'est pas par la voie de l'*oppo-* « *sition,* mais uniquement par celle du recours en cas- « sation pour violation de la loi, qu'ils pouvaient se pour- « voir contre la sentence dont il s'agit; qu'en matière « électorale, de même qu'en matière ordinaire, l'opposi- « sition n'est en effet permise qu'à ceux qui ont été « appelés aux débats, et sont parties défaillantes; Qu'il « suit de ce qui précède, que le jugement attaqué, en « déclarant non-recevable l'opposition formée par les « demandeurs au jugement du 20 février 1880, n'a violé « aucune loi; — Rejette. »

172. — C'est par application de ces principes, qu'il a été jugé que la partie qui a comparu devant le juge de paix et a sollicité un délai, à l'effet de produire des pièces et qui, l'ayant obtenu, ne se présente plus, n'a pas le droit de se prévaloir de ce qu'elle n'était pas présente

au jugement rendu sur le fond, pour y former opposition. La cause a été liée contradictoirement par la comparution et c'est contradictoirement dès lors que le juge a statué. (Hérold, n° 206 ; 30 mars 1863 ; Dalloz, 63, 1, 139.)

173. — Serait également contradictoire et non susceptible d'opposition, le jugement rendu, bien que la partie intéressée ait été avertie par le juge de paix et n'ait point personnellement comparu, si cette partie avait envoyé et déposé à la justice de paix, avant l'audience indiquée par l'avertissement, ses conclusions ou un écrit contenant le développement des motifs de son action, ou de la défense. (Chambre civile, 16 juin 1880 ; M. Blondel, rapporteur.) C'est donc par la voie du recours en cassation qu'elle doit se pourvoir, dans les délais de droit.

Mais si la partie, dûment avertie, n'a ni comparu, ni été représentée, si elle n'a point fait remettre au juge de paix ses moyens, fins et conclusions, c'est par la voie de l'opposition qu'elle doit agir, et si elle formait un pourvoi en cassation, elle s'exposerait à la perte de tout recours. Car la Cour de cassation déclarerait son pourvoi prématuré et par conséquent non recevable, et si les délais de l'opposition étaient expirés, elle serait absolument dénuée du droit d'attaquer le jugement. (Cassation, 29 mars 1881, M. Merville, rapporteur ; dans cette affaire l'avertissement paraissait irrégulier. D. P. 81, 1, 229.)

174. — Nous venons de dire, au numéro précédent, que la partie intéressée doit agir par voie d'opposition lorsqu'elle n'a point comparu malgré l'avertissement qu'elle a reçu ou lorsqu'elle n'a pas été *représentée* devant le juge de paix. Nous devons donner quelques explications au sujet de cette proposition.

Il est en effet des cas où, bien que le partie ait reçu un avertissement sans y déférer, elle ne peut former utilement opposition au jugement rendu contre ses intérêts ; il en est aussi, où, bien que n'étant pas réellement et en personne présente à l'audience, elle n'a pas davantage ce droit, parce que dans l'une comme dans l'autre hypothèse, on doit considérer que le jugement n'est point une décision rendue par défaut, mais un jugement dans lequel ses intérêts ont été contradictoirement mis en jeu et appréciés par le juge de paix.

Cette proposition, singulière en apparence, est pourtant exacte. Elle se justifie par les conséquences de l'admission par la loi de la double action en matière électorale, celle personnelle à l'électeur et celle créée en faveur du tiers électeur et que nous avons appelée « publique ou populaire » ; elle est le résultat de la combinaison des effets juridiques de l'exercice simultané ou séparé de ces deux actions.

175. — Plusieurs hypothèses peuvent en effet se présenter :

1° Un citoyen qui remplit les conditions prescrites pour être électeur ne demande point son inscription. Un tiers électeur agissant en vertu de l'article 19 du décret de 1852, réclame l'inscription de ce citoyen sur la liste électorale à la Commission municipale. Sa demande est rejetée ; il appelle de la décision, le juge de paix ne donne point d'avertissement au citoyen dont l'inscription n'a point été admise, mais il avertit le tiers électeur appelant ; puis il confirme la décision. Le citoyen non inscrit pourra-t-il former opposition au jugement en prétendant qu'il n'y a point été partie ? La Cour de cassation ne lui reconnaît pas ce droit, pour deux raisons ; parce que, d'une part, l'action du tiers électeur à fin d'inscription, ayant le même objet que celui qu'aurait l'action

individuelle, les deux actions n'en font qu'une et par
conséquent l'électeur a été représenté dans le jugement
rendu sur l'action populaire; et que, d'autre part, l'électeur n'ayant point reçu d'avertissement (quoiqu'au fond
il fût partie intéressée, parce que c'était son inscription
qui était en jeu), n'a pas le droit de former opposition,
mais uniquement celui de se pourvoir en cassation.
(Arrêt ci-dessus rapporté nº 171, du 22 juin 1880. Affaire
Léandri et arrêt de la Chambre civile du 30 juin 1880, au
rapport de M. Blondel dont nous citerons les termes au
chapitre des pourvois en cassation.)

176. — 2º Un citoyen a demandé son 'inscription à la
Commission municipale, elle lui a été refusée, il ne se
pourvoit pas par appel, mais un tiers électeur remplissant l'office qu'il néglige interjette appel. Le juge de
paix n'avertit pas l'électeur, mais seulement le tiers électeur appelant; et il confirme la décision de la Commission municipale. L'électeur ne pourra, pas plus dans ce
cas que dans le précédent, former opposition au jugement du juge de paix. Les deux raisons que nous venons
d'indiquer, militent plus fortement encore en faveur de
cette solution, car les deux actions individuelles et po-
pulaires ont été exercées toutes les deux, elles avaient
le même intérêt et le même objet; l'exercice de l'action
populaire en appel a donné au jugement le caractère
d'un jugement contradictoire.

177. — 3º Dans les deux premières hypothèses, nous
avons supposé que le juge de paix n'avait point donné à
l'électeur, dont l'inscription est requise, l'avertissement
d'assister au jugement sur l'appel interjeté par le tiers
électeur. Supposons maintenant que le magistrat, considérant l'électeur comme partie intéressée, l'ait averti
et que celui-ci n'ait pas comparu, le jugement sera-t-il
par défaut? Oui, en ce sens que l'électeur avait reçu un

avertissement, sorte d'assignation à laquelle il n'a pas répondu ; mais non, à cause de ce principe, que l'action populaire comprend tous les intérêts semblables, et que le tiers électeur est le représentant légal de l'électeur dont il demande l'inscription. L'action individuelle pour mieux dire est comprise dans l'action populaire. Donc encore en ce cas l'opposition de l'électeur n'est pas recevable, il pourra seulement saisir la Cour de cassation d'un pourvoi.

178. — Tout ce que nous venons de dire se rapporte exclusivement au cas où les deux actions poursuivent le même objet ; mais si, à l'action individuelle d'un citoyen qui demande son *inscription*, un tiers électeur exerçant l'action publique oppose une demande en *radiation* de cet électeur, les principes ne sont plus les mêmes ; les deux actions, loin de se confondre, se combattent ; et dès lors le tiers électeur ne représentant sous aucun titre l'électeur contesté, celui-ci devra être averti par le juge de paix ; s'il ne l'est pas, le jugement sera par défaut, et il pourra former opposition, suivant les règles ordinaires et ci-dessus établies.

Mais supposons, qu'en même temps que le citoyen demandait individuellement son inscription, un tiers électeur l'ait aussi demandée en vertu du droit populaire, puis que la Commission municipale, faisant droit à cette double action, ait en effet ordonné l'inscription. Un autre tiers électeur survient qui appelle du jugement et conclut à la radiation. Le juge de paix ayant averti aussi bien l'électeur dont l'inscription est attaquée, que le tiers électeur qui a fait cause commune avec lui, le premier fait défaut, mais les deux tiers électeurs comparaissent et sur leurs conclusions respectives, le juge de paix réforme la décision et ordonne la radiation. L'électeur qui n'a pas répondu à l'avertissement ne pourra pas former opposition au jugement parce qu'ici encore, et dans le choc de l'action populaire exercée à deux points de vue différents, il a été représenté par le tiers électeur qui défendait ses intérêts, c'est-à-dire son inscription. Il pourra former, même sans être suivi par celui-ci, un pourvoi en cassation, quand même le tiers électeur qui s'était constitué son mandataire légal, n'userait pas de cette voie de recours, et nous verrons au chapitre des pourvois en cassation, comment la Cour, en considérant l'indivisibilité des deux actions exercées pour un même objet, écarte l'autorité de la chose jugée qu'on serait tenté de tirer du défaut de pourvoi de la part du tiers électeur.

179. — A l'appui des principes et des thèses que nous venons d'exposer, nous donnerons ici le texte d'un arrêt rendu par la Chambre des requêtes, le 21 avril 1875, au rapport de M. Connelly (Bulletin civil n° 56); affaire Grégoire et Labertin; Sirey, 75, 1, 470; D. P. 76, 1, 230.)

« Attendu que dans le cas où un électeur inscrit sur la liste électorale agit pour l'inscription d'un électeur omis, la loi ne prescrit pas de donner à ce dernier l'avertissement prévu par l'article 19 du décret du 2 février 1852; que cet avertissement ne devient pas nécessaire, même quand la Commission municipale ayant ordonné l'inscription, un autre électeur ou le préfet combat cette inscription devant la juridiction d'appel; Que si la sentence définitive la maintient, la partie qui s'y était opposée peut déférer cette sentence à la Cour de cassation sans être tenue de modifier, par la dénonciation de son pourvoi à l'électeur omis, l'état d'une procédure régulière, et trouve jusqu'à la fin un contradicteur légitime dans le demandeur primitif; Attendu que le préfet de l'Ariège, demandeur en cassation, a notifié son pourvoi à Grégoire et à Laberty, qui avaient été ses seuls adversaires devant le juge de paix en qualité d'électeurs inscrits sur la liste municipale demandant l'inscription d'un

certain nombre d'électeurs ; Que les 76 électeurs dont le
jugement a ordonné l'inscription n'ayant jamais figuré
dans aucun acte de procédure ne doivent point être
regardés comme défendeurs au pourvoi dans le sens de
l'article 23 ; — Rejette. »

180. — Nous terminerons ce que nous avons à dire
sur ce point, en émettant l'avis que toutes les fois qu'une
demande intéresse un citoyen, qu'il s'agisse de son inscription ou de sa radiation, il est sage et, nous ajoutons
sans peine, nécessaire que le juge de paix avertisse de
l'appel, non pas seulement les parties qui figuraient nominativement dans l'instance devant la Commission
municipale, mais tout électeur dont l'inscription est en
jeu. Cet avertissement établira un lien de subordination
entre les actions diverses auxquelles le fait litigieux
peut donner naissance, et nul ne peut contester que,
alors même qu'une demande d'inscription est formée
dans l'intérêt d'un citoyen qui s'abstient de l'y joindre,
il est de l'intérêt d'une bonne justice que le juge de paix
mette ce citoyen en mesure de prendre part à l'examen
et à la décision des questions que son inscription
soulève.

§ 4. — PRONONCIATION ET SIGNIFICATION DU JUGEMENT. — DÉLAIS.

181. — L'article 22 du décret de 1852 prescrit aux juges
de paix de statuer dans les dix jours, mais aucune nullité n'est attachée à l'inobservation de cette règle. C'est
un conseil de diligence donné au magistrat, eu égard à
l'urgence de l'affaire. Mais le retard ne vicierait point la
sentence. En cette matière, c'est en réalité l'avertissement qui précise et limite le délai légal pour le jugement d'appel, puisqu'il fixe le jour de l'audience. En

ordonnant de le donner trois jours avant l'audience où il sera statué, la loi a marqué le seul délai qui fût fatal. (*Sic.*) (26 mars 1866 ; Dalloz, 66, 5, 153 ; 15 et 21 avril 1868 ; Requête 2 juin 1875 ; Bulletin civil, n° 78 ; Affaire Limouzin.)

Mais quand le juge de paix a obéi à cette double prescription, qu'il a averti la partie, et l'a entendue à l'audience fixée, il peut remettre la prononciation de son jugement à un jour ultérieur ; il peut même ne pas préciser la date de ce jour, dire par exemple qu'il statuera dans la quinzaine, et peut, dans ce délai et au jour où il est rédigé, rendre son jugement hors la présence de la partie. Ce jugement est contradictoire et valable. (*Sic*). Chambre civile, 8 juin 1880, Affaire Acquavive ; M. Rohault de Fleury, rapporteur.)

Le jugement du juge de paix doit être notifié, puisque c'est de la date de cette notification, qu'aux termes de l'article 23 du décret de 1852, court le délai du pourvoi en cassation.

182. — Par qui et à qui la notification doit-elle être faite ?

En matière civile ordinaire, la signification du jugement est faite à la requête de la partie qui a obtenu gain de cause, ou plutôt à la requête de la partie qui a intérêt à faire courir les délais de cassation. Il en est certainement ainsi en matière électorale. Ainsi l'électeur qui a obtenu soit le maintien de son nom sur la liste électorale, soit l'inscription de son nom sur cette liste, ou bien le tiers électeur qui a fait prononcer la radiation d'un électeur précédemment inscrit, sont tenus de faire notifier le jugement à celui qui contestait la demande d'inscription, ou l'action en radiation ; c'était leur adversaire au procès, c'est donc à lui que la notification doit être faite.

Mais il peut arriver que celui qui a obtenu le jugement n'ait point eu d'adversaire au procès, et que maté-

riellement toute signification soit impossible. Nous indiquerons, au chapitre suivant, de quelle date court en ce
cas le délai du pourvoi en cassation.

Ce qui est certain, c'est que si un électeur, n'ayant
d'ailleurs aucun adversaire, avait attaqué la décision
d'une Commission municipale par voie d'appel devant
le juge de paix, et que la décision eût été infirmée,
l'électeur n'aurait à la signifier, ni au maire, ni à la
Commission. Le maire et la Commission ont été ses
juges et non ses contradicteurs ; ils n'ont pas le droit
de se pourvoir en cassation. Toute notification serait
donc sans intérêt et sans utilité. La loi a d'ailleurs
pourvu au mode à suivre pour l'exécution du jugement
rendu sur l'appel. L'article 6 du décret réglementaire du
2 février 1852, prescrit au juge de paix de donner avis
de sa décision au maire et au préfet, dans les trois jours
de sa prononciation, et l'article 7 contient en outre la prescription finale relative aux devoirs du maire, en matière
de révision des listes électorales. « Le 31 mars, le maire
« opère, dit cet article, toutes les rectifications réguliè
« rement ordannées, transmet au préfet le tableau de
« ces rectifications, et arrête définitivement la liste élec
« torale de la commune. » C'est donc au plus tard le
31 mars, que le maire doit exécuter les sentences des
juges de paix. S'il manquait à ce devoir, l'électeur intéressé aurait incontestablement le droit de le mettre en
demeure d'obéir au jugement, et en cas de résistance,
de s'adresser au préfet, qui a en mains tous les éléments
propres à apprécier le mérite de la réclamation, et tous
les moyens de faire cesser cette résistance.

Dans tous les cas, l'électeur serait reçu à voter, nonobstant le défaut d'inscription, sur la production du jugement établissant son droit à l'inscription et par conséquent à l'exercice de ses droits électoraux. (Article 19
du décret réglementaire de 1852 et 37 de la loi du 5 mai
1855.)

CHAPITRE III.

Pourvoi en Cassation.

____

Ire SECTION.

Contre quels jugements on peut se pourvoir.

183. — Nous voici arrivé à la dernière phase de la procédure.

L'article 23 du décret organique du 2 février 1852 est ainsi conçu : « La décision du juge de paix est en der- « nier ressort, mais elle peut être déférée à la Cour de « cassation. Le pourvoi n'est valable que s'il est formé « dans les dix jours de la notification de la décision ; il « n'est pas suspensif. »

Nous avons vu au chapitre précedent que lorsque le jugement rendu par défaut est encore susceptible d'op-position, le pourvoi ne peut être formé, tant que les délais de l'opposition ne sont pas expirés. (Requêtes, 13 mai 1863 ; Dalloz, 64, 5, 117.)

Mais si, après le rejet du pourvoi comme non receva-ble, parce qu'il y avait lieu à opposition, l'électeur a en effet formé opposition, il peut, s'il succombe, se pourvoir en cassation contre le jugement rendu sur son opposition. (Chambre civile, 8 juin 1880, affaire Naudin.)

184. — On ne saurait non plus être admis à se pourvoir en cassation contre la décision de la Commission municipale, en omettant le second degré de juridiction, c'est-à-dire l'appel devant le juge de paix. (Chambre civile, 24 avril 1877; Dalloz, 77, 1, 304; 2 avril 1879; Dalloz, 79, 1, 202; Sirey, 1880, 1, 39.)

185. — Le pourvoi était, sous l'empire du décret de 1852, porté devant la Chambre des Requêtes qui statuait au fond et pouvait prononcer la cassation. Une loi du 30 novembre 1875 en a attribué la connaissance à la chambre civile, ajoutant un surcroît considérable aux travaux importants dont elle était déjà chargée.

Voyons donc comment la Cour de cassation est saisie des pourvois formés contre les décisions en matière électorale.

IIe SECTION.

Qui peut se pourvoir en cassation.

186. — Et d'abord à qui appartient le droit de se pourvoir en cassation.

Nour écarterons, d'après ce qui a été dit pour l'appel, tous ceux qui ont concouru aux décisions des Commissions municipales. Ces personnes étant réputées faire office de juge ne peuvent pas plus devant la Cour de cassation que devant le juge de paix, prendre le rôle de partie. Les arrêts sont nombreux en ce point. Ceux de la Chambre civile des 25 juin 1879; Dalloz, 79, 1, 204; Sirey, 99, 1, 427; 8 avril 1878; Sirey, 78, 1, 428, et ceux des 3 mai 1880, 27 avril 1880, au rapport de M. Lagrevol, sont les plus récents. Il est inutile de citer les autres.

Pour se pourvoir en cassation, il faut avoir été partie au jugement, voilà la règle générale. (Chambre civile, 3 mai 1880, au rapport de M. Sallé, 20 décembre 1880; 4 mai 1881, M. Blondel, 10 mai 1881, affaire Ballan, M. Greffier, rapporteur.)

Si un individu déclare se pourvoir en cassation pour lui-même et pour un certain nombre d'autres électeurs, qui, comme lui ont été partie au jugement, mais dont il n'était point le mandataire devant le juge de paix, le pourvoi n'est recevable qu'en ce qui le concerne, il doit être rejeté quant aux autres. (Chambre civile, 30 avril 1877 affaire Carcella, Dalloz, 77, 1, 299, arrêt :

La Cour; — Sur la recevabilité du pourvoi; — Attendu que Carcella ne figurait au jugement attaqué, que dans son intérêt personnel et privé, et qu'il ne défendait, comme intéressé, que son droit à l'inscription sur les liste de Luogo di nassa; — Que les 17 électeurs, dans l'intérêt desquels il a formé son pourvoi, étaient devant le juge de paix représentés, soit par un mandataire spécial, soit par eux-mêmes, présents en personne; — Que dès lors Carcella n'avait aucun droit pour attaquer, en leur nom, un jugement dont ils acceptaient la décision. Casse.

187. — Il est cependant des cas où la jurisprudence a reconnu à une personne qui n'a point été nominativement partie au jugement, le droit de former un pourvoi en cassation.

C'est d'abord celui où un tiers électeur ayant demandé l'inscription d'un électeur à la Commission municipale et l'ayant obtenue, n'a point été averti sur l'appel d'un autre tiers qui avait interjeté appel pour faire infirmer la décision de la Commission, et prononcer la radiation ; il sera arrivé : ou que le juge de paix n'aura pas donné d'avertissement au premier tiers électeur, ou qu'il n'aura averti directement l'électeur dont l'inscription est contestée. Nous avons vu, au chapitre de l'appel, que le jugement rendu sans avertissement était considéré comme entaché d'une irrégularité entraînant sa nullité et non comme un jugement par défaut et que par conséquent le tiers électeur pouvait se pourvoir en cassation. C'est ce qui a été jugé au rapport de M. Goujet par l'arrêt du 22 juin 1880 ; cité au n° 171. Mais si la partie a été appelée par un avertissement *même irrégulier*, le jugement est rendu par défaut, si donc le jugement ne lui a pas été notifié, et qu'elle soit encore dans les délais pour former opposition, c'est la voie qu'elle doit prendre, son pourvoi est irrecevable, 29 mars 1881, Chartier, Dalloz, 81, 1, 229 et 24 mai 1881 au rapport de M. Bernard. Voir le texte de l'arrêt Chartier.

« La Cour ; — Statuant sur le pourvoi du sieur Chartier, en cassation d'un jugement du 25 février 1881, rendu par le juge de paix de Saint-Meen (Ille-et-Vilaine) ; — En ce qui touche la recevabilité du pourvoi : — Attendu que le jugement attaqué ayant été rendu par défaut contre Chartier, celui-ci, aux termes de l'article 20 code procédure civile, était en droit d'y former opposition ; — Que, de plus, ledit jugement n'ayant pas été notifié au défaillant par la partie adverse, qui seule avait qualité à cet effet, le délai d'opposition n'avait pas couru et n'était donc pas expiré ; — Que, dès lors, la voie du recours en cassation n'était pas actuellement ouverte au demandeur ; — Qu'à la vérité, l'un de ses moyens de cassation est tiré de ce que l'avertissement prescrit par l'article 22 du décret de 1852 ne lui aurait pas été régulièrement donné, et devrait, en conséquence, être réputé non avenu, mais que cette circonstance fût-elle établie n'empêcherait pas que Chartier ne figure au jugement dénoncé comme partie et comme défaillant, ce qui lui ouvrait incontestablement la voie de l'opposition ; — Par ces motifs, déclare le pourvoi non recevable.

188. — Le pourvoi sera également recevable de la part des électeurs et tiers électeurs qui, comme nous l'avons vu aux n°ˢ 175 et suivants, n'ont point le droit de former opposition à des jugements dans lesquels ils ont été représentés, et qui sont réputés contradictoires avec eux, par le résultat de la combinaison des effets juridiques des deux actions individuelle et populaire, autorisées par la loi. Nous ajouterons que, par son arrêt du 22 juin 1880, la Cour de cassation, pour éviter des complications, de procédure et surtout l'invocation de l'exception de chose jugée qu'on pourrait tirer du jugement rendu contre l'une des parties qui ne l'aurait pas attaqué, soit par la voié de l'appel, soit par un pourvoi en cassation, casse au regard de toutes les parties, le jugement qui lui est règulièrement déféré, en raison de l'indivisibilité de l'objet de la double contestation. — « Attendu, « dit l'arrêt précité, que Leandry et Lusinski avaient « provoqué devant la Commission municipale, l'inscrip-« tion sur les listes de la commune de Zicavo de divers « électeurs dont Péraldi (François) réclamait la radiation « par son appel, et que dès lors les susnommés devaient « évidemment être parties intéressées dans l'instance « suivie sur l'appel dont il s'agit; — Que cependant le « juge de paix a négligé de leur donner l'avertissement « prescrit par la loi, et qu'il a statué sur le litige en leur « absence et a ainsi formellement violé l'article 22 du « décret de 1852. Par ces motifs, sans qu'il soit besoin « de s'expliquer sur les motifs invoqués par Mondolini « et Peraldi (Charles) (c'étaient les électeurs qui avaient « figuré en appel), *l'objet de la contestation tranchée* « *par le jugement attaqué étant indivisible* et par suite « la cassation de ce jugement au profit de Leandri et « Lusinski (les tiers électeurs) entraînant forcément son « annulation à l'égard de Mondelini et de Charles Peraldi; « — Casse. »

On ne saurait contester au préfet ni au sous-préfet, qui ont été parties au jugement rendu sur l'appel, la faculté de se pourvoir en cassation. (Chambre civile, 16 mai 1877, M. Pont, rapporteur; Dalloz, 77, 1, 388.)

189. — Les prescriptions des articles 80 et 88 de la loi du 27 ventôse an VIII sont applicables en matière électorale. Le Procureur général près la Cour de cassation peut donc se pourvoir d'office ou sur l'ordre du Garde des sceaux, contre tout jugement contraire aux lois et aux formes de la procédure et entaché d'excès de pouvoir et contre lequel aucun recours n'a été formé par les parties intéressées. (Requêtes, 17 mars 1873 ; Sirey, 73, 1, 83 ; Chambre civile, 8 mai 1876; Dalloz, 76, 1, 231.) Toutes les règles, formes et distinctions admises en matière ordinaire sont applicables aux pourvois formés dans l'intérêt de la loi en matière électorale.

SECTION III.

§ Ier. — DÉLAI DU POURVOI.

190. — Dans quel délai le pourvoi doit-il être formé? L'article 23 du décret du 2 février 1852 porte qu'il doit être déclaré dans les dix jours de la notification du jugement et plusieurs arrêts ont jugé que le délai de dix jours n'était point prorogé lorsque le dernier jour étant un jour férié. (Chambre civile, 25 mars 1878 ; Sirey, 78, I, 37; 3 mai 1880, au rapport de M. Goujet, Sirey, 81, I, 86.)

Mais si la partie demanderesse avait figuré seule en l'instance d'appel, si elle n'avait point eu de contradicteur auquel la notification du jugement dût être faite, le délai de dix jours court du jour même de la prononciation du jugement. C'est un principe formellement consacré par la Cour de cassation : « Attendu, a-t-elle dit,

« notamment dans un arrêt du 6 avril 1879 (Sirey, 80, 1,
« 36 ; Dalloz, 79, 1, 202, M. de Lagrevol, rapporteur),
« que si, en règle générale dans les matières électora-
« les, aux termes de l'article 23 du décret de 1852, le
« délai du pourvoi en cassation ne peut prendre cours
« que du jour de la notification attaquée, cette règle ne
« peut être appliquée lorsque le demandeur en cassation
« qui réclamait son inscription sur la liste n'a point de
« contradicteur devant le juge d'appel ; — Qu'il faut
« donc, dans ce cas, prendre pour point de départ du
« délai du recours en cassation la date même de la pro-
« nonciation du jugement ; qu'autrement, la notification
« de ce jugement ne pouvant être utilement faite, le délai
« du pourvoi resterait illimité, ce qui n'a pu entrer dans
« les intentions de la loi. »

La même doctrine a été formellement établie par plusieurs arrêts. Nous citerons particulièrement ceux des
3 mai 1880, affaire Minghetti, au rapport de M. Goujet ; du
20 avril 1880, au rapport de M. Baudouin, et du 27 avril
1880, au rapport, de M. Onofrio. C'était, du reste, une
jurisprudence ancienne, car la Chambre des requêtes
avait jugé dans ce sens par arrêt du 16 décembre 1860,
rapporté par M. Hérold, page 188, et par arrêt du 10 août
1864. (Dalloz, 64, 5, 118 et 65, 1, 385.)

Nous citerons encore dans le même sens les arrêts
suivants : 28 mars 1881, affaire Bornet, M. Goujet, rapporteur ; Dalloz, 81, 1, 228, 4 mai 1881, affaire Mangé et
Escoubet, M. Blondel, rapporteur. Ce dernier arrêt décide qu'il importe peu que le maire ou le greffier ait
informé l'électeur du jugement rendu contre lui, le délai
n'en court pas moins du jour de la prononciation. Cette
information n'a pas le caractère d'une signification, le
maire n'a pas d'ailleurs qualité pour faire une semblable
notification. (Dalloz, 81, 1, 228).

191. — La Cour a été plus loin, car elle a également décidé que lorsqu'un tiers électeur forme une demande

d'inscription en faveur d'un électeur, sans que celui-ci, soit qu'il ait été avisé, soit qu'il ne l'ait pas été par le juge de paix, se soit présenté en appel, cet électeur peut se pourvoir dans le même délai où ce dernier aurait dû le former. Que, si aucune signification de jugement n'a dû être faite, le délai de dix jours à partir de la prononciation du jugement est celui que doit observer l'électeur.

Dans l'espèce jugée par l'arrêt que nous allons rapporter, un sieur Lassaguet avait demandé l'inscription de cinq citoyens. Elle avait été refusée par la Commission municipale. Lassaguet a interjeté appel et le juge de paix a fait donner aux cinq électeurs l'avertissement prescrit par la loi. Deux d'entre eux les sieurs Barnieux et Messigné, ont comparu devant le juge de paix ; les trois autres, Bordes, Lasalve et Lacoste ne se sont pas présentés. Un jugement du 28 février a confirmé la décision de la Commission et maintenu le rejet de la demande d'inscription. Le 23 mai seulement, Lassaguet et les cinq électeurs se sont pourvus en cassation. On a opposé à Lassaguet et aux deux électeurs qui avaient comparu à l'audience du juge de paix qu'aucune signification n'étant possible, ils auraient dû se pourvoir dans les dix jours de la prononciation du jugement.

Quant aux tiers électeurs non comparants devant le juge d'appel, quoique avertis, devaient-ils être renvoyés à se pourvoir par opposition contre le jugement qui serait considéré comme rendu par défaut ? La Cour a implicitement reconnu qu'il n'y avait pas lieu d'admettre cette fin de non-recevoir, puisqu'elle a seulement examiné la question de savoir quel est le point de départ du délai du pourvoi en cassation. Ses motifs d'ailleurs se réfèrent à la thèse que nous avons établie au chapitre de l'appel et qui considère que l'action du tiers électeur, quand elle a le même objet que l'action de l'électeur lui-même, se confond avec elle et que le tiers électeur est le mandataire légal de cet électeur. — Sur ce point de départ du délai du pourvoi, par une déduction logique de cette même thèse, l'arrêt a décidé qu'il était le même pour l'électeur dont l'inscription était en jeu que pour le tiers électeur qui avait poursuivi cette inscription. Voici comment la Cour de cassation a statué, par arrêt du 30 juin 1880, au rapport de M. Blondel. (Dalloz, 81, 1, 31.)

« En ce qui concerne Lassaguet (le tiers électeur),
« Barnieux et Messigné (des électeurs qui avaient agi
« individuellement), attendu que, sur l'appel de Lissa-
« guet, il est constaté que l'appelant et les sieurs Bar-
« nieux et Messigné ont, après avertissement, comparu
« à l'audience du 28 février 1880 ; — Qu'à défaut du con-
« tradicteur, le délai de dix jours pour se pourvoir en
« cassation contre la sentence rendue à cette même
« date a pu courir contre eux sans aucune notification
« préalable ; — Attendu que leur pourvoi n'a été formé
« que le 23 mai suivant, qu'en conséquence, il est tardif ;
« — Rejette leur pourvoi. »

« En ce qui concerne Bordes, Lasalve et Lacoste (trois
« électeurs non comparants) ; attendu que l'électeur dont
« l'inscription sur la liste électorale est demandée par
« un tiers devant profiter de la décision sollicitée dans
« son intérêt, peut, à plus forte raison, s'approprier cette
« demande, se rendre partie jointe, ou la reprendre et
« la poursuivre en son nom personnel ; mais qu'il ne peut
« le faire qu'en prenant l'instance dans l'état où elle se
« trouve au regard du tiers électeur qui l'a introduite ;
« attendu que la sentence du 28 février 1880, ayant été ren-
« due en présence de Lassaguet, tiers électeur appelant,
« et aucune signification de cette sentence ne pouvant lui
« être faite, le délai du pourvoi en cassation a com-
« mencé, pour lui comme pour les électeurs dont il de-
« mandait l'inscription et qui n'étaient point encore

« intervenus dans la cause, du jour même où cette sen-
« tence a été prononcée ; attendu que le délai était expiré
« lorsque le pourvoi des sus-nommés a été formé ; dé-
« clare le pourvoi non recevable. »

192. — Il est évident qu'il en serait tout autrement si
le tiers électeur avait poursuivi la radiation d'un électeur et l'avait fait prononcer sur appel ; si l'électeur a
comparu, la signification du jugement était non-seulement possible, mais obligatoire, et dès lors, tant qu'elle
n'a pas été faite, l'électeur a le droit de se pourvoir,
parce que le délai du pourvoi n'a pas couru.

Si l'électeur n'a point été averti et n'a pas comparu
sur l'appel du tiers qui sollicite sa radiation, le pourvoi
en cassation est aussi ouvert à l'électeur et si aucune
signification ne lui a été faite, le pourvoi est recevable
à toute époque, le délai du pourvoi n'ayant jamais com-
mencé à courir.

193. — C'est encore un point incontestable que, si dans
le cas où l'appel a été jugé contradictoirement, la partie qui a obtenu gain de cause ne fait pas signifier le
jugement à la partie à laquelle il préjudicie, celle-ci a le
droit de former son pourvoi en cassation quand il lui
plaît. Aucune fin de non recevoir tirée de la tardivité du
pourvoi ne peut lui être opposée, puisqu'à défaut de
signification le délai du pourvoi n'a pas couru.

194. — On ne saurait prétendre que la simple connaissance de l'existence du jugement, acquise indirectement
par la partie intéressée, suffit pour faire courir les délais
du pourvoi. Il en serait ainsi, même au cas où une partie qui n'aurait pas été avertie, croyant que le jugement
a été rendu par défaut, aurait formé opposition à ce
jugement. Assurément, l'opposition indiquerait bien que

la partie connaissait la décision du juge de paix, il faut cependant s'en tenir à la règle, qui exige, pour que le délai de dix jours soit opposable, que le jugement ait été signifié.

§ 2. — EN QUELLE FORME LE POURVOI DOIT-IL ÊTRE FORMÉ? — MOYENS DE CASSATION.

195. — C'est encore l'article 23 du décret organique du 2 février 1852 qui l'indique.

« Il est formé par simple requête dénoncée au défen-
« deur dans les dix jours qui suivent la déclaration du
« pourvoi. »

La déclaration de pourvoi la plus régulière est celle qui se fait au greffe de la justice de paix dont émane le jugement attaqué, et c'est, à vrai dire, le mode que, suivant nous, le législateur a eu en vue, puisque l'article 23 porte « que les pièces et mémoires fournis par les par-
« ties seront transmis sans frais, par le greffier de la
« justice de paix, au greffier de la cour de cassation, » ce qui suppose que la requête ou la déclaration du pourvoi a été déposée ou faite à ce greffier, qui, ainsi informé de son existence, peut et doit réunir toutes les pièces du dossier. C'est aussi le moyen d'éviter l'inextricable confusion qu'occasionnent souvent les productions informes et les requêtes illisibles ou incorrectes qui ne passent pas par les mains du greffier de la justice de paix.

196. — Mais on a cru devoir se montrer plus libéral, et, considérant que la loi n'a déterminé aucune forme pour *la requête* dont parle l'article 23, les auteurs et M. Hérold, entre les autres, n° 224, enseignent qu'elle peut être *verbale*. Nous avouons ne pas trop comprendre comment une requête verbale peut arriver à la Cour de cassation; l'expression est au moins impropre, sui-

vant nous ; et nous ne l'admettrons qu'autant qu'on entendrait par là que la partie peut se présenter au greffe et déclarer verbalement et sans déposer d'écrit qu'elle se pourvoit en cassation. Le greffier donnerait un corps à ces paroles, en dressant un acte de la déclaration. C'est ce que nous paraît avoir jugé l'arrêt cité par M. Hérold, de la Chambre des requêtes du 7 mars 1864 ; Dalloz, 64, 1, 230.

197. — Les énonciations d'un certificat dressé par un garde champêtre constatant l'intention d'un certain nombre d'électeurs de déférer à la Cour de cassation un jugement qui a ordonné leur radiation des listes électorales ne peuvent être considérées comme contenant la déclaration du pourvoi exigé par la loi. (Cassation 8 août 1877 ; Dalloz, 78, 1, 248.)

198. — La Cour de cassation s'est montrée aussi facile sur l'exécution de la loi. Elle admet comme formé régulièrement le pourvoi qui lui parvient directement sous la forme d'une requête adressée au premier président et aux membres de la Cour. (Cassation, 6 mai 1878 ; Dalloz, 78, 1, 324.)

Dans ce cas le premier président remet la pièce au greffier de la cour, et celui-ci demande au greffier de la justice de paix, de composer le dossier et de le lui envoyer. Il est toutefois nécessaire que la requête soit parvenue à la cour de cassation avant l'expiration de dix jours depuis la notification du jugement, si cette formalité a été remplie, ou depuis la prononciation du jugement, dans les cas où le délai court de ce moment. Il est en effet manifeste que le vendeur ne pourrait être admis à se créer un moyen d'échapper à la déchéance en donnant à sa requête une date fausse qui la ferait remonter à la période légale du délai du pourvoi et en l'envoyant ensuite à la Cour de cassation, après l'expiration de ce délai.

199. — Il est aussi admis qu'il n'est pas nécessaire que la requête ou le mémoire ampliatif, s'il en a été dressé un, soient dénoncée par copie au défendeur. Il suffit que la déclaration du pourvoi soit notifiée avec indication de sa date, par l'acte de dénonciation qui doit être signifié dans les dix jours suivants à ce défendeur. Le demandeur pourra exposer les moyens de cassation qu'il entend invoquer dans un mémoire ou écrit supplétif, joint au dossier, mais qu'aucune disposition de loi ne l'oblige à signifier à son adversaire. Il en est de même des mémoires en défense s'il en est rédigé ; les parties doivent en prendre communication au greffe de la Cour, si cela leur convient. (Chambre civile, 24 août 1877 ; Affaire Rouget de l'Isle ; M. Massé, rapporteur.

200. — Mais il faut, sous peine de voir prononcer la non-recevabilité du pourvoi, que, soit dans la requête soit dans un mémoire ou écrit supplétif, le demandeur fasse connaître le moyen de cassation qu'il entend présenter, et les textes des lois que, suivant lui, le jugement attaqué a violés. Sans doute, la Cour ne se montre pas trop rigoureuse, et si l'indication du fait invoqué par la partie comme base de son droit méconnu par le juge de paix ou bien le texte des conclusions prises devant ce magistrat suffisent pour faire ressortir la disposition légale violée, elle n'hésite pas à admettre la régularité du pourvoi. Si toute indication sérieuse et utile manque, elle applique alors les dispositions de l'article premier du titre IV, du règlement de 1738 et déclare le pourvoi non recevable. (Chambre civile, arrêts des 4 mars 1878 ; Sirey, 78, 1, 180 ; 9 mai 1877 ; Rocca, 24 avril 1877 ; 22 mars 1880, Affaire Richard de Tussac, M. Greffier, rapporteur ; 4 mai 1881, Affaire Barbès. M. Guérin, rapporteur.

201. — Les pièces et mémoires envoyés par un tiers

qui n'a point figuré au jugement, ne peuvent être pris en considération par la Cour et suppléer à l'insuffisance de la requête. (Arrêt du 9 mai 1880, affaire Rocca.)

202. — Il est presque inutile de dire que si la preuve de l'existence même du pourvoi n'est pas rapportée, la Cour décide qu'il n'y a pas lieu de statuer. (26 juin 1876 21 février 1877 ; 14 et 26 mars 1877.)

Est aussi non recevable le pourvoi auquel n'est pas jointe la copie signifiée ou une expédition du jugement attaqué. (27 mars et 8 mai 1878 ; Sirey, 78, 1, 428 ; 15 mars 1876 ; Dalloz, 76, 1, 205 ; 4 mai 1881, affaire Calmels, M. Blondel, rapporteur.)

§ 3. — DÉNONCIATION DU POURVOI. — DÉLAIS.

203. — Une des causes les plus fréquentes de non recevabilité et de rejet du pourvoi est tirée du défaut de dénonciation de cet acte au défendeur, dans les dix jours qui le suivent. Pour le pourvoi comme pour l'appel, les termes de la loi ne permettent pas d'admettre que le délai de dix jours soit franc.

La notification d'un pourvoi déclaré le 1er février doit, à peine de déchéance, être faite le 11 du même mois au plus tard ; c'est du jour du pourvoi et non du jour de la notification que court le délai de dix jours. (Requêtes, 14 avril 1875 ; Bulletin civil, n° 54.)

203 *bis*. — Il ne faut pas confondre la déclaration du pourvoi avec la dénonciation, ce sont deux actes distincts et qui ne peuvent se confondre et se réunir. Il est arrivé quelquefois qu'un demandeur en association ait signifié par un exploit, à la partie intéressée, qu'il forme un pourvoi contre un jugement du juge de paix ; cet exploit

constitue à ses yeux à la fois la déclaration et la dénonciation du pourvoi. Il croit avoir ainsi satisfait aux prescriptions de l'article 23 du décret du 2 février 1852. Quelquefois le demandeur fait suivre cette signification d'une déclaration de pourvoi au greffe et s'abstient de la dénoncer ou bien il se contente, sans déclaration nouvelle, d'envoyer à la Cour de cassation une requête contenant l'exposé des moyens de cassation. C'est là un mode de procéder absolument irrégulier, la Chambre civile l'a jugée ainsi par un arrêt du 16 mai 1881, rendu au rapport de M. Merville, dans une affaire Lemoine. Peut-être cette jurisprudence paraîtrait-elle rigoureuse, nous la croyons cependant très-juridique. On a pu se montrer facile pour les appels des décisions des Commissions municipales, et permettre même à ceux qui n'avaient point été portés devant cette première juridiction d'en interjeter appel. Mais quand un jugement a été rendu dans les formes légales par des magistrats dont les décisions sont souveraines, quant aux déclarations de fait au moins, est-ce trop exiger que de demander aux parties de se conformer strictement aux prescriptions de la loi pour l'exercice du recours en cassation ? L'arrêt du 16 mai 1881 est fort explicite et nous le rapportons en entier :

La Cour : sur la fin de non-recevoir :

Attendu que d'après l'article 23 du décret du 2 février 1852, le pourvoi en cassation contre les décisions rendues en matière électorale est formé par simple requête dénoncée au défendeur dans les dix jours qui suivent ;

Attendu, qu'il n'est pas permis d'intervertir cet ordre fixé par la loi elle-même, qu'on ne peut d'ailleurs dénoncer valablement un acte qui n'existe pas encore ; que cependant le demandeur Lemoine, qui n'a déposé la requête au greffe de la justice de paix, que le 12 mars 1881, avait, dès la date du 12 mars, dénoncé au défendeur le pourvoi qu'il n'avait pas encore formé ; que cette dénonciation est donc nulle, et que dès lors faute d'avoir été valablement dénoncé dans le délai prescrit par la loi le pourvoi n'est pas recevable. Déclare Lemoine non recevable en son pourvoi.

Nous ajoutons que la Cour a appliqué en cela aux décisions électorales la doctrine qu'elle avait consacrée en matière d'expropriation pour cause d'utilité publique, arrêt du 4 mars 1844, et 17 février 1879, au rapport de M. Salle.

204. — Mais revenons à la formalité substantielle de la dénonciation. C'est par un exploit d'huissier qu'elle doit être effectuée et l'on a même jugé qu'à Paris elle devait l'être par le ministère d'un huissier audiencier à la Cour de cassation. (Chambre civile, 14 mars 1877 ; affaire Costa ; M. Gastambide, rapporteur.)

Peut-elle être faite par un agent administratif assermenté ; par exemple, par un garde champêtre, et cela par assimilation à la notification de la décision de la Commission municipale ? Nous pensons comme M. Hérold (n° 227) que ce dernier mode de notification ne peut guère se comprendre quand il s'agit du pourvoi formé par un particulier qui n'a aucune autorité sur les agents de l'administration.

On comprend très-bien, au contraire, que l'article 21 ait prescrit que la notification de la décision de la Commission administrative fût faite par un agent assermenté, puisqu'il s'agit d'un acte émanant d'une autorité administrative et municipale, et que c'est le maire qui est chargé de la notification aux intéressés. Mais quand il s'agit d'un recours formé contre un jugement rendu par une autorité judiciaire, il semble que la notification ne puisse être régulièrement faite que par un officier public exerçant près de la juridiction. Cependant nous devons reconnaître que la Chambre des requêtes semble avoir, par un arrêt du 23 avril 1860 (Dalloz, 60, 1, 256), rapporté

par M. Hérold, implicitement considéré comme valable
la dénonciation d'un pourvoi faite par un agent administratif assermenté. Quant à la Chambre civile, on peut
également citer un arrêt du 14 juin 1880 au rapport de
M. Robault de Fleury, qui consacre implicitement du
moins la validité d'une dénonciation qui n'avait point été
faite par un huissier, mais par un agent assermenté.
Dalloz, 81, 1, 79.

Nous dirons qu'en matière d'élections consulaires
auxquelles les dispositions du décret de 1852 sont re-
connues applicables, un arrêt rendu, à notre rapport, le
8 mars 1881, Dalloz, 81, 1, 105, a jugé que la dénonciation
d'un pourvoi peut être valablement faite par un agent
administratif assermenté. Voici le texte de cet arrêt :

La Cour ; — Attendu que la combinaison des articles
21 et 23 du décret organique du 2 février 1852, déclaré
applicable aux élections consulaires, il résulte d'une
part que le pourvoi en cassation doit être instruit et
jugé sans frais, ce qui exclut le ministère obligatoire des
officiers ministériels, et particulièrement des huissiers,
dont le concours ne peut être requis sans attribution de
la taxe affectée aux exploits qu'ils sont tenus de rédiger;
—que d'autre part l'article 21, en disposant que la décision
de la Commission municipale rendue en matière électorale, serait notifiée pas le ministère d'un agent assermenté a révélé la volonté du législateur de n'exiger, en
semblable matière, d'autre garantie de la sincérité et de
l'exactitude des notifications, que le serment prêté par
les agents auxquels elles seront confiées. Rejette la fin
de non-recevoir.

Il y a, selon nous, une raison plus puissante encore
d'appliquer la théorie consacrée par cet arrêt aux élections municipales et politiques, dans la procédure des-

quelles aucune forme judiciaire n'est prescrite ni observée.

Quoi qu'il en soit, la déchéance est la conséquence absolue du défaut de dénonciation du pourvoi à la partie
intéressée. M. Hérold signale l'existence de 90 arrêts
qui l'avaient ainsi jugé lors de la publication de son livre. Nous pouvons affirmer qu'il en a été rendu un nombre plus que double depuis cette époque, dans le même
sens. La dénonciation doit être faite à toute partie qui a
figuré au jugement, même aux membres de la commission municipale qui auraient indûment été appelants,
intéressés ou intervenants en l'instance d'appel. Deux
arrêts du 31 mai 1881 aux rapports de Messieurs Greffier
et Guérin, ont prononcé en ce sens.

205. — Tous ces arrêts exigent cependant que la dénonciation du pourvoi ait été possible et nécessaire.
Possible, c'est-à-dire que le demandeur en cassation ait
eu un contradicteur devant le juge de paix, et nécessaire,
c'est-à-dire que le pourvoi ait pour objet d'enlever à une
partie, par l'annulation du jugement, le bénéfice qu'elle
en avait obtenu.

Ainsi, devant le juge de paix, l'inscription d'un électeur était contestée par un tiers, le jugement a maintenu
l'inscription, le tiers électeur demandeur en cassation
devra dénoncer son pourvoi à l'électeur dont il conteste
l'inscription, et auquel il veut enlever le bénéfice de la
décision. De même, un électeur a, sur la demande d'un
tiers, été rayé de la liste électorale, soit par infirmation
soit par confirmation de la décision municipale, il se
pourvoit en cassation, son pourvoi devra être dénoncé
au tiers électeur qui a fait prononcer la radiation par le
jugement dont le pourvoi tend à lui enlever le bénéfice
(12 avril 1876 ; Sirey, 76, 1, 224 ; Dalloz, 76, 1, 229 ; arrêt du 30 avril 1877 ; Piglioni, 26 mars 1876 ; affaire De-
livré, 21 mai 1877 ; affaire Fouquet et 4 juin 1877 ; Dalloz, 77, 1, 269, où se trouvent réunis plus de vingt arrêts

sur la même question et bien d'autres rendus depuis 1877 ; 26 mars 1879 ; affaire Gourdin ; 13 avril 1880 ; affaire Bertrand ; 25 mars 1879 ; Dalloz, 79, 1, 203 ; Sirey, 79, 1, 429 ; dénonciation au sous-préfet, partie en appel, 3 janvier 1881, affaire Bertrad.)

Mais si le demandeur en cassation n'a point eu d'adversaire devant le juge d'appel, s'il a demandé le maintien de l'inscription d'électeurs et que le jugement ait ordonné leur radiation sans que ceux-ci aient protesté contre son action, il n'est pas obligé de leur dénoncer son pourvoi.

206. — La dénonciation doit être faite à la partie défenderesse elle-même, et non au mandataire qui la représentait devant le juge de paix. (Chambre civile, 14 avril 1880 ; 5 mai 1879 ; Dalloz, 79, 1, 408 ; 4 août 1862 ; affaire Pétronelli, cité par M. Hérold, page 193.)

La dénonciation ne doit pas non plus être remise directement au Maire. Pour un défendeur domicilié dans la commune, il faut que l'acte de notification constate l'absence de l'électeur à ce domicile et le refus des personnes de la maison ou des voisins, de le recevoir, conformément à l'article 68 du Code de procédure. (Arrêt du 30 avril 1877 ; Requêtes, 7 août 1873 ; Dalloz, 74, 1, 486.)

A plus forte raison si les électeurs intéressés n'avaient point de domicile connu dans la commune, la dénonciation ne pourrait-elle pas être faite au Maire comme représentant de ces électeurs. (Chambre civile, 14 juin 1880 ; affaire Remisy, au rapport de M. Rohault de Fleury.

207. — La déchéance résultant du défaut de dénonciation du pourvoi dans les dix jours de la date, est d'ordre public, et le demandeur ne peut s'en relever en formant un second pourvoi, avant la notification de la décision

attaquée et en se désistant du premier. Ce second pourvoi, s'il est formé, doit être, à raison de l'extinction de toute action, résultant de la déchéance, considéré comme non avenu. (Chambre civile, 24 juin 1879, affaire d'Aubeterre ; M. Guérin, rapporteur ; Dalloz, 79, 1, 408.)

§ 4. — PIÈCES A JOINDRE AU POURVOI.

208. — Quand les formalités de la dénonciation auront été accomplies, la Cour de cassation sera, comme nous l'avons dit, saisie du pourvoi par l'envoi des pièces que le greffier de la justice de paix en fera au greffier de la Cour. Il n'est pas besoin que la dénonciation contienne assignation devant la Chambre civile. Arrêt du 6 mars 1881, en matière consulaire. Dalloz, 81, 1, 105.

Le greffier de la justice de paix doit remplir avec exactitude et bonne foi la mission qui lui est confiée; quelles pièces devra-t-il transmettre? La requête d'abord, le mémoire ampliatif s'il en a été rédigé un, l'acte de dénonciation, le jugement attaqué et, autant que possible la décision de la Commission municipale, et l'acte d'appel.

Voilà, en règle générale, les pièces essentielles qui doivent être mises sous les yeux de la Cour. Mais toutes les fois que le débat se sera engagé devant les juridictions inférieures sur la valeur des preuves écrites formées par les parties intéressées, à l'appui de la demande ou de la défense, il sera nécessaire de joindre au dossier ces pièces d'où les parties faisaient résulter la preuve écrite de leurs allégations. Il est même un point essentiel à constater, lors de leur envoi : c'est qu'elles ont été produites au juge de paix. La constatation résulterait sans doute du jugement qui les viserait. Mais dans le silence du jugement, il est important que la Cour de cassation soit édifiée sur l'époque où elles ont été représentées, car si elles l'étaient pour la première fois devant la Cour de Cassation, celle-ci ne pourrait en tirer la preuve de *faits* contraire à ceux constatés par le jugement.

Ainsi, par exemple, un individu a été rayé de la liste, ou n'y a point été inscrit parce qu'il ne justifiait pas qu'il fût né dans la commune, ou qu'il y eût satisfait à la loi du recrutement, ou qu'il s'y fût marié, ou qu'il fût porté aux rôles des contributions directes ou des prestations, ou qu'il fût Alsacien-Lorrain, ayant opté pour la France; il a interjeté appel et n'a produit aucune des pièces propres à établir ces faits, il a succombé dans son appel. Pourra-t-il remettre à la Cour de cassation les pièces qu'il s'est tardivement procurées ? Evidemment non, ou plutôt la Cour décidera qu'elle n'y peut avoir égard. (Arrêt du 7 mai 1877, rapporteur M. Réquier; Sirey, 77, 1, 383, 12 juin 1877 ; Dalloz, 1, 388, 21 avril 1879 ; Sirey, 1880, 1, 36 ; 4 mars 1880, affaire Simon, M. Guérin, rapporteur.)

209. — Il est donc du devoir du greffier, d'indiquer, dans l'inventaire qui doit accompagner l'envoi du dossier, les pièces qui ont été représentées au juge de paix, car elles peuvent servir de base à la Cour dans son examen du mérite en droit de la décision attaquée.

En l'absence de ces mentions de l'inventaire et de toute distinction entre les pièces produites et celles qui ne l'on pas été, la Cour de cassation ne s'est pas cependant interdit de rechercher la vérité sur le point de savoir si le juge de paix avait statué au vu et au mépris de ces pièces. Elles peuvent en effet, par des indications et des signes probants, attester en quelque sorte leur présentation au juge de paix, et nous devons dire que la Cour ne se montre point rigoureuse dans l'admission de telles preuves. M. Hérold, n° 230, présente sur ce point de judicieuses observations et cite des arrêts de la Chambre des requêtes qui marque bien cette tendance de la Cour de cassation : 11 mai 1863, — 30 mars 1863 ; Dalloz, 63, 1, 137, — 13 avril 1863, arrêts dans lesquels elle emprunte à des vraisemblances la preuve de la production en appel des pièces invoquées par les parties.

Le fait de la transmission de ces documents, par le greffier, sans aucune observation, rend très-vraisemblable leur production devant la juridiction d'appel, et il faudrait une contestation bien formelle du défendeur et des circonstances sérieusement établies, pour les faire écarter du débat. (Arrêt, 10, 11, 16 mars 1863, 8 avril 1867 ; Dalloz, 72, 1, 136, 2 juin 1877 ; Dalloz, 77, 5ᵐᵉ partie, 185 ; Sirey, 1, 428, 14 mars 1849 ; Dalloz, 49, 1, 259.)

Lors donc que les parties, après le jugement, remettent au greffier des pièces dont elles demandent la jonction au dossier du pourvoi, c'est le devoir de celui-ci d'en faire une liasse à part et d'expliquer comment elles sont venues en ses mains.

210. — Ce qui serait mieux encore, ce serait que le juge de paix lui-même, avant de rendre son jugement, visât les documents qui lui ont été soumis. Le demandeur en cassation qui ne produirait point ces pièces et qui en rapporterait d'autres, non revêtues de mention ou de visa aurait évidemment bien peu de chance de les faire accueillir.

Résumons donc les fins de non recevoir qui peuvent être proposées devant la Cour de cassation contre le pourvoi :

1° Défaut de production de l'acte de pourvoi et de sa dénonciation ;

2° Tardivité de l'un ou de l'autre ;

3° Défaut de production du jugement attaqué ;

4° Défaut d'indication des moyens de cassation ;

5° Défaut de qualité et de droit du demandeur, à former le pourvoi ;

6° Défaut de motifs et de publicité du jugement entraînant sa nullité sans toucher au fond du droit.

SECTION IV.

Moyens du fond.

211. — Quant aux moyens du fond, nous n'avons point à les examiner ici : il s'attaquent au droit électoral lui-même, et aux conditions de sa revendication et de son exercice, c'est-à-dire qu'ils ne peuvent être puisés que dans la violation des articles que nous avons expliqués dans la première partie de ce travail, en traitant des conditions exigées par la loi pour l'inscription des citoyens sur les listes électorales, politiques ou municipales.

212. — En cette matière, comme en toute autre, les moyens qui n'ont pas été relevés devant le juge de paix ne peuvent l'être pour la première fois devant la Cour de cassation, à moins qu'ils ne touchent à l'ordre public. (Chambre civile, 4 juin 1877 et 8 mai 1877 ; Dalloz, 77, 1, 272, 387 et 389 ; 28 avril 1875 ; Bulletin civil, n° 63 ; 21 avril 1879 ; Sirey, 80, 1, 37 ; 14 avril 1870 ; Dalloz, 80, 1, 208. S. 81, 1, 270.)

213. — La cassation ne peut, également en cette matière, résulter que de la violation d'une disposition de loi ; il est, en effet, une partie de la décision d'appel qui échappe au contrôle de la Cour de cassation : c'est la constatation du fait générateur du droit de l'électeur.

Ces principes s'appliquent à tous les points de fait

reconnus et déclarés par le juge de paix, et particulièrement au fait de la résidence, si important dans la plupart des cas soumis à ce magistrat; de nombreux arrêts ont consacré ses pouvoirs en ce point : Nous citerons seulement ceux des 26 mars 1877; Sirey, 77, 1, 224; 5 mai 1875; Sirey, 75, 1, 376; 22 mars et 3 avril 1876; Sirey, 76, 1, 223 ; 17 avril 1878; Dalloz, 78, 1, 247; Sirey, 1, 427, 6 et 29 mai 1878; Dalloz, 78, 1, 325 ; 30 mars 1879; Dalloz, 79, 1, 203, 29 mars 1881, affaire Liberati, dont nous avons rapporté le texte, page 39; 24 mars 1881, plusieurs arrêts au rapport de M. Rohault de Fleury, affaires Défaud. Dalloz, 81, 1, 492 et 303.

214. — Toutefois la décision sur la résidence ne serait pas souveraine si elle n'était pas la simple constatation d'un fait, mais l'appréciation juridique d'une qualité. Ainsi particulièrement le juge de paix ne décide pas d'une manière souveraine, si le fonctionnaire est assujetti à une résidence dans la commune où il exerce sa fonction; et s'il est reconnu par la Cour de cassation que tel fonctionnaire ou ministre des cultes est assujetti à une telle résidence, le juge de paix qui, sans méconnaître le fait de la résidence, n'en veut point faire état, parce qu'elle ne remonte pas à six mois ou à deux ans, viole la loi et rend une décision annulable. (9 mai et 27 juin 1877; Sirey, 77, 1, 378 ; Dalloz, 1, 300, 29 avril 1878; Sirey, 1, 426 et Dalloz, 1, 244.)

C'est aussi ce qu'a jugé un arrêt du 27 juin 1877, au rapport de M. Guérin (Bulletin civil, n° 105; Sirey, 77, 1, 378 ; Dalloz, 77, 1, 269) dans une espèce où le juge de paix avait jugé qu'une résidence de deux années avait été également interrompue par des absences temporaires, nécessitées par l'insalubrité du pays. « Attendu, a « dit l'arrêt, que si les juges du fait apprécient souverai-« nement les questions d'habitation réelle, c'est à la con-« dition que cette appréciation ne contienne pas une

« interprétation illégale des éléments qui constituent la
« résidence, qu'autrement elle ne saurait échapper à la
« censure de la Cour de cassation. »

Le juge de paix déclare aussi souverainement en l'absence de toute preuve contraire que l'électeur qui réclame son inscription en qualité de contribuable, n'est pas porté depuis un an sur les rôles des contributions directes, ou des prestations en nature. Mais s'il avait statué ainsi malgré la production constatée d'un bordereau de contributions ou d'un certificat du percepteur, attestant qu'il figure sur les rôles depuis plus d'un an, son jugement aurait fait une fausse application d'un fait certain, violé la loi relative à la preuve littérale, et encouru la cassation. (Chambre civile, 27 juin 1877 ; Bulletin civil, n° 108 ; Dalloz, 77, 5, 185 ; Sirey, 1, 428 et encore Dalloz, 1, 269 et Sirey, 1, 378.)

De même si des pièces officielles ou incontestables établissant la résidence étaient produites, le juge de paix ne pourrait, sans motifs sérieux et destructifs du fait ainsi justifié, refuser l'inscription demandée. (24 avril 1876 ; Dalloz, 78, 1, 228 et Sirey, 1, 432.)

215. — Le juge de paix doit aussi se conformer aux dispositions de l'article 1315 du Code civil pour décider à laquelle des parties incombe le fardeau de la preuve des faits. Si donc un électeur est en possession d'une inscription régulièrement opérée, à raison, soit de ce qu'il réside depuis plus de deux ans dans la commune, soit de ce que son nom est porté aux rôles des contributions depuis un an, et qu'un tiers électeur vienne contester son droit à l'inscription et réclame sa radiation de la liste, ce ne serait point à l'électeur contesté à établir que rien n'est changé dans sa situation, mais bien à celui qui l'attaque. (Chambre civile, 14 juin 1880, au rapport de M. Rohault de Fleury.)

Nous venons de dire que le juge de paix, auquel des

actes de naissance et de mariage, des titres établissant la qualité de l'électeur et des droits à l'inscription sont présentés, ne juge pas seulement une question de fait, mais une véritable question de droit. Mais cela n'est vrai qu'à la condition que la partie intéressée a, devant le juge de paix, produit les pièces et documents qui contredisent sa décision attaquée. A défaut de cette production, en effet, on ne peut prétendre que le juge de paix a tiré en droit une fausse conséquence d'un point de fait certain, et la Cour de cassation n'a pas mission d'établir, par des actes ou pièces qui lui seraient présentés, l'existence d'un fait contraire à ceux que le juge de paix a affirmé.

Nous avons indiqué dans une autre partie de nombreux arrêts qui ont cassé des jugements des juges de paix, pour fausse application ou pour violation de la loi ; nous nous livrerions, en les rapportant ici, à des redites inutiles.

216. — Il ne nous reste plus qu'à faire connaître quels sont les conséquences des décisions de la Cour de cassation.

Si la Cour prononce la déchéance ou l'irrecevabilité du pourvoi, si elle le rejette par des motifs tirés du fond du droit, et parce que le juge de paix a sainement appliqué la loi, les choses restent en l'état où elles étaient après le jugement. Si donc il ordonnait, soit le maintien d'une inscription, soit l'inscription nouvelle du nom d'un électeur, ou au contraire la radiation d'un nom de la liste électorale, et que, par suite de l'avis qui lui a été donné de cette sentence, conformément à l'article 6 du règlement du 2 février 1852, le maire ait, le pourvoi n'étant pas suspensif, ou fait l'inscription nouvelle, ou rétabli, ou maintenu la précédente ou effectué la radiation, l'inscription et la radiation sont irrévocablement opérées, au moins pour une année, en faveur de l'électeur qui a eu gain de cause sur le pourvoi.

217. — Si, au contraire, le jugement a été cassé, la Cour renvoie la cause devant le juge de paix d'un autre canton qui statue à nouveau, comme en toute matière civile, sur l'appel de la décision de la Commission municipale. Pour mettre le juge de renvoi en mesure de statuer, une expédition de l'arrêt est délivrée sans frais à la partie, et envoyée avec toutes les pièces du dossier au greffier de la justice de paix désigné par l'arrêt de cassation.

Devant ce juge de paix et en vertu de l'effet dévolutif de l'appel, les parties peuvent produire toutes pièces qu'elles avaient omis de représenter lors de l'instance suivie devant le juge de paix, mais elles ne pourront changer la demande originaire et solliciter, par exemple, une inscription en vertu du § 2 de l'article 5, alors qu'elles avaient invoqué seulement le droit résultant du § 1ᵉʳ ; ce serait là une demande nouvelle.

218. — M. Hérold enseigne, avec raison suivant nous, (nº 236), que si le second juge de paix rendait un jugement qui fût attaqué, par les mêmes moyens que le premier, il y aurait lieu, en conformité de l'article 2 de la loi du 1ᵉʳ avril 1837, de soumettre le pourvoi aux Chambres réunies de la Cour de Cassation. Il semble en effet, qu'aucune raison ne s'opposerait, en ce cas, à l'application de la loi de 1837, le décret du 2 février 1852 n'ayant prononcé aucune dérogation aux règles du droit commun. Puisqu'on a cru l'intérêt public assez gravement engagé en cette matière pour déférer à la Cour de cassation les contestations auxquelles elle donne lieu, on ne peut, sans aucune prescription formelle de la loi spéciale, se refuser à l'application d'une disposition légale qui tient aux principes de l'ordre le plus élevé et à l'organisation des pouvoirs de la Cour suprême. Si le second jugement est cassé par le même motif que le premier, le juge de paix auquel la connaissance de l'affaire sera

renvoyée, devra se conformer en droit à la doctrine de
la Cour de cassation. Espérons pourtant que la mise en
œuvre de cette solennelle procédure, ne se produira
jamais, grâce à l'intelligence des juges de paix, qui
sauront comprendre qu'en semblable matière, la justice
la plus prompte est presque toujours la meilleure.

219. — Nous terminerons cette étude par une observation qui l'embrasse dans sa généralité. Il semble qu'une
opération qui doit se renouveler et s'accomplir chaque
année dans toutes les communes de France, dans les plus
petites comme dans les plus grandes, et par les soins
d'hommes n'ayant, pour la plupart, que des notions fort
incomplètes du droit et des pratiques administratives et
judiciaires, devrait être régie par une législation très-pré-
cise dans son texte, et très-claire dans ses dispositions.
On vient de le voir, il s'en faut de beaucoup qu'il en soit
ainsi. La combinaison des lois de 1874 et de 1875, avec les
décrets organique et réglementaire de 1852, n'est pas toujours chose simple et facile ; les différences existant entre
telles conditions de l'électorat politique et telles autres
de l'électorat municipal suscitent de nombreux litiges ;
l'institution simultanée de deux actions qui tantôt se confondent, tantôt se contredisent dans leur objet, jette beaucoup de trouble et d'obscurité dans la constitution même
du droit électoral. Enfin les caractères si différents des
juridictions devant lesquelles sont successivement portées les contestations nées de la confection et de la révision des listes électorales, viennent encore augmenter les
incertitudes qui s'attachent à la régularité des actes et
des décisions de chacune d'elles.

. Le suffrage universel est pour longtemps, on doit du
moins le croire, la base du système électoral dans
notre pays, nous ne paraîtrons donc pas téméraire en
exprimant le vœu qu'une loi simple et homogène, en
réunissant les éléments que fournissent déjà les textes

actuels et les décisions de la jurisprudence, vienne dans
un bref délai réglementer cette matière importante de
notre droit public, et faire apparaître la clarté et la sim-
plicité, là où, on peut le dire, règnent trop souvent l'obs.
curité et la confusion. Puisse au moins cette étude toute
pratique diminuer le nombre des contestations et indiquer particulièrement aux juges de paix le moyen de les
juger avec intelligence et sûreté !

TROISIÈME PARTIE

ANNEXES. — TABLES

14.

APPENDICE

LOIS EN VIGUEUR

N° 1.

Décret organique du 2 février 1852. — Titre II. — Articles 12 à 25.

Des électeurs et des listes électorales.

ART. 12. — Sont électeurs sans condition de sens, tous les Français, âgés de 21 ans accomplis, jouissant de leurs droits civils et politiques.

ART. 13. — La liste électorale est dressée pour chaque commune par le maire. (Voir l'article 1er de la loi du 7 juillet 1874). Elle comprend par ordre alphabétique : 1º Tous les électeurs habitant dans la commune depuis six mois au moins ; ceux qui, n'ayant pas atteint, lors de la formation de la liste, les conditions d'âge et d'habitation, doivent les acquérir avant la clôture définitive.

ART. 14. — Les militaires en activité de service et les hommes retenus pour le service des ports et de la flotte, en vertu de leur immatriculation sur les rôles de l'inscription maritime, seront portés sur les listes des communes où ils étaient domiciliés avant leur départ. Ils ne pourront voter pour les députés au Corps législatif que lorsqu'ils seront présents au moment de l'élection, dans la commune où ils seront inscrits (1).

ART. 15. — Ne doivent pas être inscrits sur les listes électorales : 1° les individus privés de leurs droits civils et politiques, par suite de condamnation, soit à des peines afflictives et infamantes, soit à des peines infamantes seulement; 2° ceux auxquels les tribunaux jugeant correctionnellement ont interdit le droit de vote et d'élection, par application des lois qui autorisent cette interdiction ; 3° les condamnés, pour crime, à l'emprisonnement, par application de l'article 463 du Code pénal; 4° ceux qui ont été condamnés à trois mois de prison, par application des articles 318 et 423 du Code pénal; 5° les condamnés pour vol, escroquerie, abus de confiance, soustraction commise par les dépositaires de deniers publics, ou attentat aux mœurs, prévus par les articles 330 et 334 du Code pénal, quelle que soit la durée

(1) Article 5 de la loi du 21 mars 1832 sur le recrutement : Le contingent assigné à chaque canton sera fourni par un tirage au sort entre les jeunes gens qui auront leur *domicile légal dans le canton.*

Article 6 : Sont considérés comme légalement domiciliés dans le canton : 1° les jeunes gens, même émancipés, engagés ou expatriés, si d'ailleurs leurs père, mère ou tuteur, ont leur domicile dans une des communes du canton.

de l'emprisonnement auquel ils ont été condamnés ;
6° les individus qui, par application de l'article 8 de la
loi du 17 mai 1819 et de l'article 3 du décret du 11 août
1848, auront été condamnés pour outrage à la morale
publique et religieuse ou aux bonnes mœurs, et pour
attaque contre le principe de la propriété et les droits de
la famille ; 7° les individus condamnés à plus de trois
mois d'emprisonnement, en vertu des articles 31, 33, 34,
35, 36, 38, 39, 40, 41, 42, 43 et 46 de la présente loi ; 8° les
notaires, greffiers et officiers ministériels destitués, en
vertu de jugements ou décisions judiciaires ; 9° les condamnés pour vagabondage ou mendicité ; 10° ceux qui
auront été condamnés à trois mois de prison au moins,
par application des articles 439, 443, 444, 445, 446, 447 et
352 du Code pénal ; 11° ceux qui auront été déclarés coupables de délits prévus par les articles 410 et 411 du
Code pénal et par la loi du 21 mai 1836, portant prohibi-
tion de loteries ; 12° les militaires condamnés au boulet ou
aux travaux publics ; 13° les individus condamnés à l'emprisonnement par application des articles 38, 41, 43 et 45
de la loi du 21 mars 1832, sur le recrutement de l'armée ;
14° les individus condamnés à l'emprisonnement par
application de l'article 1er de la loi du 24 mars 1832 sur
le recrutement de l'armée ; les individus condamnés à
l'emprisonnement par application de l'article 1er de la loi
du 27 mars 1851 ; 15° ceux qui ont été condamnés pour
délit d'usure ; 16° les interdits ; 17° les faillis non réhabilités
dont la faillite a été déclarée, soit par les tribunaux français, soit par jugement rendu à l'étranger, mais exécu-
toire en France.

ART. 15. — Les condamnés à plus d'un mois d'emprisonnement pour rébellion, outrages et violences envers
les dépositaires de l'autorité ou de la force publique pour
outrages publics envers un juré à raison de ses fonctions, ou envers un témoin à raison de sa déposition,
pour délits prévus par la loi sur les attroupements, et la

loi sur le colportage, ne pourront pas être inscrits sur la liste électorale pendant cinq ans, à dater de l'expiration de leur peine.

ART. 17. — Les listes électorales..... (article transitoire.)

ART. 18. — Les listes électorales sont permanentes. Elles sont l'objet d'une révision annuelle; un décret du pouvoir exécutif déterminera les règles et les formes de cette opération.

ART. 19. — Lors de la révision annuelle, et dans les délais qui seront réglés par les décrets du pouvoir exécutif, tout citoyen omis sur la liste pourra présenter sa réclamation à la mairie. Tout électeur inscrit sur l'une des listes de la circonscription électorale pourra réclamer la radiation ou l'inscription d'un individu omis ou indûment inscrit. Le même droit appartient aux préfets et aux sous-préfets. Il sera ouvert dans chaque mairie un registre sur lequel les réclamations seront inscrites par ordre de date. L'électeur dont l'inscription aura été contestée, sera averti, sans frais par le maire, et pourra présenter ses observations.

ART. 20. — Les réclamations seront jugées par une commission composée..... (Voir l'article 1er de la loi du 7 juillet 1874.)

ART. 21. — Notification de la décision sera, dans les trois jours, faite aux parties intéressées, par le ministère d'un agent assermenté. Elles pourront interjeter appel dans les cinq jours de la notification.

ART. 22. — L'appel sera porté devant le juge de paix

du canton ; il sera formé par simple déclaration au
greffe ; le juge de paix statuera dans les dix jours, sans
frais ni forme de procédure, et sur simple avertissement
donné trois jours à l'avance à toutes les parties intéressées. Toutefois si la demande portée devant lui implique
la solution préjudicielle d'une question d'Etat, il renverra préalablement les parties à se pourvoir devant les
juges compétents et fixera un bref délai dans lequel la
partie qui aura élevé la question préjudicielle devra justifier de ses diligences. Il sera procédé, en ce cas, conformément aux articles 855, 856 et 858 du Code de procédure.

ART. 23. — La décision du juge de paix est en dernier
ressort ; mais elle peut être déférée à la Cour de cassation. Le pourvoi n'est recevable que s'il est formé
dans les dix jours de le notification de la décision. Il
n'est pas suspensif. Il est formé par simple requéte
dénoncée aux défendeurs dans les dix jours qui suivent ;
il est dispensé de l'intermédiaire d'un avocat à la Cour,
et jugé d'urgence, sans frais ni consignation d'amende.
Les pièces et les mémoires fournis par les parties sont
transmis sans frais par le greffier de la justice de paix
au greffier de la cour de cassation. La Chambre des
requétes (aujourd'hui la Chambre civile, loi du 30 novembre 1865) de la Cour de cassation statue définitivement
sur le pourvoi.

ART. 24. — Tous les actes judiciaires, sont, en matière
électorale, dispensés du timbre et enregistrés gratis. Les
extraits des actes de naissance nécessaires pour établir
l'âge des électeurs sont délivrés gratuitement sur papier
libre à tout réclamant ; ils portent, en tête de leur texte,
l'énonciation de leur destination spéciale, et ne peuvent
servir à aucune autre.

Art. 25. — L'élection est faite sur la liste révisée pen-
toute l'année qui suit la clôture de la liste :

TITRE IV.

DISPOSITIONS PÉNALES.

Art. 31. — Toute personne qui se sera fait inscrire
sur la liste électorale sous de faux noms ou de fausses
qualités, ou aura, en se faisant inscrire, dissimulé une
incapacité prévue par la loi, ou aura réclamé et obtenu
une inscription sur deux ou plusieurs listes, sera punie
d'un emprisonnement d'un mois à un an, et d'une
amende de 100 à 1,000 francs.

Art. 32. — Celui qui, déchu du droit de voter, soit
par suite d'une condamnation judiciaire, soit par suite
d'une faillite non suivie de réhabilitation, aura voté, soit
en vertu d'une inscription sur les listes antérieures à sa
déchéance, soit en vertu d'une inscription postérieure,
mais opérée sans sa participation, sera puni d'un emprisonnement de quinze jours à trois mois, et d'une
amende de 20 à 500 francs.

Art. 33. — Quiconque aura voté dans une assemblée
électorale, soit en vertu d'une inscription obtenue dans
les deux premiers cas prévus par l'article 31, soit en
prenant faussement les noms et qualités d'un électeur
inscrit, sera puni d'un emprisonnement de six mois à
deux ans, et d'une amende de 200 à 2,000 francs.

Art. 34. — Sera puni de la même peine tout citoyen
qui aura profité d'une inscription multiple pour voter
plus d'une fois.

Art. 35. — Quiconque étant chargé, dans un scrutin, de recevoir, compter ou dépouiller les bulletins contenant les suffrages des citoyens, aura soustrait, ajouté ou altéré des bulletins, ou lu un nom autre que celui inscrit, sera puni d'un emprisonnement d'un an à cinq ans, et d'une amende de 500 à 5,000 francs.

Art. 36. — La même peine sera appliquée à tout individu qui, chargé par un électeur d'écrire son suffrage, aura inscrit sur le bulletin un nom autre que celui qui lui était désigné.

Art. 37. — L'entrée dans l'assemblée électorale avec armes apparentes est interdite. En cas d'infraction, le contrevenant sera passible d'une amende de 16 à 100 francs.

La peine sera d'un emprisonnement de quinze jours à trois mois, et d'une amende de 15 à 300 francs si les armes étaient cachées.

Art. 38. — Quiconque aura donné, promis ou reçu des deniers, effets ou valeurs quelconques, sous la condition soit de donner ou de procurer un suffrage, soit de s'abstenir de voter, sera puni d'un emprisonnement de trois mois à deux ans, et d'une amende de 500 à 5,000 francs.

Seront punis des mêmes peines ceux qui, dans les mêmes conditions, auront fait ou accepté l'offre ou la promesse d'emplois publics ou privés.

Si le coupable est fonctionnaire public, la peine sera du double.

Art. 39. — Ceux qui, par voies de fait, violences ou menaces contre un électeur, soit en lui faisant craindre de perdre son emploi ou d'exposer à un dommage sa personne, sa famille ou sa fortune, l'auront déterminé à s'abstenir de voter, ou auront influencé un vote, seront punis d'un emprisonnement d'un mois à un an, et d'une amende de 100 à 1,000 francs ; la peine sera double si le coupable est fonctionnaire public.

ART. 40. — Ceux qui, à l'aide de fausses nouvelles, bruits calomnieux ou autres manœuvres frauduleuses, auront surpris ou détourné des suffrages, déterminé un ou plusieurs électeurs à s'abstenir de voter, seront punis d'une amende de 100 à 2,000 francs.

ART. 41. — Lorsque, par attroupements, clameurs ou démonstrations menaçantes, on aura troublé les opérations du collége électoral, porté atteinte à l'exercice du droit électoral ou à la liberté du vote, les coupables seront punis d'un emprisonnement de trois mois à deux ans, et d'une amende de 100 à 2,000 francs.

ART. 42. — Toute irruption dans un collége électoral consommée ou tentée avec violence, en vue d'empêcher un choix, sera punie d'un emprisonnement d'un an à cinq ans, et d'une amende de 1,000 à 5,000 francs.

ART. 43. — Si les coupables étaient porteurs d'armes ou si le scrutin a été violé, la peine sera la réclusion.

ART. 44. — Elle sera des travaux forcés à temps si le crime a été commis par suite d'un plan concerté pour être exécuté soit dans toute la République, soit dans un ou plusieurs départements, soit dans un ou plusieurs arrondissements.

ART. 45. — Les membres d'un collége électoral qui, pendant la réunion, se seront rendus coupables d'outrages ou de violences, soit envers le bureau, soit envers l'un des membres, ou qui, par voies de fait ou menaces, auront retardé ou empêché les opérations électorales, seront punis d'un emprisonnement d'un mois à un an, et d'une amende de 100 à 2,000 francs.

Si le scrutin a été violé, l'emprisonnement sera d'un an à cinq ans, et l'amende de 1,000 à 5,000 francs.

Art. 46. — L'enlèvement de l'urne contenant les suffrages émis et non encore dépouillés sera puni d'un emprisonnement d'un an à cinq ans, et d'une amende de 1,000 à 5,000 francs.

Si cet enlèvement a été effectué en réunion ou avec violence, la peine sera la réclusion.

Art. 47. — La violation du scrutin faite soit par les membres du bureau, soit par les agents de l'autorité préposés à la garde des bulletins non encore dépouillés, sera punie de la réclusion.

Art. 48. — Les crimes prévus par la présente loi seront jugés par la Cour d'assises, et les délits par les tribunaux correctionnels; l'article 463 du Code pénal pourra être appliqué.

Art. 49. — En cas de plusieurs crimes ou délits prévus par la présente loi et commis antérieurement au premier acte de poursuite, la peine la plus forte sera seule appliquée.

Art. 50. — L'action publique et l'action civile seront prescrites après trois mois, à partir du jour de la proclamation du résultat de l'élection.

Art. 51. — La condamnation, s'il en est prononcé, ne pourra, en aucun cas, avoir pour effet d'annuler l'élection déclarée valide par les pouvoirs compétents, ou dûment définitive par l'absence de toute protestation régulière formée dans les délais voulus par les lois spéciales.

Art. 52. — Les lois antérieures sont abrogées en ce

qu'elles ont de contraire aux dispositions de la présente loi.

N° 2.

Décret réglementaire du 2 février 1852. — Titre 1ᵉʳ. Articles 1 à 8.

Titre 1ᵉʳ. — Révision annuelle des listes électorales.

ART. Iᵉʳ. — La révision annuelle des listes électorales s'opère conformément aux règles qui suivent : du 1ᵉʳ au 10 janvier de chaque année, le maire de chaque commune ajoute à la liste les citoyens qu'il reconnaît avoir acquis les qualités exigées par la loi ; ceux qui acquerront les conditions d'âge et d'habitation avant le 1ᵉʳ avril et ceux qui auraient été précédemment omis. Il en retranche : 1° les individus décédés ; 2° ceux dont la radiation a été ordonnée par l'autorité compétente ; 3° ceux qui ont perdu les qualités requises par la loi ; 4° ceux qu'il reconnaît avoir été indûment inscrits, quoique leur inscription n'ait point été attaquée ; il tient un registre de toutes ces décisions, et y mentionne les motifs et les pièces à l'appui. (Voir loi du 7 juillet 1874, art. 1ᵉʳ.)

ART. 2. — Le tableau contenant les additions et les retranchements faits par le maire à la liste électorale est déposé au plus tard le 15 janvier, au secrétariat de la mairie. Le tableau sera communiqué à tout requérant qui pourra le copier et le reproduire par la voie de l'impression. Le jour même de ce dépôt, avis en sera donné par affiches aux lieux accoutumés.

Art. 3. — Une copie du tableau et du procès-verbal constatant l'accomplissement des formalités prescrites par l'article précédent sera en même temps transmise au sous-préfet de l'arrondissement qui l'adressera dans les deux jours avec ses observations au préfet du département.

Art. 4. — Si le préfet estime que les formalités et les délais prescrits par la loi n'ont pas été observés, il devra dans les deux jours de la réception du tableau, déférer les opérations du maire (aujourd'hui de la commission administrative) au conseil de préfecture du département, qui statuera dans les trois jours, et fixera, s'il y a lieu, le délai dans lequel les opérations annulées devront être refaites.

Art. 5. — Les demandes en inscription où en radiation devront être formées dans les dix jours à compter de la publication des listes. (La loi du 13 janvier 1866 a porté à un mois le délai de dix jours.)

Art. 6. — Le juge de paix donnera avis des infirmations par lui prononcées, au préfet et au maire dans les trois jours de la décision.

Art. 7. — Le 31 mars de chaque année, le maire opère toutes les rectifications régulièrement ordonnées, transmet au préfet le tableau de ces rectifications, et arrête définitivement la liste électorale de la commune. La minute de la liste électorale reste déposée au secrétariat de la commune; le tableau rectificatif transmis au préfet reste déposé, avec la copie de la liste électorale, au secrétariat général du département. Communication en doit toujours être donnée aux citoyens qui la demandent.

Art. 8. — La liste électorale reste jusqu'au 31 mars

de l'année suivante telle qu'elle a été arrêtée, sauf néanmoins les changements qui y auraient été ordonnés par décision du juge de paix et sauf aussi la radiation des noms des électeurs décédés ou privés des droits civils et politiques par jugements ayant force de chose jugée.

N° 3.

Loi du 7 juillet 1874.

ART. 1ᵉʳ. — A partir de la promulgation de la présente loi, une liste électorale relative aux électeurs municipaux sera dressée dans chaque commune, par une commission composée du Maire, d'un délégué de l'administration, désigné par le Préfet, et d'un délégué choisi par le Conseil municipal. — Dans les communes qui auront été divisées en sections électorales, la liste sera dressée dans chaque section par une commission composée : 1° du maire ou adjoint et d'un conseiller municipal dans l'ordre du tableau ; 2° d'un délégué de l'administration désigné par le Préfet ; 3° d'un délégué choisi par le Conseil municipal.

Lorsque la commune est divisée en plusieurs cantons, le sectionnement devra être opéré de telle sorte, qu'une section électorale ne puisse comprendre des portions de territoire appartenant à plusieurs cantons.

A Paris et à Lyon, la liste sera dressée dans chaque quartier ou section, par une commission composée du Maire de l'arrondissement et d'un adjoint délégué, du Conseiller municipal élu dans le quartier ou la section, et d'un électeur désigné par le Préfet du département.

Il sera dressé en outre, d'après les listes spéciales à chaque section ou quartier, une liste générale des électeurs de la commune par ordre alphabétique. A Paris et à Lyon, cette liste générale sera dressée par arrondissement.

ART. 2. — Les listes seront déposées au secrétariat de la mairie, communiquées et publiées, conformément à l'article 2 du décret réglementaire du 2 février 1852.

Les demandes en inscription ou en radiation devront être formées dans le délai de vingt jours, à partir de la publication des listes ; elles seront soumises aux commissions indiquées dans l'article premier auxquelles seronts adjoints deux autres délégués du Conseil municipal.

ART. 3. — L'appel des décisions de ces Commissions sera porté devant le juge de paix qui statuera conformément aux dispositions du décret organique du 2 février 1852.

ART. 4. — L'électeur qui aura été l'objet d'une radiation d'office de la part des Commissions désignées à l'article 1er, ou dont l'inscription aura été contestée devant lesdites Commissions, sera averti sans frais par le Maire et pourra présenter ses observations.

Notification de la décision des commissions sera, dans les trois jours, faite aux parties intéressées, par écrit et à domicile par les soins de l'administration municipale ; elles pourront interjeter appel dans les cinq jours de la notification.

Les listes électorales seront tenues dans un registre et conservées dans les archives de la commune. Tout électeur pourra prendre communication et copie de la liste électorale.

ART. 5. — Sont inscrits sur la liste des électeurs municipaux, tous les citoyens âgés de 21 ans, jouissant de leurs droits civils et politiques et n'étant dans aucun cas d'incapacité prévu par la loi :

1° Qui sont nés dans la commune ou y ont satisfait à la loi du recrutement ; et s'ils n'y ont pas conservé leur résidence, sont venus s'y établir de nouveau depuis six mois au moins ; 2° Qui même n'étant pas nés dans la commune y auront été inscrits depuis un an, au rôle des quatre contributions directes, ou au rôle des prestations en nature, et s'ils ne résident pas dans la commune auront déclaré vouloir y exercer leurs droits électoraux. Seront également inscrits, au terme du présent paragraphe, les membres de la famille des mêmes électeurs, compris dans le rôle de la prestation en nature, alors même qu'ils n'y sont pas personnellement portés, et les habitants qui, en raison de leur âge ou de leur santé, auront cessé d'être soumis à cet impôt ; 3° Qui se sont mariés dans la commune et justifieront qu'ils y résident depuis un an au moins ; 4° Qui ne se trouvant dans aucun des cas ci-dessus, demanderont à être inscrits sur la liste électorale, et justifieront d'une résidence de deux années consécutives dans la commune. Ils devront déclarer le lieu et la date de leur naissance. Tout électeur inscrit sur la liste électorale pourra réclamer la radiation ou l'inscription d'un individu omis ou dûment inscrit ; 5° Qui en vertu de l'article 2 du traité du 10 mai 1871 ont opté pour la nationalité française et déclaré fixer leur résidence dans la commune, conformément à la loi du 19 juin 1871 ; 6° Qui sont assujettis à une résidence obligatoire dans la commune en qualité soit de Ministre des cultes reconnus par l'Etat, soit de fonctionnaires publics. — Seront également inscrits les citoyens qui, ne remplissant pas les conditions d'âge et de résidence ci-dessus indiquées lors de la formation des listes, les rempliront avant la clôture définitive. — L'absence de la commune résultant du service militaire ne portera aucune atteinte aux règles ci-dessus édictées pour l'inscription sur les listes électorales.

Art. 6. — Ceux qui, à l'aide de déclarations frauduleuses ou de faux certificats, se seront fait inscrire ou auront tenté de se faire inscrire indûment sur une liste électorale ; ceux qui, à l'aide des mêmes moyens auront fait inscrire ou rayer indûment un citoyen et les complices de ces délits seront passibles d'un emprisonnement de six jours à un an et d'une amende de 50 à 500 fr.

Les coupables pourront, en outre, être privés pendant deux ans, de l'exercice de leurs droits civiques. — L'article 463 du Code pénal est dans tous les cas applicable.

Art. 7. — Les dispositions des lois antérieures ne sont abrogées qu'en ce qu'elles ont de contraire à la présente loi.

N° 4.

Loi du 30 novembre 1875, sur l'élection des Députés.

Art. 1er. — Les Députés seront nommés par les électeurs inscrits : 1° Sur les listes dressées en exécution de la loi du 7 juillet 1874 ; 2° Sur la liste complémentaire, comprenant ceux qui résident dans la commune depuis six mois.

L'inscription sur la liste complémentaire aura lieu conformément aux lois et réglements qui régissent actuellement les listes électorales politiques, par les commissions et suivant les formes établies dans les articles 1er, 2, 3 et 4 de la loi du 7 juillet 1874.

Les pourvois en cassation relatifs à la formation et à la révision de l'une et de l'autre liste seront portés directement devant la Chambre civile de la Cour de cassation.

Nº 5.

Décret du 29 janvier 1876. — Elections du 20 février 1876.

ART. 2. — L'élection aura lieu sur les listes électorales, arrêtées le 31 mars 1875. — Les maires des communes où, *conformément à l'article 8* du décret réglementaire du 2 février 1852, il y aura lieu d'apporter des modifications à la liste arrêtée le 31 mars dernier, publieront cinq jours avant la réunion des électeurs un tableau contenant lesdites modifications.

N° 6.

TABLEAU dressé par les soins du Ministre de l'intérieur, aux termes des circulaires des 7 février 1852, 30 décembre 1871, 12 juillet et 23 novembre 1874, présentant par ordre alphabétique toutes les condamnations qui d'après l'article 15 du décret du 2 février 1852, entraînent la perte des droits électoraux.

NOMENCLATURE PAR ORDRE ALPHABÉTIQUE des crimes, délits et autres causes entraînant l'incapacité.	NATURE ET DURÉE DES PEINES emportant l'exclusion de la liste électorale.	DURÉE de L'EXCLUSION.	ARTICLES du décret organique qui prononcent l'exclusion.
Abus de confiance. (C. P., art. 406 à 409.)	Emprison., quelle qu'en soit la durée.	Perpétuelle.	Art. 15, § 5.
Arbre abattu, sachant qu'il appartient à autrui. (C. P., art. 445.)	Emprison., de 3 mois au moins.	Idem.	Art. 15, § 10.
Arbre mutilé, coupé ou écorcé de manière à le faire périr, sachant qu'il appartient à autrui. (C. P., art. 446.)	Idem.	Idem.	Idem.
Attaque publique contre la liberté des cultes, le principe de la propriété et les droits de la famille. (L. 11 août 1848, art. 3.)	Quelle que soit la peine.	Idem.	Art. 15, § 6
Attroupements (Délits prévus par la loi sur les). (L. 10 avril 1831 et 7 juin 1848.)	Emprisonn. de plus d'un mois.	L'exclusion dure 5 ans à dater de l'expiration de la peine.	Art. 16

NOMENCLATURE PAR ORDRE ALPHABÉTIQUE des crimes, délits et autres causes entraînant l'incapacité.	NATURE ET DURÉE DES PEINES emportant l'exclusion de la liste électorale.	DURÉE de L'EXCLUSION.	ARTICLES du décret organique qui prononcent l'exclusion.
Boissons falsifiées contenant des mixtions nuisibles à la santé (Vente et débit de). [C. P., art. 518.]	Emprisonnement de 5 mois.	Perpétuelle.	Art. 15, § 4
Clubs (Délits prévus par la loi sur les). [V. *Sociétés secrètes.*]	»	»	»
Colportage d'écrits (Infractions à la loi sur le). [L. 27 juillet 1849.] Voir loi du 17 juin 1880.	Emprisonnem. de plus d'un mois.	L'exclusion dure 5 ans à dater de l'expiration de la peine.	Art. 16.
Crimes suivis d'une condamnation à des peines afflictives et infamantes (travaux forcés, déportation, détention et réclusion), ou à des peines infamantes seulement (bannissement, dégradation civique). [C. P., art. 7 et 8.]	Quelle que soit la durée de la peine.	Perpétuelle.	Art. 15, § 1.
Crimes suivis d'une condamnation à l'emprisonnement correctionnel en vertu de l'article 463 du Code pénal.	Idem.	Idem.	Art. 15, § 3.
Deniers publics soustraits par les dépositaires auxquels ils étaient confiés. (C. P., art. 169 à 171.)	Emprison., quelle qu'en soit la durée.	Idem.	Art. 15, § 5.
Destruction de registres, minutes, actes originaux de l'autorité publique, titres, billets, lettres de change, effets de commerce ou de banque, contenant ou opérant obligation, disposition ou décharge. (C. P., art. 459.)	Emprisonn. de 5 mois au moins	Idem.	Art. 15, § 10.

NOMENCLATURE PAR ORDRE ALPHABÉTIQUE des crimes, delits et autres causes entrainant l'incapacité.	NATURE ET DURÉE DES PEINES emportant l'exclusion de la liste electorale.	DURÉE de L'EXCLUSION.	ARTICLES du décret organique qui prononcent l'exclusion.
ÉLECTIONS. *Bulletin* ajouté, soustrait ou altéré par les personnes chaigées dans un scrutin, de recevoir compter ou dépouiller les bulletins contenant les suffrages des citoyens	Emprisonnem de plus de 3 mois.	Perpétuelle.	Art. 15, § 7 ; art. 55.
Lecture de noms autres que ceux inscrits.	Idem.	Idem.	Idem.
Inscription sur le bulletin d'autrui de noms autres que ceux qu'on était chargé d'y inscrire.	Idem.	Idem.	Art. 15, § 7 ; art. 56.
Collége électoral. (Irruption dans un collége électoral consommée ou tentée avec violence, en vue d'empêcher un choix	Idem.	Idem.	Art. 15, § 7 ; art. 42.
Liste électorale. (Inscription obtenue sous de faux noms ou de fausses qualités, ou en dissimulant un incapacité prévue par la loi)	Idem.	Idem.	Art. 15, § 7 ; art. 51.
Liste électorale. (Inscription réclamée et obtenue sur deux ou plusieurs listes.)	Idem.	Idem.	Idem.
Opérations électorales retardées ou empêchées au moyen de voies de fait ou de menaces par des électeurs. — Bureau outragé dans son ensemble ou dans l'un de ses membres par des électeurs pendant la réunion. — Scrutin violé.	Idem.	Idem.	Art. 15, § 7 ; art. 45.

NOMENCLATURE PAR ORDRE ALPHABÉTIQUE des crimes, délits et autres causes entrainant l'incapacité.	NATURE ET DURÉE DES PEINES emportant l'exclusion de la liste electorale.	DURÉE de L'EXCLUSION.	ARTICLES du décret organique qui prononcent l'exclusion.
Opérations électora'es troublées par attroupements, clameurs ou démonstrations menaçantes. — Atteinte portée à l'exercice du droit électoral ou à la liberté du vote.	Emprisonnem. de plus de 3 mois.	Perpétuelle.	Art 15, § 7 ; art. 41.
Suffrages. Deniers ou valeurs quelconques donnés, promis ou reçus, sous la condition soit de donner ou de procurer un suffrage, soit de s'abstenir de voter. — Offre ou promesse faite ou acceptée. sous les mêmes conditions, d'emplois publics ou privés.	Idem.	Idem.	Art. 15, § 7 ; art. 38.
Suffrages influencés, soit par voies de fait, violences ou menaces contre un électeur, soit en lui faisant craindre de perdre son emploi ou d'exposer à un dommage sa personne, sa famille ou sa fortune. — Abstention de voter déterminée par les mêmes moyens.	Idem.	Idem.	Art. 15, § 7 ; art. 59.
Suffrages surpris ou détournés à l'aide de fausses nouvelles, bruits calomnieux ou autres manœuvres frauduleuses. — Abstention de voter déterminée par les mêmes moyens.	Idem.	Idem.	Art. 15, § 7 ; art. 40.

ELECTIONS (*suite*).

NOMENCLATURE PAR ORDRE ALPHABÉTIQUE des crimes, délits et autres causes entrainant l'incapacité.	NATURE ET DURÉE DES PEINES emportant l'exclusion de la liste electcrale.	DURÉE de L'EXCLUSION.	ARTICLES du décret organique qui prononcent l'exclusion.
ELECTIONS (suite). *U/ne* contenant les suffrages émis et non encore dépouilles (Enlèvement de l').	Emprisonnem. de plus de 5 mois.	Perpétuelle	Art. 15, § 7 ; art. 46.
Vote en vertu d'une inscription obtenue sous de faux noms ou de fausses qualités, ou en dissimulant une incapacité, ou en prenant faussement les noms et qualités d'un électeur inscrit.	Idem.	Idem.	Art. 15, § 7 ; art. 55.
Vote multiple à l'aide d'une inscription multiple.	Idem.	Idem.	Art. 15, § 7 ; art. 54.
Empoisonnement de chevaux ou autres bêtes de voiture, de monture ou de charge, de bestiaux à cornes, de moutons, chèvres ou porcs, ou de poissons dans des étangs, viviers ou réservoirs. (C. P., art. 452.)	Emprisonn. de 5 mois.	Idem.	Art. 15, § 10.
Escroquerie. (C. P., art. 405.)	Emprison., quelle qu'en soit la durée.	Idem.	Art. 15, § 7
Faillite déclarée soit par les tribunaux français, soit par jugement rendu à l'étranger, mais exécutoire en France. (C. com., art. 457 et suiv.)	»	L'exclusion cesse après la réhabilitation.	Art. 15, § 17
Falsification de substances ou denrées alimentaires ou médicamenteuses destinées à être vendues. — Vente ou mise en vente de ces denrées, sachant qu'e les sont falsifiées ou corrompues. (L. 27 mars 1851 et 5 mai 1855, art. 1er.)	Emprison., quelle qu'en soit la durée.	Perpétuelle.	Art. 15, § 14.

NOMENCLATURE PAR ORDRE ALPHABÉTIQUE des crimes, délits et autres causes entrainant l'incapacite.	NATURE ET DURÉE DES PEINES emportant l'exclusion de la liste electorale.	DURÉE de L'EXCLUSION.	ARTICLES du décret organique qui prononcent l'exclusion.
Greffe détruite. (C. P., art. 447.)	Emprison. de 5 mois au moins.	Perpétuelle.	Art. 15, § 10
Interdiction civile pour causes d'imbécilité, de démence ou de fureur. (C. civ., art. 489 et suivants.)	»	L'exclusion cesse à la levée judiciaire de l'interdiction (C.c. art 512)	Art. 15, § 16.
Interdiction correctionnelle du droit de vote et d'élection. (C. P., art. 42, 86, 89, 91, 125 ; art. 6 de la loi du 25 janvier 1875 sur l'ivresse.)	»	La durée de l'exclusion est fixée par le jugement et court à dater de l'expiration de la peine.	Art. 15, § 2.
Ivresse, délit prévu par la loi du 23 janvier 1875, art. 5.	»	L'exclusion dure 2 ans à compter du jour où la condamnation est devenue irrévocable.	»
Jeux de hasard (Maison de) [C. P., art. 410.]	Quelle que soit la peine.	Perpétuelle.	Art. 15, § 11
Marchandises ou matières servant à la fabrication gâtées volontairement. (C P., art 445.)	Emprison. de 5 mois au moins.	Idem.	Art. 15, § 10.
Mendicité. (C. P., art. 274 à 279.)	Quelle que soit la peine.	Idem.	Art. 4, § 9.
Militaires condamnés au boulet ou aux travaux publics.	Quelle que soit la durée de la peine.	Idem.	Art 15, § 12
Mœurs (Attentats aux). [C. P., art. 330 et 334.]	Emprison , quelle qu'en soit la durée.	Perpétuelle.	Art. 15 , §5.

NOMENCLATURE PAR ORDRE ALPHABÉTIQUE des crimes, délits et autres causes entraînant l'incapacité.	NATURE ET DURÉE DES PEINES emportant l'exclusion de la liste electorale.	DURÉE de L'EXCLUSION.	ARTICLES du décret organique qui prononcent l'exclusion.
Officiers minister. (avoués, huissiers, greffiers, notaires) destitués en vertu de jugements ou de décisions judiciaires.	»	Perpétuelle.	Art. 15, § 5.
Outrage public à la morale publique et religieuse et aux bonnes mœurs. (L. 17 mai 1819, art. 8.)	Quelle que soit la peine.	Idem.	Art. 15. § 6.
Outrage public envers un juré à raison de ses fonctions ou envers un témoin à raison de ses dépositions. (L. 25 mars 1822, art. 6.)	Emprisonnem. de plus d'un mois.	L'exclusion dure 5 ans à dater de l'expiration de la peine.	Art. 16.
Outrage et violences envers les dépo itaires de l'autorité ou de la force publique. (C. P., art. 222 à 250.)	Idem.	Idem.	Idem.
Prêts sur gage ou nantissement (Maisons de) établies ou tenues sans autorisation légale. — Registre non tenu. (C. P., art. 411.)	Quelle que soit la peine.	Perpétuelle.	Art. 15, § 11.
Rébellion envers les dépositaires de l'autorité ou de la force publique. (C. P., art. 209 à 221.)	Emprisonnem de plus d'un mois.	L'exclusion dure 5 ans à dater de l'expiration de la peine.	Art. 16.
Récoltes (Dévastation de). [C. P., art. 444.]	Emprison. de 3 mois au moins.	Perpétuelle.	Art. 15, § 10.
Recrutement. Jeunes gens omis sur les tableaux de recensement par suite de fraudes ou de manœuvres. (L. 21 mars 1852, art. 58, et 27 juillet 1872, art. 60.)	Emprison., quelle qu'en soit la durée.	Idem.	Art. 15, § 13.

NOMENCLATURE PAR ORDRE ALPHABÉTIQUE des crimes, délits et autres causes entrainant l'incapacité.	NATURE ET DURÉE DES PEINES emportant l'exclusion de la liste electorale.	DURÉE de L'EXCLUSION.	ARTICLES du décret organique qui prononcent l'exclusion.
Recrutement. Jeunes gens appelés à faire partie du contingent de leur classe. qui se sont rendus impropres au service militaire, soit temporairement, soit d'une manière permanente, dans le but de se soustraire aux obligations imposées par la loi. — Complicité. (L. 21 mars 1852, art. 41, et 27 juillet 1872, art. 63.)	Emprison. quelle qu'en soit la durée.	Perpétuelle.	Art. 15, § 13
Recrutement. Substitution ou remplacements effectués, soit en contravention à la loi, soit au moyen de pièces fausses ou de manœuvres frauduleuses. — Complicité. (L. 21 mars 1852, art. 43.)	Idem.	Idem.	Idem.
Recrutement. Médecins, chirurgiens ou officiers de santé qui, déjà désignés pour assister au conseil de révision ou dans la prévision de cette désignation, ont reçu des dons ou agréé des promesses pour être favorables aux jeunes gens qu'ils doivent examiner, ou qui ont reçu des dons pour une réforme justement prononcée. (L. 21 mars 1852, art. 45, et 27 juillet, 1872, art. 66.)	Idem.	Idem.	Idem.
Service militaire à l'étranger pris par un Français majeur sans autorisation du Gouvernement. (C. civ., art. 21.)	»	L'exclusion dure jusqu'a ce que la qualité de Français ait été recouvrée	Art. 12.

NOMENCLATURE PAR ORDRE ALPHABÉTIQUE des crimes, delits et autres causes entrainant l'incapacité.	NATURE ET DURÉE DES PEINES emportant l'exclusion de la liste electorale.	DURÉE de L'EXCLUSION.	ARTICLES du décret organique qui prononcent l'exclusion.
Sociétés secrètes. (D. 28 juillet 1848, art. 13.)	Emprisonnem. de plus d'un mois.	L'exclusion dure 5 ans à dater de l'expiration de la peine.	Art. 16.
Tromperie sur le titre des matières d'or ou d'argent; sur la qualité d'une pierre fausse vendue pour fine; sur la nature de toutes marchandises. (C. P., art. 423.)	Emprisonnement de 3 mois.	Perpétuelle.	Art. 15, § 4.
Tromperie par le vendeur ou l'acheteur sur la quantité des choses livrées, par l'usage de faux poids ou de fausses mesures ou d'instruments inexacts, ou par des manœuvres et des indications frauduleuses relatives au pesage ou au mesurage; tentative de ces délits. (L. 27 mars 1851, art. 1er.)	Emprison., quelle qu'en soit la durée.	Idem.	Art. 15, § 14.
Usure. (L. 5 septembre 1807 et 19 décembre 1850)	Quelle que soit la peine.	Idem.	Art. 15, § 15
Vagabondage. (C. P., art. 269 à 271.)	Idem.	Idem.	Art. 15, § 9.
Vol. (C. P., art. 379, 388 et 401.)	Emprison.. quelle qu'en soit la durée.	Idem.	Art. 15, § 3.

TABLE

ALPHABÉTIQUE ET ANALYTIQUE

DES MATIÈRES

Nota. — *Les chiffres indiquent les numéros de l'ouvrage.*

Actions relatives à l'inscription ou à la radiation d'un électeur; droit de l'électeur; droit des tiers électeurs; action individuelle et action publique ou populaire, 120 et suivants. — Quels tiers électeurs sont admis à poursuivre l'inscription ou la radiation d'un citoyen sur les listes électorales, 121. — Sens des mots *Électeurs inscrits sur les listes de la circonscription électorale*, 122. — *Quid*, sous le régime du scrutin de liste *idem*. — En quels cas un tiers électeur peut-il exercer l'action que la loi lui donne, 122.—Effets de l'exercice de l'action populaire au point de vue des décisions rendues sur cette action, 125. — Voir *appel, opposition, pourvoi en cassation, chose jugée*.

Amnistie, ses effets quant à la restitution des droits politiques, 18, 31, 135.

Appel des décisions de la commission municipale devant le juge de paix; forme de l'appel; déclaration au

juges de paix en matière électorale peuvent être déférés
à la Cour de cassation ; quels jugements sont susceptibles de pourvoi, 183. — Il est porté devant la Chambre
civile directement, 185. — Pour être admis à ce pourvoi
il faut avoir été partie au jugement, 186. — Les Maires
et membres des Commissions municipales n'ont pas plus
le droit de se pourvoir en cassation que celui d'appeler,
186. — A raison de la combinaison des actions individuelle et populaire, un électeur ou un tiers électeur doivent, dans certains cas, être réputés avoir été parties ou
représentés au jugement, à cause de l'indivisibilité de
l'objet de la contestation, 187, 188. — Le pourvoi dans
l'intérêt de la loi est reçu en matière électorale, 189. —
Délai du pourvoi. Le délai du pourvoi est de dix jours
à partir de la signification du jugement ; quand cette
signification était obligatoire et possible, sinon court du
jour de la prononciation du jugement, 190, 191. — La signification est nécessaire pour faire courir le délai du
pourvoi si la décision est contradictoire, 192, 193. — La
simple connaissance de l'existence du jugement indirectement acquise par l'électeur ne dispense pas de la si
gnification de ce jugement, 194.

Forme du pourvoi. — Le pourvoi est formé par simple requête ; explication à ce sujet, 195. — Tolérance de
la Cour de cassation, 196 et suivants. — Les mémoires
qui peuvent être produits ne doivent point être signifiés
199. — Mais la requête introductive ou la déclaration
du pourvoi doivent indiquer les griefs de cassation et les
textes des lois violées, 200. — La Cour n'exige point
quant à ce de formules rigoureusement judiciaires, 200.

Dénonciation du pourvoi. — La dénonciation du pourvoi est une formalité substantielle et d'ordre public,
nombreux arrêts prononçant l'irrecevabilité du pourvoi
non dénoncé, 204. — Elle doit en principe être faite par
exploit d'huissier ; cependant la cour de cassation admet la validité de la dénonciation faite par un agent

Commissions municipales. — Elles forment un premier degré de juridiction; compétence, 137. —Par qui elles peuvent être saisies; délai, 138. — Elles doivent garder minute de leurs décisions, à peine de nullité, 152 *bis*. — Notification de la décision, 139.

Fonctionnaires publics. — Résidence obligatoire, V. liste municipale.

Incapacités absolues ou temporaires. — Privation du droit électoral; art. 15 et 16 du décret du 2 février 1852, 15 et suiv. — L'interdit ne peut figurer sur une liste électorale, 34. — Mais tant qu'il n'a pas été interdit, l'individu atteint d'aliénation mentale y peut être inscrit, 34. — Le failli même concordataire,ne recouvre pas sa capacité politique; il faut qu'il soit réhabilité, 35. — Les héritiers et autres détenteurs de biens ayant appartenu au failli ne sont pas privés de leurs droits électoraux, 35. — Les associés d'une société en nom collectif faillie n'en jouissent pas, 35. — Les officiers ministériels dont la destitution est prononcée par le Garde des Sceaux, en vertu du décret du 30 mars 1808, ne sont point électeurs, 25. — Condamnations n'entraînant pas l'incapacité politique : nombreux exemples, 37. — Tableau des incapacités, voir aux annexes. — Amnistie ; ses effets, 18, 31 et 135.

Inscription et radiation. — *Inscription et radiation d'office.* Cas où la Comnission administrative peut inscrire un électeur ou rayer son nom d'office, 84. — Conséquences pour l'électeur précédemment inscrit sans contestation d'une radiation opérée d'office, quant à la preuve de son droit à l'inscription, 84 et 86.

2ᵒ *Inscription demandée par un citoyen non encore inscrit.* Cas où une demande expresse est nécessaire, 92 et suiv. — Formes de la demande, 94. — Preuve de son existence ; doit-elle être écrite ? récépissé ; refus du maire de le délivrer, pouvoirs de l'adjoint, 95 et suivants. — Sévère appréciation de la conduite du maire qui refuse les actes et communications, 143 *bis*. — A quel moment la demande doit-elle être formée, 97. — L'électeur peut donner mandat à un tiers de poursuivre sa demande d'inscription ou de radiation devant toutes les juridictions, 98.

3° *Inscription demandée par un électeur déjà inscrit sur la liste d'une autre commune.* Doit-il justifier de la radiation préalable de son nom de la liste, ou il a été précédemment inscrit, suffit-il qu'il justifie d'une demande de radiation, 100. — Inscription sur deux listes; Situation de l'électeur, 101, 102 et 102 *bis*. — Droit de l'électeur de rester inscrit sur une liste *politique*, tant qu'il n'a pas acquis par une résidence de six mois le droit d'être inscrit sur une autre, 103. — Décision contraire s'il s'agit du droit électoral municipal, la résidence actuelle est obligatoire pour le maintien sur la liste, 103.

4° *Inscription et radiation demandée par un tiers électeur.* Raison du droit donné aux tiers-électeurs, même pour poursuivre l'*inscription* d'un électeur qui s'abstient d'agir, 120. — Pour l'exercice de cette action et ses conséquences, voir v° *actions* et *chose jugée.*

Introduction. — Exposé et division du sujet 1 à 8.

Juge de paix. — *Compétence.* Le juge de paix n'est point incompétent parce qu'il est beau-frère du président de la Commission municipale, ni parce qu'avant d'être juge de paix, il a été président, comme maire, de la Commission *administrative* qui a dressé le tableau de révision, 151. — Il doit s'abstenir s'il est parent au degré prohibé d'une des parties; mais le moyen de nullité tiré de sa parenté ne peut être opposé pour la première fois en cassation, 151.

Le juge de paix est essentiellement juge au second

degré, 151 *bis*. — Cas où il peut juger en cette qualité
quoique la Commission municipale n'ait pas rendu de
décision, soit parce qu'elle n'a pas été saisie par le
maire de la demande, soit parce qu'elle a négligé ou
omis de prononcer sur les réclamations, 153. — Arrêts
importants qui lui reconnaissent ce droit et lui imposent
l'obligation de statuer, 154. — Jurisprudence énergique
de la Cour de cassation contre les maires négligents ou
déloyaux, 143 et 154 *bis*. — Hors ces cas, le juge de paix
ne peut statuer que sur la présentation de la décision.
— Tolérance à ce sujet quant à la forme de la copie produite, 152 et suivants. — Mais s'il est reconnu que la
décision a été verbale et non gardée en minute, elle doit
être annulée pour vice de forme, sauf le droit d'évocation
du juge de paix, 152 *bis*. — Le juge de paix doit d'ailleurs évoquer toutes les fois qu'il annule une sentence
pour vice de forme si l'affaire est en état au fond, 156.
— Le juge de paix ne viole pas le principe de la séparation des pouvoirs, quand il déclare irrégulière la composition de la Commission municipale, 155. — Au fond, il
doit examiner le droit et l'inscription sous toutes les
faces, 158. — Au point de vue de la liste politique et de
la liste municipale, quand la demande d'inscription est
générale, 159. — Toutes les preuves légales sont admis
sibles en cette matière, 160. — Notamment pour établir
l'existence d'un mandat prétendu verbal, 161. — Questions d'Etat; voyez *questions préjudicielles;* voyez aussi
avertissement.

Jugement. — Les jugements des juges de paix, en
matière électorale sont soumis, en la forme, aux prescriptions légales qui s'appliquent à tous les jugements;
Tolérance de la Cour de cassation pour quelques-unes
des formalités, 167. — Mais le défaut de publicité de
motifs d'indication suffisante des noms des intéressés
et de l'objet de l'appel sont des causes de nullité, 168. —
Délai dans lequel le jugement doit être rendu, 181. —
Par qui et à qui la signification doit être faite, 182. —
v° *juge de paix et cassation*, la tierce opposition et la

requête civile ne sont pas recevables en matière électorale, 169 et 170.

Jugement par défaut. — L'opposition est recevable contre les jugements rendus par défaut, 171. — Quand un jugement doit-il être réputé rendu par défaut, 171. — Comparution à la première audience ; pièces et conclusions remises ou envoyées au juge de paix ; l'instance est par là contradictoire, 172 et 173. — La partie qui a reçu l'avertissement prescrit par le décret de 1852 et qui ne comparaît pas doit former opposition ; 173. — Si elle n'a pas reçu l'avertissement c'est par voie de recours en cassation qu'elle doit se pourvoir, 173. — Cas où bien qu'ayant reçu un avertissement, et n'ayant pas comparu, elle n'est pas recevable à former opposition et doit par suite de la combinaison des actions individuelles et populaire se pourvoir directement en cassation ; espèces et arrêts divers, 175 et suiv.

Listes électorales. — A quelles élections s'appliquent, soit la liste politique, soit la liste municipale, 8 et suivants. — Sur quelle liste se font les élections aux conseils généraux et conseils d'arrondissements, 11.

Liste politique. — Conditions pour l'inscription. En dehors des conditions qui touchent à la capacité personnelle (voir *incapacités absolues ou temporaires*), la condition de la résidence pendant six mois est la seule qui soit exigée pour l'inscription d'un citoyen sur la liste politique, 40. — La résidence ne se confond point avec le domicile, 41. — L'électeur inscrit sur la liste politique n'en peut être rayé, tant qu'il n'a pas acquis par six mois de résidence dans une autre commune le droit d'être inscrit sur la liste politique de cette commune, 103.

Liste municipale. — L'inscription sur la liste municipale est soumise à des conditions particulières ; Sin-

gulière rédaction de l'article 5 de la loi du 7 juillet 1874;
texte, 43. — Six paragraphes applicables à huit catégories de citoyens admis à figurer sur la liste municipale, 43.

Premier paragraphe : 1° NAISSANCE dans la commnne
avec résidence continue et effective de six mois, 44 et
suivants ; 2° RECRUTEMENT subi dans la commune, avec
six mois de résidence, 48 ; — L'absence pour service
militaire n'interrompt pas la résidence légale, 48. — Mais
la résidence pendant six mois avant le départ est obligatoire, 49. — Résidence au retour, 49. — *Quid* de l'é-
tranger qui a servi dans l'armée française, 49, 50,
163 *bis* et 163 *ter.*

Second paragraphe. — Inscription sur les rôles des
contributions directes et des prestations en nature; rétablissement partiel du domicile politique par le cens, 51.
— L'inscription sur les rôles doit être nominative et personnelle, rejet de toute exception, exemples divers, héritiers, maris non inscrits personnellement, 53. — Explication difficile du § 2 *in fine*, relatif aux prestations en
nature, 56. — Les serviteurs ne sont pas compris au
rang des membres de la famille, 55. — A qui s'applique
les mots « les habitants qui, à raison de leur âge ou de
leur santé, auront cessé d'être soumis à l'impôt des prestations ? » 56. — Une demande d'inscription n'est pas
nécessaire quand le contribuable réside dans la commune, 93.

Troisième paragraphe. — Mariage dans la commune
avec résidence d'une année, à quel moment doit se placer la résidence, 57.

Quatrième paragraphe. — Résidence de deux années
dans la commune, 59. — Une demande est nécessaire
avec rapport d'un acte de naissance, 60. — Interprétation illégale du §4. Deux exemples qui montrent combien

la résidence personnelle et réelle est indispensable, 61 *bis*.

Cinquième paragraphe. — ALSACIENS-LORRAINS. De grandes facilités leur ont justement été accordées pour obtenir l'inscription sur les listes politiques et municipales, sans justification d'une résidence antérieure à leur demande, 62 et 63.

Sixième paragraphe. — FONCTIONNAIRES PUBLICS ET MINISTRES DU CULTE. Ces deux dernières classes de citoyens doivent justifier qu'ils sont assujettis à une résidence obligatoire dans la commune, c'est là la condition de l'immunité qui leur est accordée, 65 et 66. — Les fonctionnaires et ministres du culte qui arrivent dans la commune entre le 1er janvier et le 31 mars, date de la clôture des listes, peuvent-ils être inscrits sur la liste, à quelqu'époque qu'ils viennent s'installer, *avant cette dernière date ;* distinction ; opinion affirmative dans toutes les applications, 67 *bis*. — Latitude laissée à ces citoyens de conserver leur domicile politique dans une autre commune en qualité de contribuables inscrits aux rôles, 68 et suivants. — Le fonctionnaire et le ministre du culte doivent-ils, avant de se faire inscrire au lieu de leur résidence obligée, demander leur radiation de la liste de la commune où ils viennent, s'ils y étaient inscrits ; Solution affirmative bien rigoureuse, 67 *in fine*. — Conditions spéciales pour les *ministres du culte*, 70 et suivants. Aumôniers d'institutions libres ne sont pas compris au § 6, 71 et suivants. — En réalité le ministre du culte ne diffère du fonctionnaire public que par le caractère de son ministère ; il faut qu'il soit attaché à un service public, 72. — Conditions propres aux fonctionnaires publics ; définition, 73. — Notaires, avocats, greffiers, huissiers, 74. — Agents et employés des chemins de fer ne sont point fonctionnaires publics, s'ils ne sont point assermentés, 76 et 77.—Comment s'établit la preuve de l'assujettissement à une résidence fixe dans la commune, 80 et suivants. — Les gendarmes ne sont pas fonctionnaires publics civils; ils sont considérés comme militaires présents au corps, et leurs droits électoraux sont suspendus, 82.

Ministres des cultes reconnus par l'Etat. — voir *liste municipale.*

Opposition aux jugements par défaut. — Voir jugement par défaut.

Permanence des listes. — Fusion des deux listes politiques et municipales, 133. — Principe de la permanence des listes ; quelles modifications elles peuvent recevoir dans le cours de l'année, 134. — Cas d'un failli réhabilité, d'un condamné pour participation aux crimes de la Commune amnistié, 135. — Cas d'un fonctionnaire arrivant au lieu de sa résidence obligée après la clôture des listes, 135.

Pièces justificatives du droit électoral. — Ces pièces peuvent être produites en appel en vertu du principe dévolutif qui remet au juge de paix la connaissance de la demande tout entière; droit de la partie intéressée pour cette production, 160. — Devoir du greffier de la justice de paix lors de l'envoi du pourvoi à la Cour de cassation. Il doit indiquer avec soin celles qui ont été soumises au juge de paix ; la Cour de cassation ne peut statuer sur le fond du droit en s'autorisant des pièces qui sont produites pour la première fois devant elle, 208 et suivants. — Les juges de paix ont intérêt à éclairer la Cour de cassation sur ce point, 210.

Pourvoi en cassation. — Voir *cassation.*

Questions préjudicielles. — Obligations du juge de paix quand la décision à rendre exige la solution d'une question d'Etat, 163. — Règles à suivre pour le sursis ou pour le jugement immèdiat de l'affaire ; espèces diverses ; arrêts, 163 et 164. — Les questions d'incapacités résultant de condamnations ne sont pas des questions d'Etat, 165. — Mais le juge de paix doit surseoir si la solution implique la clôture d'une instruction criminelle, 166 *bis.*

Questions administratives. — Le juge de paix doit respecter le principe de la séparation des pouvoirs, quand le fait qui donne lieu au litige ne peut être constaté ou déclaré que par l'autorité (administrative ; par exemple s'il s'agit de la limite d'une commune ou d'un canton, 166.

Le juge de paix peut, sans violer le principe de la séparation des pouvoirs, déclarer nulle la décision de la Commission mnnicipale, pour une illégalité dans la composition de cette Commission, 155.

Sectionnement de commune pour les élections municipales. — Lois qui régissent le mode et les conditions des sectionnements de commune, 105. — Effets du sectionnement quant à la formation des listes électorales, 106 et suivants. — Pouvoirs quant à ce de l'autorité administrative, le juge de paix est incompétent, 108 ; — Comment on doit procéder pour la formation de la liste, s'il y a lieu de procéder à des élections dans l'intervalle de la clôture de la liste primitive et générale à la révision annuelle, 110. — Droits des habitants d'une commune divisée en sections pour l'exercice de leurs droits électoraux dans une section ou dans l'autre, 113. — Résidence dans une section, 114 et suivants. — Inscription sur les rôles pour un immeuble situé dans une section autre que celle où réside l'électeur, 119.

Section de commune distraite de cette commune. — Comment se formera la liste municipale dans le cas où une section de commune est jointe à une autre commune, ou érigée en commune nouvelle et où il y a lieu de procéder immédiatement à des élections, 112.

Voies de recours. — La tierce opposition et la requête civile ne sont pas admises en matière électorale, 169 et 170. — Voir *appel, cassation et jugement par défaut*.

TABLE DES CHAPITRES

DEUXIÈME PARTIE.

TROISIÈME PARTIE.

FIN DE LA TABLE DES CHAPITRES.

NOTE COMPLÉMENTAIRE

Un certain nombre d'arrêts de la Cour de cassation n'ont pu être indiqués que par leur date, les Recueils de jurisprudence ne les ayant point encore publiés au moment où a été commencée l'impression de cette seconde édition. Cette publication ayant eu lieu, nous complétons par la présente note les indications que nos lecteurs auraient pu désirer. Nous faisons précéder l'indication des pages des Recueils du numéro de l'ouvrage où l'arrêt est cité.

Numéros de l'ouvrage.	DATE DE L'ARRÊT.	Recueil de jurisprudence.	Année et page où l'arrêt est rapporté.
24 *bis*.	10 mai 1881.	Dalloz.	1881, 1, 481.
26.	19 avril 1880.	Sirey.	1881, 1, 272.
31.	17 mai 1881.	Dalloz.	1881, 1, 481.
47.	24 mai 1881.	Dalloz.	1881, 1, 484.
53.	14 avril 1880.	Sirey.	1881, 1, 271.
54.	23 mars 1880.	Sirey.	1881, 1, 272.
55.	6 avril 1881.	Dalloz.	1881, 1. 482.
61 *bis*.	29 mars 1881.	Dalloz.	1881, 1, 303.
71.	19 avril et 22 mars 1880.	Sirey.	1881, 1, 269.
82.	13 avril 1881.	Dalloz.	1881, 1, 228.
92.	24 mai 1881.	Dalloz.	1881, 1, 484.
93.	24 mai 1881.	Dalloz:	1881, 1, 484.
94.	20 juin 1881.	Dalloz.	1881, 1, 488.
96 *bis*.	23 mai 1881.	Dalloz.	1881, 1, 484.
100.	23 mai 1881.	Dalloz.	1881, 1, 487.

Numéros de l'ouvrage.	DATE DE L'ARRÊT.	Recueil de jurisprudence.	Année et page où l'arrêt est rapporté.
—	7 décembre 1880.	Sirey.	1881, 1, 374.
101.	19 avril 1880.	Sirey.	1881, 1, 271.
—	26 avril 1881.	Dalloz.	1881, 1, 301.
—	13 avril 1881.	Dalloz.	1881, 1, 301.
—	4 mai 1881.	Dalloz.	1881, 1, 485.
102 *bis*.	27 juillet 1881.	Dalloz.	1881, 1, 483.
103.	4 mai 1880.	Dalloz.	1881, 1, 334.
—	3 mai 1880.	Sirey.	1881, 1, 269.
104.	6 mai 1881.	Dalloz.	1881, 1, 302.
115 *bis*.	6 avril 1881.	Dalloz.	1881, 1, 304.
119.	13 avril 1881.	Dalloz.	1881, 1, 304.
123 *bis*.	11 avril 1881.	Dalloz	1881, 1, 303.
127 *bis*.	18 mai 1881.	Dalloz	1881, 1, 486.
143.	5 juillet 1880.	Sirey.	1881, 1, 371.
143 *bis*.	12 avril 1881	Sirey.	1881, 1, 371.
147.	28 avril 1880.	Sirey	1881, 1, 374.
—	7 décembre 1880.	Sirey.	1881, 1, 374.
149 et 150.	19 avril 1880.	Sirey.	1881, 1, 270.
151.	24 mai 1881	Dalloz.	1881, 1, 484
151 *bis*.	26 avril 1881.	Dalloz.	1881, 1, 483.
152 *bis*.	16 mai 1881.	Dalloz.	1881, 1, 487.
153.	30 juin 1880.	Dalloz.	1181, 1, 77.
—	5 juillet 1880.	Sirey.	1881, 1, 370.
154.	26 avril 1881.	Dalloz.	1881, 1, 483.
154 *bis*.	24 mai 1881.	Dalloz.	1881, 1, 488.
155.	29 mai 1878.	Sirey.	1880, 1, 372.
—	16 mai 1881.	Dalloz.	1881, 1, 487.
163.	19 avril 1880.	Sirey.	1881, 1, 272.
163 *ter*.	10 mars 1881.	Dalloz.	1881, 1, 485.
163 *quat*.	4 mai 1881.	Dalloz.	1881, 1, 486.
166	4 mai 1880.	Sirey.	1881, 1, 373.
—	20 décembre 1880.	Sirey.	1881, 1, 373.

PETITE ENCYCLOPÉDIE JURIDIQUE.

I. — CODE DES THÉATRES, contenant un exposé des principes juridiques, le texte des principaux décrets, circulaires et règlements, par **Charles Constant**, avocat à la cour de Paris. 1882. 2ᵉ édition. 1 vol. in-12.　　　　　　　　　　　　　5 fr. 50

II.-III. — CODE DE LA CHASSE et de la Louveterie, par **P. Leblond**, avocat à la cour de Rouen. 1878, 2 vol. in-12.　6 fr. »

IV.-V. — CODE MUNICIPAL ou Manuel des conseillers municipaux, par **Ambroise Rendu**, avocat à la cour de Paris. 1879, 2 vol. in-12.　　　　　　　　　　　　　6 fr. »

VI. — CODE DE L'OFFICIER DE L'ÉTAT CIVIL, avec tables et formules, par **A. Addenet**, ancien procureur de la République. 1879, 1 vol. in-12.　　　　　　　　3 fr. 50

VII. — CODE DES PROPRIÉTAIRES DE BOIS ET FORÊTS, locataires de chasses ; de leur responsabilité par suite des dégâts causés par le gros et le petit gibier ; par **M. Fremy**, juge suppléant au tribunal civil de Senlis. 1879, 1 vol. in-12.　2 fr. »

VIII.-XI.-XII. — CODES DE LA PROPRIÉTÉ INDUSTRIELLE, Manuels pratiques des législations française et étrangères à l'usage des inventeurs et des fabricants, par **Ambroise Rendu**, avocat à la cour d'appel de Paris.

　　　I. — Brevets d'invention. 1879, 1 vol. in-12.　5 fr. 50
　　　II. — Contrefaçon des inventions brevetées. 1880, 1 vol. in-12.　　　　　　　　　　　　　　　3 fr. 50
　　　III. — Marques de fabrique. 1880, 1 vol. in-12　5 fr. 50

IX.-X. — CODE DÉPARTEMENTAL ou Manuel des conseillers généraux et d'arrondissement, par **Charles Constant**, avocat à la cour de Paris. 1880, 2 vol. in-12.　　7 fr. »

XIII.-XIV. — CODE DES RÈGLEMENTS D'ORDRES, soit amiables, soit judiciaires, par **A. Ulry**, juge chargé des ordres à Guéret. 1881, 2 vol. in-12.　　　　　　　7 fr. »

XV. — CODE DES RÉUNIONS PUBLIQUES, électorales et privées. Commentaire pratique de la loi du 30 juin 1881, par **Charles Constant**, avocat à la cour de Paris. 1881, 1 vol. in-12.　2 fr. »

XVI. — CODE DES ÉTABLISSEMENTS INDUSTRIELS, contenant la législation et la jurisprudence concernant les ateliers dangereux, insalubres ou incommodes, ainsi que tout ce qui concerne les industries classées, par **Charles Constant**, avocat à la cour de Paris. 1881, 1 vol. in-12.　　3 fr. 50

XVII. — CODE DES JUGES DE PAIX, considérés comme officiers de police judiciaire, auxiliaires du procureur de la République et délégués du juge d'instruction, par **A. Scohyers**, ancien avoué, juge de paix de Courville. 1881, 1 vol. in-12.　2 fr. »

XVIII.-XIX. — CODE RURAL, régime du sol, police rurale, régime des eaux, etc. ; par **P. de Croos**, avocat à Béthune. 1882, 2 vol. in-12.　　　　　　　　　　　　7 fr. »

CHAUMONT. — IMPRIMERIE CAVANIOL.